ライブラリ 経済学15講 BASIC編 ❹

# 財政学 15講

麻生 良文
小黒 一正 共著
鈴木 将覚

Fifteen Lectures on
Public Finance

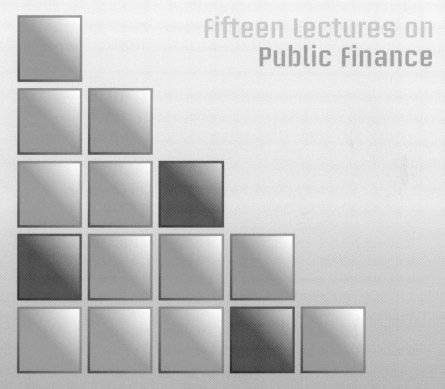

新世社

# 編者のことば

『ライブラリ 経済学 15 講』は，各巻は独立であるものの，全体として経済学の主要な分野をカバーする入門書の体系であり，通年 2 学期制をとる多くの大学の経済学部やそれに準じた学部の経済学専攻コースにおいて，いずれも半学期 15 回の講義数に合わせた内容のライブラリ（図書シリーズ）となっている。近年では通年 4 学期のクォーター制をとる大学も増えてきているが，その場合には，15 講は講義数を強調するものではなく，講義範囲の目安となるものと理解されたい。

私が大学生のころは，入学後の 2 年間は必修となる語学や一般教養科目が中心であり，専門科目としての経済学は，早目に設置・配当する大学においても，ようやく 2 年次の後半学期に選択必修としての基礎科目群が導入されるというカリキュラムだった。一般教養科目の制約が薄れた近年は，多くの大学では 1 年次から入門レベルの専門科目が開講されており，学年進行に合わせて，必修科目，選択必修科目，選択科目といった科目群の指定も行われるようになった。

系統だったカリキュラムにおいて，本ライブラリは各巻とも入門レベルの内容を目指している。ミクロ経済学とマクロ経済学の基本科目，そして財政学や金融論などの主要科目は，通常は半学期 15 回で十分なわけではなく，その 2 倍，3 倍の授業数が必要なものもあろう。そうした科目では，本ライブラリの内容は講義の骨格部分を形成するものであり，実際の講義の展開によって，さまざまに肉付けがなされるものと想定している。

本ライブラリは大学での講義を意識したものであるのは当然であるが，それにとどまるものでもないと考えている。経済学を学んで社会に出られたビジネスパーソンの方々などが，大学での講義を思い出して再勉強する際には最良の復習書となるであろう。公務員試験や経済学検定試験（ERE）などの資格試験の受験の際にも，コンパクトで有効なよすがになると期待している。また，高校生や経済学の初心者の方々には，本ライブラリの各巻を読破することにより，それぞれの分野を俯瞰し，大まかに把握する手助けになると確信している。

このほかの活用法も含めて，本ライブラリが数多くの読者にとって，真に待望の書とならんことを心より祈念するものである。

浅子　和美

# はしがき

　本書は，財政学を初めて学ぶ学生を対象にした入門的教科書である。財政学は，政府活動の根拠からはじまって，税制のあり方や財政政策の効果にいたるまで幅広いトピックスをカバーする学問である。時代によって政策課題の重点は移り変わるが，財政学をマスターすることで，多くの問題を首尾一貫した視点で理解できるようになるはずである。

　近年，消費税やアベノミクス，格差問題などが世間の関心を集めているが，少し前は「無駄な公共事業」に代表される社会資本整備のあり方，郵政民営化，地方分権などの問題が国民的な議論を巻き起こした。また，現時点において日本財政の維持可能性には重大な懸念がある。さらに，中長期的には社会保障制度の改革が重要な問題となろう。これらの問題への理解を深めるためには財政学を学ぶことが必要である。

　消費税増税をめぐる問題では，新聞等の報道や解説記事では，消費税が景気に与える影響や消費税のもつ「逆進性」の問題が取り上げられることが多かったが，そこには誤解も多く，素人的な視点だったというのが私の率直な感想である。専門家の議論はもちろんもっと深いし，根本的である。税制については，所得と消費のどちらが課税ベースとして適切かという問題が従来から経済学者の中心的なテーマであった。ピースミールな改革ではなく，税制の理論と整合的な抜本的な税制改革案もいくつか提案されている。本書ではそうした議論も紹介しており，それらを踏まえれば，日本の税制についても一般とは異なる（もちろん，より良い）意見が持てるようになるだろう。

　本書の構成は以下のとおりである。まず，第1講は全体のイントロダクションにあたり，政府の役割についての議論をまとめる。そこでは，「市場の失敗」に対する対処と所得再分配が政府の役割だという議論が展開される。これを受け，第2講，第3講では日本財政の制度的仕組みを概観する。第4講，第5講では，政府の役割についての理論的分析に戻り，公共財，外部性，

情報上の失敗，自然独占などの「市場の失敗」の各論を取り上げる。第6講から第10講は税制の問題を取り上げる。そこでは租税の経済分析の初歩から始め，近年の税制改革の潮流など最新のトピックスも取り上げられる。そして，第11講，第12講では財政政策の効果や財政赤字・公債の負担の問題が，第13講から第15講では社会保障制度（所得再分配，公的年金・医療）や地方財政の問題が議論される。

なお，社会保障制度の分析は租税の分析の応用という側面もあり，財政赤字や公債の負担の問題にも関連している。そのため，社会保障制度についての講は租税や財政赤字の講の後に配置した。また，地方財政については，税制の議論を踏まえる必要があること，補助金や交付税の分析は再分配政策で用いた分析方法と類似性があるため，これらの議論を終えた後の講に置いた。

本書では，財政の制度的側面よりも理論（考え方）を重視した記述を心がけた。制度は時代とともに変わり得る。現在の制度を不変のものとみなす必要はない。重要なのは考え方であり，理論に照らして制度の観察をしなければ何が重要なのかも見えてこない。本書の記述のスタイルにはこのような意図がある。


2017 年 8 月

麻生　良文

# 目　次

## 第1講　市場の失敗と政府の役割　　　1

1.1　大きな政府か小さな政府か————————1
1.2　市場の機能————————————————3
1.3　市場の失敗と政府の役割—————————8
Active Learning———— 12
　　重要事項のチェック／調べてみよう／Exercises
文献紹介———— 12

## 第2講　財政制度概観　　　14

2.1　政　府　部　門————————————————14
2.2　国の一般会計予算の構成—————————16
2.3　国の一般会計予算の推移, 財政収支, 債務残高の推移— 18
Active Learning———— 33
　　重要事項のチェック／調べてみよう／Exercises
文献紹介———— 33

## 第3講　予　算　制　度　　　34

3.1　財政民主主義の原則———————————34
3.2　予算の原則————————————————35
3.3　予算の形式————————————————37
3.4　予算の種類（1）
　　　：一般会計, 特別会計, 政府関係機関予算————39
3.5　予算の種類（2）：本予算, 暫定予算, 補正予算————45
Active Learning———— 49
　　重要事項のチェック／調べてみよう／Exercises
文献紹介———— 50

iii

## 第4講　公共財　　51

4.1　公共財の概念―――――――――――――――――― 51

4.2　公共財の最適供給（サムエルソンの条件）――――― 53

4.3　ナッシュ均衡（公共財の自発的供給），
　　　リンダール均衡（選好顕示の問題）――――――――― 55

4.4　ただ乗りの問題――――――――――――――――― 59

4.5　多数決と公共財の供給（中位投票者定理）――――― 63

Active Learning―――― 69

　　重要事項のチェック／調べてみよう／Exercises

文献紹介―――― 69


## 第5講　外部性，情報上の失敗，自然独占　　71

5.1　外　部　性――――――――――――――――――― 71

5.2　情報上の失敗――――――――――――――――― 76

5.3　自　然　独　占――――――――――――――――― 79

Active Learning―――― 85

　　重要事項のチェック／調べてみよう／Exercises

文献紹介―――― 86


## 第6講　租税の基礎理論　　87

6.1　租税の分類――――――――――――――――――― 87

6.2　租　税　原　則――――――――――――――――― 91

6.3　税率と課税ベース――――――――――――――― 92

6.4　租税の帰着――――――――――――――――――― 94

6.5　超　過　負　担――――――――――――――――― 98

6.6　所得課税と消費課税の違い――――――――――― 100

6.7　所得課税と消費課税の等価性――――――――――― 103

Active Learning―――― 104

　　重要事項のチェック／調べてみよう／Exercises

文献紹介―――― 105

## 第7講 労働所得税　　106

| | | |
|---|---|---|
| 7.1 | 労働所得税の仕組み | 106 |
| 7.2 | 労 働 供 給 | 114 |
| 7.3 | 労働所得税による超過負担 | 117 |
| 7.4 | 累 進 税 | 119 |
| 7.5 | 非線形労働所得税 | 120 |

Active Learning—— 124

　　重要事項のチェック／調べてみよう／ Exercises

文献紹介—— 124

## 第8講 資本所得税　　125

| | | |
|---|---|---|
| 8.1 | 資本所得に対する課税方法 | 125 |
| 8.2 | 利子所得税の貯蓄に対する影響 | 130 |
| 8.3 | 法人税とは何か | 134 |
| 8.4 | 法人税の帰着 | 137 |
| 8.5 | 法人税が投資に及ぼす効果 | 139 |

Active Learning—— 145

　　重要事項のチェック／調べてみよう／ Exercises

文献紹介—— 146

## 第9講 間 接 税　　147

| | | |
|---|---|---|
| 9.1 | 物品税の帰着と価格弾力性 | 147 |
| 9.2 | 物品税による超過負担 | 150 |
| 9.3 | ラムゼイ・ルール | 152 |
| 9.4 | 付加価値税（VAT）の仕組み | 154 |

Active Learning—— 165

　　重要事項のチェック／調べてみよう／ Exercises

文献紹介—— 166

## 第10講 税制改革の方向性　　167

10.1　所得課税から消費課税へ ————————— 167
10.2　国 際 課 税 ——————————————— 174
10.3　二元的所得税 ——————————————— 181
10.4　国際的な租税回避への対応 ————————— 184
Active Learning —— 186
　　重要事項のチェック／調べてみよう／Exercises
文献紹介 —— 187


## 第11講 財政政策の効果　　188

11.1　45度線分析と乗数理論 ——————————— 188
11.2　ケインズ理論に対する批判
　　　（例：古典派，合理的期待形成の理論）—————— 195
11.3　課税標準化と財政赤字 ——————————— 200
Active Learning —— 204
　　重要事項のチェック／調べてみよう／Exercises
文献紹介 —— 204


## 第12講 財政赤字と公債の負担　　206

12.1　政府の予算制約と財政の持続可能性 —————— 206
12.2　ドーマー命題 ——————————————— 210
12.3　リカード=バローの中立命題 ————————— 214
12.4　世代間の公平性と独立財政機関 ———————— 225
Active Learning —— 230
　　重要事項のチェック／調べてみよう／Exercises
文献紹介 —— 230

## 第13講 再分配政策　　232

13.1　再分配政策の根拠―――――――――――――――――　232
13.2　様々な再分配政策―――――――――――――――――　236
13.3　生活保護制度と負の所得税――――――――――――――　239
13.4　人的資本投資に対する公的支援――――――――――――　243
Active Learning―――　245

重要事項のチェック／調べてみよう／Exercises
文献紹介―――　246


## 第14講 公的年金と医療　　247

14.1　保険の機能―――――――――――――――――――――　247
14.2　保険市場の失敗―――――――――――――――――――　250
14.3　公的年金制度の仕組み―――――――――――――――――　252
14.4　公的年金の経済効果――――――――――――――――――　253
14.5　医療保険制度―――――――――――――――――――――　257
Appendix　賦課方式の年金制度の所得移転――――――――――　260
Active Learning―――　261

重要事項のチェック／調べてみよう／Exercises
文献紹介―――　262


## 第15講 地 方 財 政　　263

15.1　わが国の地方財政の特徴――――――――――――――――　263
15.2　国と地方の役割分担―――――――――――――――――――　265
15.3　地 方 税――――――――――――――――――――――――　269
15.4　補 助 金―――――――――――――――――――――――　273
Active Learning―――　276

重要事項のチェック／調べてみよう／Exercises
文献紹介―――　277


索 引　279

# 第1講
# 市場の失敗と政府の役割

■この講では，まず政府の役割についての考え方を概観する。経済理論的には，市場の失敗への対処と所得再分配が政府の役割だとされるが，この講では，市場メカニズムの機能とその限界（市場の失敗）を説明する。なお，市場の失敗についてより詳しい説明は第4講，第5講で，所得再分配政策や社会保障制度については第13講，第14講で議論される。

## 1.1 大きな政府か小さな政府か--------------------

　公的部門のあり方については，従来から，「大きな政府」と「小さな政府」の考え方の対立がある。「大きな政府」は政府に積極的な役割を求める考え方で，いくつかの系譜がある。第1は，所得再分配政策や社会保障制度についての積極的な役割を求める考え方で，福祉国家主義と呼ばれる。第2に，国家主導の産業政策の必要性を説く重商主義に由来する考え方がある。第3は，景気対策として公共事業などの財政支出の拡大を重視するケインズ主義的な考え方である。

　一方，「小さな政府」は，国家はなるべく小さい方が望ましいという考え方で，この考え方の支持者は，自助努力を重視し，行き過ぎた再分配政策は経済活力を失わせると考える傾向にある。また，産業政策のような市場への介入策についても一般的には否定的であり，マクロ経済政策に関しては，短期的な経済変動への対処よりも長期的な効果を重要だと考える傾向にある。

　さて，通常，財政の果たすべき機能として次の3つがあげられる。(1) 資源配分の是正，(2) 所得再分配，(3) 景気安定化（マクロ経済政策の実施）

の機能である。経済学の標準的な理論によれば，通常，自由な市場では効率的な資源配分が実現するとされる（次節で詳説する）。ただし，市場の失敗が存在する場合には市場は効率的な資源配分に失敗する。市場の失敗とは，市場が効率的な資源配分に失敗するケースの総称である。市場の失敗が存在する場合には，政府は資源配分を是正するように市場に介入する必要がある，というのが経済理論的にみた政府活動の第1の根拠である。

ただし，市場の失敗がどのくらい深刻かについては，経済学者の間でも意見の対立がある。また，市場が失敗したからといって，直ちに政府に任せるということにもならない。政府の失敗も存在するからである。伝統的な経済学は，政府を市場の失敗を正す万能の存在のように扱ってきた。しかし，そのような政府の捉え方は妥当ではないかもしれない[1]。したがって，市場の失敗と政府の失敗を比較して，どちらに任せた方の弊害が少ないかという観点で，政府の役割を考える必要があるだろう。

政府活動の第2の根拠は，市場で実現する所得分配は必ずしも公平とはいえないので，何らかの所得再分配政策が必要とされることにある。ただし，公平性には様々な考え方があり，万人が納得できるような客観的な基準は存在しない（このことは，「機会の平等」か「結果の平等」という議論でさえ，簡単には決着がつかないことを思い出してもらえば十分であろう）。また，所得再分配政策は労働意欲や雇用などに悪影響をもたらすことがある。したがって，再分配政策による公平性の追求は，資源配分に与えるデメリットと比較して判断されなければならない。

景気安定化政策の効果や必要性などに関するマクロ経済政策の考え方には対立があるが，これも市場の失敗と関連する。失業や景気循環の存在が資源配分の非効率性の証であるなら，不況期の財政支出の拡張や減税は市場の失敗への対処とも考えられる。これが現代的なケインズ経済学の基礎にある考え方である。一方，景気循環は，選好・技術ショックに対して各経済主体の

---

1 現実の政治的決定において，公共の利益が必ず優先されるというわけではない。政治家は当選をするために，将来の国民の犠牲の下で現在の国民の利益を優先させるかもしれない。あるいは，一般国民の犠牲の下で特殊利益団体の利益を優先するような行動をするかもしれない。業界を監督・監視する官庁が業界団体の利益を代弁するような行動をとる（規制当局が被規制企業の虜になる）こともよくあることである。

合理的反応から生じたもので，効率的な資源配分と矛盾しないとする学派（実物的景気循環学派）も存在する。この考え方が正しければ，ケインズ的なマクロ経済政策は望ましくない。

　以上の議論のように，経済理論的には，政府活動の根拠は，市場の失敗に対する対処と所得再分配に求められる。ただし，政府の役割については，市場機能や政府の能力についての評価の違い，公平性に関する価値判断の違いなどにより，経済学者の中にも意見の対立がある。

## 1.2　市場の機能

　最初に，市場の失敗が存在しない場合，自由な市場において，効率的な資源配分が実現するという命題を説明する。ここでは，部分均衡分析の枠組みで，消費者余剰・生産者余剰の概念を用い，この命題を説明する。

### ■ 消費者余剰と生産者余剰

　部分均衡分析とは，ある特定の財の市場だけを取り出して，その財の価格と数量がどう決まるかを分析する手法である。これによれば，競争的な市場では，需要曲線と供給曲線の交点で価格と数量が決まり，その点で消費者余剰（consumer's surplus）と生産者余剰（producer's surplus）の合計が最大になるという意味で効率的な資源配分が実現する。ここで，消費者余剰は消費者側（需要側）に発生する利益，生産者余剰は生産者側（供給側）に発生する利益を表す。以下では，これらの概念をまず説明しよう。

　図 1-1 には，ある財の需要曲線（$D$）が描かれている。説明のため，需要曲線は階段状のグラフで示されている。図では，価格が $p_1$ のときに最初の1単位の需要が生じている。$p_1$ は最初の1単位について消費者が支払ってもよいと思う最大限の価格に等しいことに注意しよう。この場合，消費者が最初の1単位を購入したのは，その1単位の消費から得られる満足感がコスト（$p_1$）以上のものだったからである。一方で，価格が $p_1$ よりも少しでも高ければ最初の1単位の需要は発生しなかった。つまり，$p_1$ は最初の1単位の

1.2　市場の機能　　3

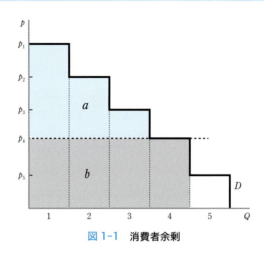

**図 1-1　消費者余剰**

消費から得る満足感の金銭換算額に等しいことがわかる。同様に考えて，次の追加的1単位（2単位目）の消費がもたらす満足感の金銭換算額は $p_2$ であることがわかる。追加的1単位の消費から得る満足感の金銭換算額を限界便益（marginal benefit）と呼ぶ。このように，需要曲線の高さは限界便益を表しているのである。

さて，この財の市場価格が $p_4$ であれば，消費者は4単位の財を購入する。そして，消費者のこのときの満足感の合計，すなわち総便益（gross benefit）は，限界便益を合計して求められ，$(p_1+p_2+p_3+p_4)$ に等しい。この大きさは，図1-1 の水色と灰色部分，$a$ と $b$ の合計の面積で表される。一方，消費者はこの総便益を得るために $p_4 \times 4$ の支出をしているが，その大きさは図の灰色部分 $b$ の面積に等しい。総便益から支出金額を引いたものが消費者の得たネット（正味）の便益であり，これが消費者余剰である。消費者余剰は図1-1 の水色部分 $a$ の部分の面積に等しいことも簡単にわかる。

図1-2 にはある財の供給曲線（$S$）が描かれている。図では，価格が $p_1$ まで上昇して初めて最初の1単位が供給され，価格が $p_2$ まで上昇すると次の1単位の供給がなされる様子が描かれている。ここで，供給曲線の高さは，追加的な1単位について生産者が売ってもよいと思う最低限の価格を表して

4　第1講　市場の失敗と政府の役割

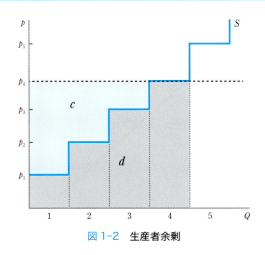

図 1-2 　生産者余剰

いることに注意しよう．生産者が売ろうとするのは，それが利益になるからである．このためには，追加的1単位の販売からの収入（生産物価格に等しい）が，追加的1単位を供給する費用（**限界費用**；marginal cost）以上のものであることが必要である．つまり，生産物価格を $p$，限界費用を MC とすると，生産者が次の1単位を売ってもよいと判断するのは $p \geq$ MC が成り立つ場合である．このことから，生産者が次の1単位を売ってもよいと考える最低限の価格は限界費用に等しく，供給曲線の高さが限界費用に等しいことがわかる．

さて，生産物の市場価格が $p_4$ のとき，**図1-2** に示されているように，生産者は4単位の生産物を供給する．このときの生産者の収入は $p_4 \times 4$ で，図では水色と灰色部分，$c$ と $d$ の合計面積で表される．一方，4単位の生産を行う際の費用の総額は，限界費用の合計だから，$p_1+p_2+p_3+p_4$ に等しく，図の灰色部分 $d$ の面積に等しい[2]．生産者の収入から費用を引いたものは生産者余剰と呼ばれ，生産者側の利益を表す．つまり，**生産者余剰は図1-2の**

---

2　正確にいえば，総費用は**固定費用**（生産量と無関係にかかる一定の費用）と**可変費用**（生産量の変化に伴い変化する費用）の合計である．限界費用の合計は可変費用に等しく，固定費用は含まれない．したがって，灰色部分 $d$ の面積は可変費用の総額を表す．

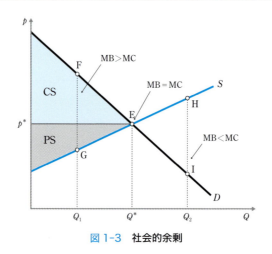

図 1-3　社会的余剰

水色部分 $c$ の面積に等しい。

　ある財を生産して最終的に消費することによる社会全体の利益は，消費者側に発生する利益（消費者余剰）と生産者側に発生する利益（生産者余剰）の合計に等しい。消費者余剰と生産者余剰の合計は**社会的余剰**と呼ばれる。

　図 1-3 をみてみよう。競争的な市場では，財の需要と供給が一致するように価格の調整が行われ，図の E 点で市場均衡が実現する。この図の CS は消費者余剰，PS は生産者余剰を表す。図からわかるように，市場均衡における社会的余剰は，需要曲線と供給曲線に囲まれた三角形の面積に等しい。

■ 社会的余剰の最大化

　市場の失敗が存在しない場合，市場均衡において社会的余剰が最大になることを説明しておこう。まず，消費者余剰，生産者余剰の定義から

消費者余剰＝総便益－支出
生産者余剰＝収入－可変費用

が成り立っていた。そして，消費者の支出と生産者の収入は一致するから，

社会的余剰＝総便益－可変費用

が成り立つ。また，この式から，生産量及び消費量を 1 単位変化させた場合
の社会的余剰の変化は，総便益の変化分から可変費用の変化分を引いた大き
さ，すなわち限界便益－限界費用に等しいことがわかる。

　社会的余剰の最大化点を探すためには，限界便益（MB）と限界費用
（MC）を比べてみればよい。つまり，ある消費量・生産量水準（$Q$ で表す）
の下で MB＞MC が成り立っていれば，$Q$ を増やすことで社会的余剰を増加
させることができる。逆に，MB＜MC が成り立つ $Q$ の水準では，$Q$ を減ら
すことが社会的余剰の増加につながる（$Q$ を減らすことで，MB だけ便益が失
われるが，MC だけ費用が節約されることに注意）。どちらの場合も，社会的余
剰を増加させる余地が残っていることになり，したがって，その $Q$ の下で
は社会的余剰は最大化されていなかったことがわかる。これから，社会的余
剰の最大化のためには，MB＝MC が成り立つことが必要であることがわか
る。

　再び，図1-3 をみてみよう。市場均衡点での生産量水準（及び消費量水
準）は $Q^*$ で，この点で MB＝MC が成り立っている。一方，$Q_1$ の水準では
MB＞MC が成り立ち，この点では，追加的に消費と生産を増やすことで，
社会的余剰が増加する。また，$Q_2$ の水準では MB＜MC が成り立ち，$Q$ を
減少させることで社会的余剰が増加する。結局，市場均衡点 E で社会的余
剰が最大化されるのである。なお，$Q_1$ や $Q_2$ の水準が実現する場合，社会的
余剰は市場均衡点に比べ，それぞれ，三角形 EFG，三角形 EHI だけ小さく
なる [3]。

---

3　ここでの議論には補足が必要である。正確にいえば，三角形 EFG は生産と消費が $Q_1$ にと
　どまる場合の社会的余剰の損失の最小値である。$Q_1$ までの生産と消費を許す場合，限界便益の
　高い消費者から順に消費を割り当て，限界費用の低い生産者から順に生産を許すことができて初
　めて死重損失は三角形 EFG にとどまる。限界便益の高い順（もしくは限界費用の低い順）に消
　費・生産の割当ができなければ，$Q_1$ の水準での社会的余剰はもっと小さくなる。同様のことは
　$Q_2$ における社会的余剰にも当てはまる。

■ 消費者余剰の留意点

社会的余剰の最大化とは，資源が無駄なく使われている（効率的な資源配分が実現する）という意味であり，それが公平だということまで意味するわけではない。特に消費者余剰の概念には注意が必要である。

これまでの説明からわかるように，市場均衡では，消費者は，限界便益の高い順に消費を許されている。しかし，限界便益の違いは，消費者にとっての緊急度の違い（あるいは好みの違い）を純粋に表すわけではない。例えば，今日のランチに最大いくら出せるかを考えてみよう。高いランチ代を支払う用意があるのは食事にこだわりがあるからかもしれないが，金銭に余裕があるからという理由もあるだろう。つまり，消費者余剰は，純粋に消費者の選好を反映した指標ではない。あるいは，消費者間の所得の違いを無視した指標であるといってもよい。消費者余剰の概念を使用する際には，このことに注意を払うべきである。

## 1.3 　市場の失敗と政府の役割--------------------

市場均衡において社会的余剰が最大化される（効率的な資源配分が実現する）という命題は，市場の失敗が存在する場合には成り立たない。市場の失敗とは，自由な市場が効率的な資源配分に失敗するケースの総称で，(1) 公共財の存在，(2) 外部性，(3) 自然独占，(4) 情報上の失敗，などがそうである。既に述べたように，市場の失敗を是正することが，政府活動の一つの根拠であった。市場の失敗とその対処についての詳しい議論は，**第4講**，**第5講**で行うが，以下ではその概略だけ述べておく。

■ 公 共 財

ある種の財・サービスは，それが供給されることが望ましくても，自由な市場の下では全く供給されないか，著しい過小供給に陥ってしまうものが存在する。国防や警察活動，一般道路のもたらすサービスなどは公共財（public goods）と呼ばれる。これらの財は，(1) 消費における非競合性，

(2) 排除不可能性，という性質をもっており，これら2つの性質を備えた財を公共財と呼ぶ。

非競合性とは，ある人の消費が他の人と競合しない（他の人の消費機会を減らさない）という性質である。また，排除不可能性とは，（費用負担をしない人を）排除できないという性質である。例えば，国防サービスは，軍備によって他国からの侵略を抑止するという安心感を国民全般に提供するが，ある人が安心感を享受したからといって，他の人の安心感を奪うことにはならない（競合しない）。また，国防サービスの費用負担をした人だけに限定してサービスを提供するということもできない。これに対し，通常の財は，誰かが消費すればその財を別の人は消費できないし（競合性），代金を支払わない人の消費を妨げることは容易（排除が容易）である。こうした性質をもつ通常の財は，私的財（private goods）と呼ばれる。

公共財の供給を市場に任せると，各消費者は他の消費者の負担にただ乗りしようとするため，市場ではうまく供給できない。国防や警察活動に限らず，基本的なルールの設定（例えば所有権が確立していなければ，そもそも市場取引自体が成り立たない），外交，一般道路や堤防の建設なども公共財である。公共財の供給は市場に任せられないため，国家が責任をもって供給しなければならない。

## ■ 外 部 性

外部性（externality）とは，ある経済主体の活動が，市場取引を経由せず（金銭的支払いが存在せず），直接，他の経済主体に影響を及ぼしてしまうことを指す。影響が良いものであれば正の外部性，悪いものであれば負の外部性という。

公害や騒音は負の外部性の典型的な例である。負の外部性が存在する場合，相手に迷惑をかけるような行動が，その経済主体にとってはコストと認識されないため，そのような活動が過剰になるのである。

正の外部性の例としては，すぐには製品開発の利益に結びつかない基礎的分野の研究があげられる。この分野の研究は，直ちに商業的利益に結びつくものではないが，様々な分野に波及効果があり，その成果は広く社会全体が

享受する。しかし，こうした活動に対して報酬が支払われないため，そのような活動を促進するインセンティヴが市場には存在せず，このため正の外部性をもたらす活動は過小になる。

このように，外部性が存在すると，自由な市場では効率的な資源配分に失敗する。この場合，政府が介入して，資源配分の効率性を回復させる必要がある。教育，研究開発活動（特に基礎科学の分野），公害・環境対策，道路・港湾等の社会資本整備などに政府が関与するのは外部性のためである。

## ■ 自 然 独 占

ある種の産業では，規模の大きな企業ほど効率的な生産が可能になり，そのため，自由な競争の結果として独占企業が生き残ってしまう。これを自然独占という。自然独占は，電気・ガス・水道事業や鉄道事業，高速道路事業などで生じる可能性が高い。これらの分野は，事業を開始する際の固定設備が巨額であるが，財・サービス供給の限界費用は小さいという特徴をもっている。このため，サービス供給量の拡大に伴って平均費用が低下し，シェアを獲得した先発企業が新規参入を図る企業に対して優位性をもってしまう。一般に，市場が独占企業によって支配されていると，独占企業は財の供給量を抑制し，市場価格を釣り上げるような行動をとる。このような状態は資源配分の非効率性をもたらすので，政府は自然独占企業に何らかの規制を課して，独占に伴う弊害を減らす必要がある。

## ■ 情報上の失敗

市場で取引される財・サービスについて，売手と買手の間に情報の非対称性が存在すると，市場が機能不全を起こす場合がある。これを情報上の失敗という。特に重要なのは逆選択（adverse selection）という現象である。情報の非対称性が深刻な場合には，最悪の場合，市場取引そのものが成立しなくなる場合がある。

情報の非対称性は，保険市場や資金市場で深刻になる場合がある。例えば，保険の市場において，保険加入者と保険会社の間で，加入者自身の事故確率に関する情報の非対称性が存在するかもしれない。加入者自身は自分の事故

10　第1講　市場の失敗と政府の役割

確率をよく知っているが，保険会社は加入者全体の平均的な事故確率しか知らないという状況である。保険会社が加入者全体の平均的な事故確率を基に保険料を設定したとする。このとき，最も事故確率の低い加入者は，その保険料は高すぎると考え，保険から脱退したとしてみよう。この結果，保険加入者の平均的な事故確率が上昇し，それに対処するため，保険会社が保険料を引き上げたとする。すると，次に事故確率の低い加入者が保険から脱退するかもしれない。このようなプロセスがさらに続くと，最悪の場合，保険に残る加入者は事故確率の高い人ばかりになってしまう。これが逆選択である。

　医療保険，年金保険，失業保険の分野で公的保険が必要とされるのは，情報の非対称性の問題がこれらの市場では深刻で，したがって民間の保険市場がうまく機能しないと考えられるからである。

　保険市場だけではなく，住宅ローン，教育ローン，零細企業に対する融資などの資金市場でも逆選択が発生する可能性がある。資金の借手に一部不良な借手（返済の意思のない借手）が混じっていて，貸手が優良な借手と不良な借手を区別できないと，金利が資金の利用者の選別機能を失ってしまう。この市場の失敗に対処するためには，何らかの政府の関与が必要になる。

## ■ 政府の役割

　市場の失敗への対処は政府活動の一つの重要な根拠である。しかし，既に述べたように，市場の失敗の存在が，直ちに政府活動を正当化する理由にはならない。市場が失敗するように，政府も失敗するからである。したがって，市場の失敗と政府の失敗を比較する必要がある。後者の問題がより深刻なら，市場の失敗を放置する方が望ましい場合すらある。

　政府活動を評価するにあたっては，政府を構成するメンバーの個別利益に注目することが重要である。政治家は当選することが至上目的で，そのためには一般有権者の利益を犠牲にして特殊利益団体の利益を優先するかもしれない。あるいは，近視眼的な政策を掲げて有権者の歓心を買おうとするかもしれない。一方，官僚も，国益を追求するよりも，自分たちの権限の拡大や省益の追求をしているのかもしれない。政府が問題に対して適切な対応（個別の利益ではなく全体利益の追求）をとれるかどうかはこうした点を考慮する

必要がある。

さて，この講では，市場の失敗への対処と所得の再分配が政府活動の根拠であるという議論を行ってきた。次に問題となるのは，政府活動の規模や問題の解決のための適切な政策はどういうものかである。例えば，一般道路や堤防は公共財であり，政府が供給しなければならないが，どの程度の整備が望ましいのだろうか。正の外部性をもつ活動は自由な市場では過小にしか供給されないとすると，それはどのような政策を用いて対処すべきなのだろうか。また，現実に採用されている政策は，正しい政策といえるのだろうか。これらの問題に解答を与えるのが，次の講以降の目的である。

## ■ Active Learning

《重要事項のチェック》・・・・・・・・・・・・・・・・・・・・・・・・・・・・・・・・・・・・・・・・・・・・・・・・・・・・・・・・

  □市場の失敗　□政府の失敗　□財政の果たすべき機能（資源配分の是正，所得再分配，景気安定化）　□消費者余剰　□生産者余剰　□社会的余剰

《調べてみよう》・・・・・・・・・・・・・・・・・・・・・・・・・・・・・・・・・・・・・・・・・・・・・・・・・・・・・・・・・・・・・・・

  ミルトン・フリードマンは『資本主義と自由』（日経 BP 社，2008 年）の第 2 章で，政府が行うべきでない仕事として，農産物の価格支持政策，最低賃金制度，年金制度，職業免許制度などをあげている。どのような論拠に基づいているのだろうか。

《Exercises》・・・・・・・・・・・・・・・・・・・・・・・・・・・・・・・・・・・・・・・・・・・・・・・・・・・・・・・・・・・・・・・・・

  [1]　「大きな政府」，「小さな政府」とはどのような考え方か。
  [2]　市場の失敗とは何か。市場の失敗にはどのようなものがあるか。
  [3]　市場の失敗が存在しない場合，市場では効率的な資源配分が実現するという命題を消費者余剰，生産者余剰の概念を用いて説明せよ。

### 文 献 紹 介

● ジョセフ・E・スティグリッツ（藪下史郎訳）（2003）『公共経済学［第 2 版］（上）』東洋経済新報社

- ミルトン・フリードマン（村井章子訳）（2008）『資本主義と自由』日経 BP 社
- 板谷淳一・佐野博之（2013）『コアテキスト 公共経済学』新世社
- 麻生良文（2012）『ミクロ経済学入門』ミネルヴァ書房

# 第2講
# 財政制度概観

■この講では，まず，政府の経済活動である財政とは何かを検討するため，政府の範囲や，国の予算規模・構成などを概観する。その上で，国債の種類，財政収支やプライマリー収支，債務残高といった概念や相互の関係を説明し，プライマリー収支や債務残高などの推移を概観する。

## 2.1　政 府 部 門

　財政とは政府の経済活動を指すが，政府部門の定義や範囲は具体的にどう定めているのか。政府の構成要素には，中央政府（国）や地方政府（地方公共団体）などが存在するが，それ以外にも，公的年金・医療保険・介護保険などの社会保障基金などが存在する。

　このうち中央政府は，財務省や内閣府，文部科学省，厚生労働省のような中央省庁など国の組織が該当する。地方政府は都道府県や市町村をいい，社会保障基金は実際に存在する組織でなく，公的年金など社会保障給付関係の資金の流れを包括的に表すための統計上の概念を指す。

　では，政府から資金を受け取って活動している組織は，政府の経済活動に含まれるのか。例えば，私立学校は民間組織であるが，カリキュラム等に関する国の規制に従いつつ，補助金を受け取って活動しており，このような組織も数多く存在するため，政府の経済活動に関する全体像は複雑で容易に把握できない。

　このため，中央政府・地方政府・社会保障基金などの制度区分といった政府部門の定義や範囲については，一国全体の経済活動や構造を国際比較可能

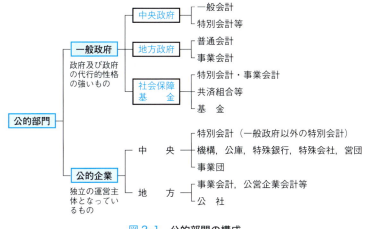

図 2-1　公的部門の構成

な形で体系的に記録した統計である「国民経済計算 (Systems of National Accounts, SNA)」の考え方に準じることが多い．SNA の定義では，図 2-1 で示すように，中央政府・地方政府・社会保障基金を合わせたものを一般政府という．一般政府は，司法・国防・治安・教育・社会保障など政府として最も基本的な経済活動を担う主体である．

また，一般政府以外の公的な組織として，中央政府（国）や地方政府（地方公共団体）から独立した法人格をもち，公共サービスを供給する公的企業も存在する．この公的企業は，造幣局・国立印刷局や水道・下水事業など国や地方公共団体が直接行っている事業のほか，日本政策投資銀行・高速道路株式会社・住宅供給公社といった特殊銀行・特殊会社や公社などをいう．国民経済計算の枠組みでは，公的企業と一般政府を合わせたものを公的部門という．

政府の定義や範囲として，一般政府と公的部門のどちらを利用するべきかの判断は難しいが，財政や予算の議論を行うときは，中央政府・地方政府・社会保障基金の活動が国民から強制徴収した税や社会保険料に基づくものであり，政府の活動に関する国際比較でも一般政府で議論するのが通常である

ため，一般政府の活動に注目することが多い。

## 2.2　国の一般会計予算の構成--------------------

　一般政府の経済活動を把握する最も重要な指標は，中央政府・地方政府・社会保障基金の予算であり，その活動は政府の作成した予算に従って運営される。これら予算のうち，国（中央政府）の予算制度の仕組みは後述するが，まずは国の予算のうち社会保障，教育，公共事業など国の基本的な政策の経費を賄う一般会計予算の構成を概観してみよう。

　通常，政府の収入（財源調達）を「歳入」，支出（財源活用）を「歳出」と呼ぶが，2017 年度における国の一般会計予算（当初予算）は，図 2-2 のとおりで，その歳出・歳入の総額は約 97 兆円である。

　国の一般会計予算における歳入は，新たな借金（国債発行による収入）である「公債金収入」や，所得税や法人税・消費税といった税収などの「租税及び印紙収入」，「その他収入」から構成される。2017 年度予算では，公債金収入が約 34 兆円，租税及び印紙収入が約 58 兆円，その他収入が約 5 兆円であり，歳入全体の 3 分の 1 程度を公債金収入で賄っている。なお，所得税や法人税・消費税などの税収は，マクロ経済の見通しに基づく「見積り」である。マクロ経済の見通しを完全に予測することは難しいため，見積りの税収と実際の税収が一致することは稀で乖離するのが通常である。見通し以上に経済活動が活発であれば，見積りの税収と比較して，実際の税収は上振れする一方，見通し以下であれば実際の税収は下振れするが，これを税収の自然増減という。

　他方，国の一般会計における歳出は，借金の返済（国債の利払い費や元金の返済）である「国債費」や，国債費以外の政策的経費である「基礎的財政収支対象経費」から構成される。2017 年度予算では，国債費が約 23 兆円，基礎的財政収支対象経費が約 74 兆円である。

　このうち基礎的財政収支対象経費は，公的年金や医療保険・介護保険などへの国庫負担などに相当する「社会保障関係費」，地方公共団体に対する財政

16　第 2 講　財政制度概観

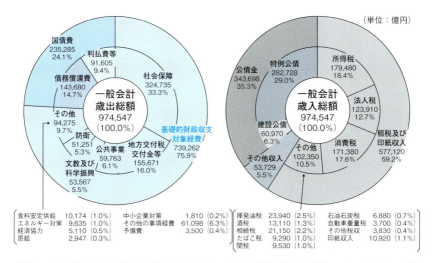

(注) 1.「基礎的財政収支対象経費」とは，歳出のうち国債費を除いた経費のこと。当年度の政策的経費を表す指標。
2.「一般歳出」（＝「基礎的財政収支対象経費」から「地方交付税交付金等」を除いたもの）は，583,591（59.9％）。うち社会保障関係費は約55.6％。
（出所）財務省「日本の財政関係資料」（平成29年度版）

図2-2 国の一般会計予算の構成（当初予算，2017年度）

移転である「地方交付税交付金」，道路・港湾・ダム建設などの社会資本整備を意味する「公共事業関係費」，「文教及び科学振興費」や「防衛関係費」などから構成される。2017年度予算では，社会保障関係費が約32兆円，地方交付税交付金等が約15兆円，公共事業関係費が約6兆円，文教及び科学振興費が約5兆円，防衛関係費が約5兆円である。なお，国の一般会計予算における歳出の特徴としては，図2-3のとおり，社会保障関係費や国債費が年々増加傾向にある一方，公共事業関係費，文教及び科学振興費，防衛費などのその他の政策的経費の割合が年々縮小傾向にある。すなわち，国債費や社会保障関係費，地方交付税交付金等で歳出全体の7割強を占めており，その他の政策的経費は3割弱しかない。

2.2 国の一般会計予算の構成　17

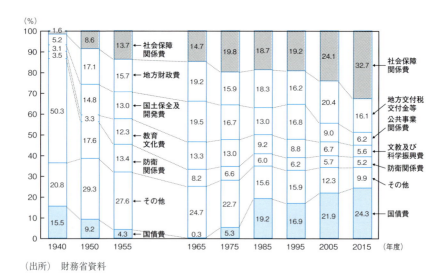

図 2-3 国の一般会計予算における歳出構造の変化

## 2.3 国の一般会計予算の推移，財政収支，債務残高の推移

■ 一般会計予算の推移

ところで，国の一般会計予算では，図 2-4 のとおり，歳出が税収を上回る状況が続いている。特に，バブル崩壊が始まる 1989 年度頃まで，一般会計予算の歳出が増加しても，税収も増加していた。しかし，1990 年度以降，社会保障関係費などの増加で歳出は拡大する一方，景気低迷や税制改正などで税収は減少傾向にあるため，歳出と税収の差額が拡大している。この差額は，新たな借金である公債金収入などで賄っている。一般的に，国や地方公共団体がその歳入不足を補うために発行する債券，すなわち国や地方団体の借金の借用証書を「公債」といい，国が発行する公債を「国債」，地方公共団体（都道府県や市町村）が発行する公債を「地方債」という。

このうち，日本の国債は，建設国債（建設公債）と特例国債（特例公債）と

18  第 2 講 財政制度概観

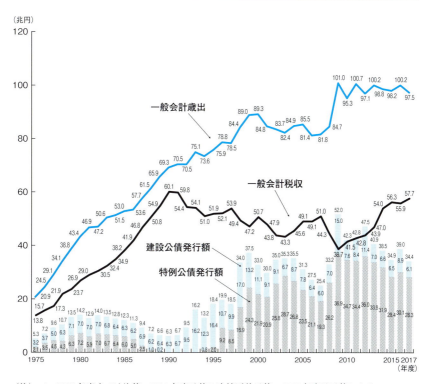

(注) 1. 2015年度までは決算，2016年度は第3次補正後予算，2017年度は予算による。
2. 公債発行額は，1990年度は湾岸地域における平和回復活動を支援する財源を調達するための臨時特別公債，1994〜96年度は消費税率3％から5％への引上げに先行して行った減税による租税収入の減少を補うための減税特例公債，2011年度は東日本大震災からの復興のために実施する施策の財源を調達するための復興債，2012年度及び13年度は基礎年金国庫負担2分の1を実現する財源を調達するための年金特例公債を除いている。

(出所) 財務省「日本の財政関係資料」(平成29年度版)

図 2-4 一般会計における歳出・歳入の状況

---

いう2種類に分類できる。この分類は，国の財政に関する基本法である「財政法」などにも関係するもので，建設国債は，公共事業や国の出資金・貸出金など投資的支出の財源を賄うために発行される国債をいう。特例国債は，社会保障関係費や人件費など消費的・経常的支出を賄うために発行される国債をいい，赤字国債（赤字公債）と呼ばれることも多い。

2.3 国の一般会計予算の推移，財政収支，債務残高の推移　　19

ここで注意が必要なのは，制度上，日本の財政法（第4条）では，国債発行を原則として禁止しているが，公共事業などの財源を賄うための建設公債の発行は例外的に許容しているということである。これは，公共事業などで形成される道路や港湾などは，負担先送りとなる消費的・経常的支出でなく，国の資産として形成され，その資産からの受益も長期にわたって将来世代も利用できるため，負担の世代間公平という視点で公共事業等に限って公債発行を認めたと解されている（小村，2016）。

　他方，社会保障関係費や人件費など消費的・経常的支出を賄うための公債発行は，負担が先送りされる懸念があり，日本の財政法は特例公債の発行を認めていない。しかしながら，特例公債を発行しない場合は歳入不足を賄うことができない厳しい財政状況が継続しており，財政法とは別に，特例的に発行を認める法案を国会で成立させて，特例公債を発行している。なお，赤字公債を初めて発行したのは1965年度補正予算で，一時的に発行を脱却したが，1975年度補正予算で10年振りに発行して以降，1990から93年度という数年を除き，特例公債は毎年度発行されている。

## ■ 財政収支とプライマリー収支

　次に，財政収支とプライマリー収支の概念を説明しよう。表2-1は2017年度における国の予算（当初予算）の概要であるが，一般会計予算では，その歳入と歳出の合計は必ず一致する。このうち，一般会計の歳入は，大きく分けて，「租税及び印紙収入」「その他収入」「公債金収入」から構成される。また，歳出は，大きく分けて，「一般歳出」「地方交付税交付金等」「国債費」から構成される。なお，一般歳出は，基礎的財政収支対象経費から地方交付税交付金等を除いたものをいう。国債費は，国債の元利返済を行うための項目であるが，国債の利払いに相当する「利払い費」と，既に発行された国債の一部を償還（返済）するための「債務償還費」に分けられる。

　いま，公債金収入を除く歳入を「政府収入」，債務償還費を除く歳出を「政府支出」と呼ぶことにすると，歳入と歳出の合計は一致するから，(2.1) 式が成立する。

表 2-1　国の一般会計予算（当初予算，2017 年度）

| 歳　入 | 金額（億円） | 構成比 |
|---|---|---|
| 租税及び印紙収入 | 577,120 | 59.2% |
| その他収入 | 53,729 | 5.5% |
| 公債金収入 | 343,698 | 35.3% |
| （うち建設国債） | （60,970） | （6.3%） |
| （うち特例国債） | （282,728） | （29.0%） |
| 計 | 974,547 | 100.0% |

| 歳　出 | 金額（億円） | 構成比 |
|---|---|---|
| 一般歳出 | 583,591 | 59.9% |
| 地方交付税交付金等 | 155,671 | 16.0% |
| 国債費 | 235,285 | 24.1% |
| （うち債務償還費） | （143,680） | （14.7%） |
| （うち利払い費等） | （91,605） | （9.4%） |
| 計 | 974,547 | 100.0% |

（出所）　財務省「日本の財政関係資料」（平成 29 年度版）

公債金収入＋政府収入（租税及び印紙収入＋その他収入）

　　＝債務償還費 　　　　　　　　　　　　　　　　　　　　　　(2.1)

　　＋政府支出（一般歳出＋地方交付税交付金等＋利払い費）

　この関係式から明らかなように，財政の収入と支出は必ず等しいとは限らず，その収支尻を「財政収支」と呼ぶ。すなわち，

財政収支＝政府収入－政府支出 　　　　　　　　　　　　　　　　(2.2)

である。財政収支がプラス（政府収入＞政府支出）であれば「財政黒字」，財政収支がマイナス（政府収入＜政府支出）であれば「財政赤字」といい，「財政赤字＝－財政収支」であることに注意して，(2.2) 式に (2.1) 式を代入すると，

財政赤字＝公債金収入－債務償還費

2.3　国の一般会計予算の推移，財政収支，債務残高の推移　　21

という関係が導ける。図 2-2 や表 2-1 にあるように財政赤字よりも公債金収入の方が注目されるが，この式は，公債金収入は財政赤字の大きさを示す指標ではないことを意味する。公債金（国債の発行）で負債は増加する一方，債務償還費で負債は減少するため，財政赤字は，公債金収入と債務償還費の差額として計算される。コンソル債（償還しない代わりに永遠に利子のみを支払うタイプの債券）であれば，債務償還費はゼロになり，公債金収入は財政赤字に等しくなる。なお，表 2-1 の公債金収入は約 34 兆円，債務償還費は約 14 兆円であるから，2017 年度における一般会計（当初予算）の財政赤字は約 20 兆円となる。

　ところで，政府の負債合計を「政府債務」というが，(2.2) 式の財政収支が黒字であれば，債務の一部を返済することができるから，政府債務は減少する。他方，財政収支が赤字であれば，国債の発行などで新たに民間から借金して債務を増やす必要があるから，政府債務は増加する。例えば，財政収支が 10 黒字であれば政府債務は 10 減少し，財政収支が 10 赤字であれば政府債務は 10 増加するため，財政収支と政府債務の間には，

今年度末の政府債務－昨年度末の政府債務＝今年度の財政赤字　(2.3)

という関係が成立する（「財政赤字＝－財政収支」という関係に注意）。

　ここで，「財政収支」のように一定期間（例えば 1 年）における取引の大きさを示すものを「フロー変数」という。これに対して，「政府債務」のように一時点における水準や残高を示したものを「ストック変数」といい，フロー変数とストック変数は互いに結びついている。ストックはフローの蓄積であり，フローはストックの変化分とみなすこともできる。前者の視点では，財政収支（フロー）はその時々の財政状況を表すのに対して，政府債務（ストック）はその歴史の蓄積を意味することになる。また，後者の視点では，財政赤字（フロー）とは政府債務（ストック）の変化を意味することになる。

## ■ グロスの債務とネットの債務

　なお，民間の経済主体と同様，政府は資産や負債を抱えており（講末コラム参照），債務には「グロスの債務」と「ネットの債務」がある。このうち，

22　第 2 講　財政制度概観

グロスの債務に相当する政府の負債合計を「政府総債務」という。

　しかし，政府が保有する資産には現金・預金や株式等の有価証券といった金融資産，土地や建物といった非金融資産もあり，政府の抱える負債合計から資産合計を差し引いた額（ネットの債務）を「政府純債務」という。例えば，政府の負債合計が 1,000 兆円で資産合計が 600 兆円のとき，「政府総債務」は 1,000 兆円，「政府純債務」は 400 兆円となる。(2.3) 式は，政府総債務と財政収支の関係を示すものだが，政府純債務と財政収支の関係も似たものとなる。

　すなわち，財政収支が黒字であれば，政府は資産を増やすか，債務の一部を返済することができるから，政府純債務は減少する。他方，財政収支が赤字であれば，国債の発行などで新たに民間から借金して債務を増やすか，資産の一部を民間に売却して赤字の穴埋めをしなければならないから，政府純債務は増加する。例えば，財政収支が 10 黒字であれば政府純債務は 10 減少し，財政収支が 10 赤字であれば政府純債務は 10 増加するため，財政収支と政府純債務の間には，

　　今年度末の政府純債務−昨年度末の政府純債務＝今年度の財政赤字

という関係が成立する。

　なお，政府が保有する資産の売却や取り崩しで行う資金調達は，公債発行と同じ効果をもつ。これは，次のような例で考えるとわかりやすい。まず，政府の負債合計が 1,000 兆円で資産合計が 600 兆円のとき，政府純債務は 400 兆円であるが，50 兆円分の資産売却を行うと，政府の資産合計が 550 兆円に減少する。そのとき，この資産売却で得た 50 兆円を，政府債務の返済に充てない限り，政府債務は 1,000 兆円のままなので，政府純債務は 450 兆円に増加してしまう。これは，資産の売却や取り崩しをせず，50 兆円分の公債発行と同じ効果をもつ。

　国は時々，特別会計の余剰金などを「埋蔵金」として一般会計予算の財源などに活用する対応を行うことがあるが，これは公債発行と同等の効果をもつことを意味する。

## ■ 政府の貯蓄投資差額＝財政収支

政府支出は，防衛や治安サービスなどの公共サービスを賄うための経常的な支出（政府消費），道路や公共施設といった社会資本形成を賄うための投資的な支出（政府投資），年金給付のような移転支出，利払い費の4つに大別できる。すなわち，

> 政府支出＝政府消費＋政府投資＋移転支出＋利払い費

である。ここで，政府消費には，その便益が社会全体として識別できる「集合的消費」（例：防衛や治安サービス）のほか，医療・介護給付といった「個別的消費」（現物社会移転）も含まれる。この理由は，年金給付は財・サービスの購入を伴わないが，現物社会移転である医療・介護給付は財・サービスの購入を伴っているためである。

財政収支の最も標準的な定義は（2.2）式であるが，これに上式を代入し，若干変形すると，

> 財政収支＝（政府収入－移転支出－利払い費）－（政府消費＋政府投資）
> 　　　　＝（政府の可処分所得－政府消費）－政府投資

という関係を得る。ここで，「政府収入－移転支出－利払い費」は政府の可処分所得（支払義務のあるものを差し引いた，残りの手取り収入）に相当する。また，上式の右辺第1項（政府の可処分所得－政府消費）は政府の所得から消費を差し引いたものであるから，家計貯蓄と同様のイメージで政府貯蓄とみなすことができる。このため，上式は，

> 財政収支＝政府貯蓄－政府投資　　　　　　　　　　　　　　　　　　(2.4)

と書き直せる。つまり，財政収支は政府の貯蓄投資差額として把握できる。一般的に「貯蓄＞投資」を貯蓄超過，「貯蓄＜投資」を投資超過といい，政府部門に限らず，特定の部門の収支を貯蓄投資差額として把握するアプローチは，「貯蓄・投資バランス」と呼ばれる。

政府部門の収支が投資超過の場合や，政府貯蓄がマイナス（政府の可処分所得＜政府消費）の場合，財政収支は赤字となる。

■ プライマリー収支＝財政収支＋利払い費

　政府収入と，利払い費を除いた政府支出との差を「基礎的財政収支」または「プライマリー収支」と呼ぶ。

$$
\begin{aligned}
\text{プライマリー収支} &= \text{政府収入} - \text{利払い費を除いた政府支出} \\
&= (\text{政府収入} - \text{政府支出}) + \text{利払い費}
\end{aligned} \tag{2.5}
$$

　利払い費を除いた政府支出に注目する理由は，財政が厳しい状況にあっても利払い費を自由に削減することはできないからである。利払い費は，これまでの財政運営の結果として必然的に発生する。このため，利払い費を除いた政府支出と政府収入の収支尻を新たに定義するのである。プライマリー収支は，債務残高がゼロであるときの財政収支とみなすこともできる。また，(2.5) 式に (2.2) 式を代入すると，

$$
\text{プライマリー収支} = \text{財政収支} + \text{利払い費} \tag{2.6}
$$

という関係を得ることができ，プライマリー収支は財政収支に利払い費を足し合わせたものとなっている。プライマリー収支がプラスであれば「プライマリー黒字」，プライマリー収支がマイナスであれば「プライマリー赤字」という。表 2-1 の財政収支はマイナス約 20 兆円であり，利払い費は約 9 兆円であるから，2017 年度における一般会計（当初予算）のプライマリー収支はマイナス約 11 兆円となる。つまり，プライマリー赤字である。

　また，(2.6) 式に「財政赤字＝公債金収入－債務償還費」を代入し，少額の国債事務取扱費を無視すると，プライマリー赤字は，

$$
\text{プライマリー赤字} = \text{公債金収入} - \text{国債費}
$$

として計算することもできる。

　なお，以上は「名目」で議論しているが，本来は「実質」で議論する必要がある。すなわち，政府債務，財政収支，プライマリー収支などの変数は「名目」でなく，「実質」で評価するのが正しい。政府債務が名目で同じでも，物価水準が上昇するインフレ期では，実質政府債務を過大に評価し，物価水準が下落するデフレ期は過小に評価してしまう。これは利払い費も同様で，

2.3　国の一般会計予算の推移，財政収支，債務残高の推移　　25

近年の日本では政府債務が巨額にもかかわらず，国債の利払い費が低かったという議論があるが，実質の利払い費はもっと大きくなる可能性がある。

このような問題を回避する別の方法は，「名目」の「政府債務」，「財政収支」，「プライマリー収支」などの変数を，「名目GDP」で割って評価すること，すなわち「政府債務（対GDP）」「財政収支（対GDP）」「プライマリー収支（対GDP）」などで評価することである。

## ■ 財政収支と債務残高の推移

では，一般政府の財政状況はどうか。内閣府「国民経済計算（SNA）」のデータを利用し，一般政府の財政収支やプライマリー収支を概観してみよう。SNAには，「非金融法人企業」「金融機関」「一般政府」「家計」「対家計民間非営利」の制度部門があるが，このうちの「一般政府」は「中央政府」「地方政府」及び「社会保障基金」という3部門で構成されるものをいう。

図2-5は，一般政府の財政収支とプライマリー収支を対GDP比の値としてみたものである。この図からは，次のような事実が確認できる。

まず，バブル崩壊前の80年代は，財政収支とプライマリー収支は順調に改善し，財政収支は1988年度，プライマリー収支は1985年度に黒字化した。この背景には，「バブル景気」と呼ばれる大型景気の到来で大幅な税収増があったことや，増税なき財政再建をスローガンとする行財政改革が政府支出の抑制に一定の効果を発揮したことがあげられる。

しかし，バブル崩壊後の90年代は一転，財政収支とプライマリー収支は急速に悪化した。この背景には，不況の長期化による税収の落ち込みと度重なる景気政策（政府支出の拡大や減税）の実施，社会保障給付の増加があげられる。また，1998年度における財政収支やプライマリー収支の急激な悪化は，旧国鉄清算事業団等が抱えていた債務の一部（約27兆円）を国の一般会計が継承したことが影響している。

2000年代の財政収支やプライマリー収支は，小泉政権による構造改革や政府支出の抑制によって一時改善の方向に進んだが，2008年9月の「リーマンショック」と呼ばれる米国発の世界的金融危機を機に再び悪化に転じた。なお，2006年度や2008-11年度は，財政融資資金特別会計から国債整理基

26　第2講　財政制度概観

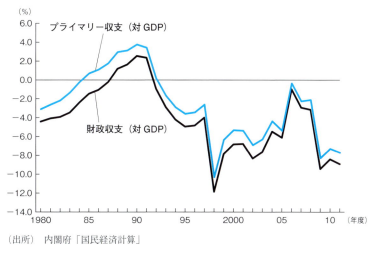

（出所）内閣府「国民経済計算」

図 2-5 一般政府の「財政収支（対 GDP）」と「プライマリー収支（対 GDP）」

金特別会計や一般会計への繰入等（12 兆円，11.3 兆円，7.3 兆円，5.8 兆円，2.6 兆円）があり，一般政府の財政赤字やプライマリー赤字は見かけ上小さくなっている。このようなことが可能な理由は，SNA 上，財政融資資金特別会計は「公的金融機関」に，国債整理基金特別会計または一般会計は「一般政府」に属するためである。

ところで，財政収支は基本的に景気循環の影響を受けるため，財政収支を「循環的財政収支」と「構造的財政収支」に切り分けて考えることは重要である。定義上，「財政収支＝循環的財政収支＋構造的財政収支」が成り立つ。

循環的財政収支とは，税収や失業給付の増減など景気循環の影響を受けて増減する部分をいい，構造的財政収支とは，現実の財政収支から景気循環要因である循環的財政収支を取り除いたものとして定義される。つまり，循環的財政収支は景気循環による「受動的な変動」を意味し，構造的財政収支はそれ以外の裁量的財政政策による「能動的な変動」を意味する。

循環的財政収支は，不況期では税収減や失業給付などの増大を通じて悪化するものの，好況期では税収増や失業給付などの減少を通じて改善する。一

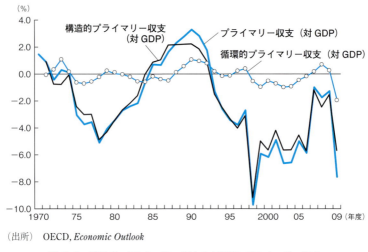

図 2-6　構造的プライマリー収支と循環的プライマリー収支

方，構造的財政収支は，景気情勢に応じて実施する裁量的な財政政策（増・減税や公共投資の追加）のほか，景気循環とは関係なく増大する社会保障支出や利払い費の影響を受けることから，構造的財政収支は歳出削減や増税を実施しない限り改善しない。このため，財政の持続可能性を検討する場合，構造的財政収支が関心の対象となる。

　財政収支と同様，プライマリー収支についても，「循環的プライマリー収支」と「構造的プライマリー収支」に切り分けて考えることができる。定義上，「プライマリー収支＝循環的プライマリー収支＋構造的プライマリー収支」が成り立つ。図 2-6 は，OECD（経済協力開発機構；Organaistation for Economic Co-operation and Development）が公表している「循環的プライマリー収支（対 GDP）」と「構造的プライマリー収支（対 GDP）」のうち日本の数値を図示したものである。OECD の推計によると，最近の日本では，プライマリー赤字のかなりの部分が構造的プライマリー赤字で説明できることが読み取れる。

　すなわち，バブル崩壊後の 1990 年代以降，日本の財政収支は赤字基調に

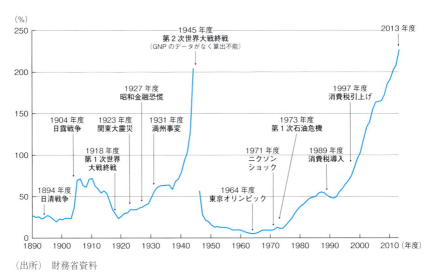

**図 2-7　国と地方を合わせた債務残高（対 GDP）の歴史的推移**

ある。フローの財政赤字が長期に継続すると，債務残高の累増をもたらす。

　以上の結果，日本の財政状況は，歴史的にみても国際的にみても，きわめて特異な状況にある。現在，国・地方を合わせた政府の債務残高は名目GDPの200％以上に達している（図2-7）。これは，国中の資源が総動員された第二次世界大戦の末期である1944年度をも超えるレベルにあり，まさに歴史的水準ということができる。なお，現在の財政状況は，考え方によっては，第二次世界大戦末期よりも深刻かもしれない。第二次世界大戦末期の債務は，全て戦争という「過去の原因」に基づくものであり，戦争さえ終われば，後は改善の方向に向かっていく。しかし，現状は，足下で既に莫大な債務があるのみならず，今後将来に向かって，高齢化の進展などで社会保障関係費が増加することが見込まれており，財政赤字がさらに拡大する圧力が生じる可能性がある。

## コラム　政府のバランスシート

　財政の状況を把握するためには，財政収支やプライマリー収支といったフロー情報のみでなく，資産や負債といったストック情報にも目を向ける必要がある。

　民間企業では，毎年度あるいは毎四半期の経営成績や財務状況を的確に把握するため，収益や費用・利益などフローのお金の動きを示した損益計算書などのほか，資産や負債の状況を示したバランスシート（Balance Sheet）を作成している。

　従来，政府はバランスシートを作成してこなかったが，欧米先進国では1990年代から行財政改革の一環として，「ニュー・パブリック・マネジメント」（New Public Management, NPM）を試行的に実施する動きが広まっていった。NPMとは，1980年代後半以降に英国などで形成された新しい行政運営理論であり，政策評価を客観的に行うため，民間企業の経営理念や経営手法を可能な限り行政部門にも導入し，効率的な行財政運営を目指すことを目的とする。政府の会計においても，民間企業と同様にバランスシートを整備することにより，財政の透明性を向上させ，政府の国民に対する説明責任を高められる。

　日本においては，財政赤字が継続し，巨額の政府債務が積み上がる中，NPMの影響を受け，国や地方自治体・個別の公的企業で，政府の会計を見直す動きが強まっていった。このため，例えば財務省は，2000年10月から一般会計と特別会計を対象とした「国の貸借対照表（試案）」を作成する試みを開始し，同試算は1998年度決算分から2002年度決算分まで公表した。

　2003年度決算分からは，同試案の意見や2003年6月の財政制度等審議会「公会計に関する基本的考え方」等に基づき，国全体のフローとストックの情報を開示する「国の財務書類」を定期的に作成し，その中で「国のバランスシート」を公表している（表2-2）。このほか，一般会計と特別会計の情報から「省庁別財務書類」「会計別財務書類」や，国の業務と関連する事務・事業を行う独立行政法人等を省庁別財務書類に連結した「省庁別連結財務書類」を作成・公表している。

　また，不定期の作成であるが，内閣府は「経済財政白書」（2001年度版・2011年度版）において，「政府のバランスシート」を公表している（表2-3）。同バランスシートは国民経済計算（SNA）のデータから作成するもので，財務省が国の決算データから作成する国のバランスシートと異なり，地方公共団体を含む一般政府を構成する部門全体のバランスシートを包括的にまとめたものとなっている。

　政府のバランスシートにおいても，民間企業のケースと同様，資産と負債が重要な構成項目である。このうち，資産は土地や建築物といった非金融資産と有価証券や貸付金といった金融資産に大別される。市場で取引が頻繁に行われる金融資産は評価が比較的容易であるが，政府が保有する非金融資産は，道路や河川といった社会資本など，市場性に乏しく売却困難な資産が多いため，評価が非常に難しい側面がある。他方，負債の主なウェイトを占めるのは公債（国債や地方債）であり，資産合計から負債合計を差し引いたものを正味資産（資産・負債差額）という。表2-3において，2009年度末の正味資産をみると，地方政府は234.9兆円，社会保障基金は7.2兆円の

30　第2講　財政制度概観

### 表 2-2　国のバランスシート（一般会計＋特別会計）

（単位：兆円）

| | 前年度 | 2012年度 | 増 減 | | 前年度 | 2012年度 | 増 減 |
|---|---|---|---|---|---|---|---|
| ＜資産の部＞ | | | | ＜負債の部＞ | | | |
| 現金・預金 | 17.7 | 22.0 | 4.2 | 未払金等 | 11.2 | 11.3 | 0.1 |
| 有価証券 | 97.6 | 110.8 | 13.2 | 政府短期証券 | 107.2 | 101.7 | −5.6 |
| 未収金等 | 13.0 | 12.4 | −0.6 | 公債 | 791.0 | 827.2 | 36.3 |
| 前払費用 | 4.3 | 2.8 | −1.6 | 借入金 | 24.5 | 26.8 | 2.3 |
| 貸付金 | 142.9 | 139.5 | −3.3 | 預託金 | 7.5 | 7.3 | −0.2 |
| 運用寄託金 | 110.5 | 106.7 | −3.7 | 責任準備金 | 9.2 | 9.2 | 0.0 |
| 貸倒引当金 | −2.7 | −2.6 | 0.1 | 公的年金預り金 | 118.5 | 114.6 | −3.9 |
| 有形固定資産 | 180.9 | 180.3 | −0.5 | 退職給付引当金等 | 11.0 | 10.1 | −0.9 |
| 無形固定資産 | 0.2 | 0.2 | 0.0 | その他の負債 | 8.1 | 8.8 | 0.7 |
| 出資金 | 59.3 | 62.2 | 2.9 | 負債合計 | 1,088.2 | 1,117.2 | 28.9 |
| その他の資産 | 5.2 | 5.8 | 0.5 | ＜資産・負債差額の部＞ | | | |
| | | | | 資産・負債差額 | −459.3 | −477.0 | −17.7 |
| 資産合計 | 628.9 | 640.2 | 11.3 | 負債及び資産・負債差額合計 | 628.9 | 640.2 | 11.3 |

（注）「有価証券」は「米国債といった外貨証券等」,「貸付金」は「地方公共団体や政策金融機関などに対する長期・低利の貸付等」,「運用寄託金」は「将来の年金給付のための積立金を運用寄託したもの」,「有形固定資産」は「国有財産や道路・河川などの公共用財産」,「公的年金預り金」は「将来の年金給付のための預り金（運用寄託している積立金や現金・預金等）」を意味する。
（出所）財務省「平成24年度 国の財務書類」から作成

黒字であるが，中央政府は487.4兆円の赤字となっており，一般政府全体では245.3兆円の赤字となっている。

正味資産が赤字ということは，「債務超過」（保有している資産を全て売却しても，抱えている負債を全て返済できない状態）であることを意味する。通常，民間企業であれば，債務超過となった段階で経営が破綻して倒産する。一方で，債務超過でも政府がすぐに破綻しないのは，政府は課税権（国民から強制的に税を徴収できる権限）をもつからである。つまり，課税権は政府のバランスシートの簿外にあるものの，その行使によって債務超過を埋めわせることができる。もっとも，増税（課税権の行使）で得られる税収には限界がある。このため，増税や歳出削減等による財政再建の政治的な実行力に対する信認が揺らぎ始めると，財政破綻の可能性が出てくる。

以上の説明からも明らかなように，国と企業の会計の目的が全く同じかというと，それは違う。民間企業は利益追求を目的としており，その財務活動を開示・報告するのが「企業会計」の役割である。他方，国の財政活動の基本は，利益追求そのものが目的でなく，国家により強制的に徴収された税を政策に基づき配分することである。政府部門では「どれだけのコストをかけて，どれだけの利益を獲得したか」ではなく，「どれだけのコストをかけて，どのような政策を実施したか」を把握することが重要となる。すなわち，民間企業では行い得ない行政サービスや，いわゆる公共財の提供などを行っており，その状況を開示・報告するのが「公会計」の役割となる。

## 表 2-3 政府のバランスシート（貸借対照表）

### 1999 年度末
(兆円)

| | | 一般政府 | 中央政府 | 地方政府 | 社会保障基金 |
|---|---|---:|---:|---:|---:|
| 資産 | | 887.0 | 206.7 | 444.5 | 235.9 |
| | 非金融資産 | 470.8 | 85.3 | 382.6 | 3.0 |
| | 金融資産 | 416.2 | 121.4 | 61.9 | 232.9 |
| 負債…(A) | | 914.0 | 495.2 | 191.1 | 227.7 |
| | うち国債・地方債等 | 467.9 | 413.9 | 54.1 | 0.0 |
| | 退職金債務 | 33.6 | 8.6 | 24.8 | 0.2 |
| | 年金積立金 | 201.5 | 0.0 | 0.0 | 201.5 |
| 資産・負債差額 | | −27.0 | −288.5 | 253.4 | 8.2 |

（別表）

| | | 一般政府 | 中央政府 | 地方政府 | 社会保障基金 |
|---|---|---:|---:|---:|---:|
| | 年金の公費負担分…(B)<br>（過去期間対応分，現価） | 147.7 | 137.3 | 10.4 | 0.0 |
| (A)＋(B) | | 1,061.7 | 632.5 | 201.5 | 227.7 |

### 2009 年度末
(兆円)

| | | 一般政府 | 中央政府 | 地方政府 | 社会保障基金 |
|---|---|---:|---:|---:|---:|
| 資産 | | 985.8 | 342.9 | 438.7 | 204.2 |
| | 非金融資産 | 470.1 | 101.6 | 365.3 | 3.2 |
| | 金融資産 | 515.7 | 241.3 | 73.3 | 201.1 |
| 負債…(A) | | 1,231.2 | 830.4 | 203.7 | 197.0 |
| | うち国債・地方債等 | 795.8 | 731.4 | 64.4 | 0.0 |
| | 退職金債務 | 25.4 | 4.9 | 20.4 | 0.1 |
| | 年金積立金 | 181.6 | 0.0 | 0.0 | 181.6 |
| 資産・負債差額 | | −245.3 | −487.4 | 234.9 | 7.2 |

（別表）

| | | 一般政府 | 中央政府 | 地方政府 | 社会保障基金 |
|---|---|---:|---:|---:|---:|
| | 年金の公費負担分…(B)<br>（過去期間対応分，現価） | 273.2 | 257.6 | 15.6 | 0.0 |
| (A)＋(B) | | 1,504.4 | 1,088.0 | 219.4 | 197.0 |

(注) 1. 内閣府「国民経済計算」等により作成。
2. 「国債・地方債等」には，国債や地方債のほかに，政府短期証券や政府関係機関債等が含まれる。
3. 公的年金について，本表では積立金分のみを計上している。これに公費負担分を含めて見ると，別表の姿となる。
4. 年金の公費負担分（過去期間対応分，現価）について，1999 年度末は基礎年金国庫負担割合が 1/3 を前提，2009 年度末は基礎年金国庫負担割合が 1/2 を前提としている。
(出所) 内閣府「経済財政白書」(2011 年度版)

## ■ Active Learning

《重要事項のチェック》••••••••••••••••••••••••••••••••••••••••••••••••••••••

□一般政府　□中央政府　□地方政府　□社会保障基金　□一般会計予算　□歳出　□歳入　□公債　□国債　□地方債　□建設国債　□特例国債　□赤字国債　□財政収支　□プライマリー収支　□構造的プライマリー収支　□循環的プライマリー収支　□債務残高

《調べてみよう》••••••••••••••••••••••••••••••••••••••••••••••••••••••••••••

[1]　最近の国の一般会計予算を調べてみよう。

[2]　日本を含む先進国の財政収支（対 GDP）やプライマリー収支（対 GDP）を調べてみよう。

[3]　日本を含む先進国の債務残高（対 GDP）を調べてみよう。

《Exercises》••••••••••••••••••••••••••••••••••••••••••••••••••••••••••••••

[1]　建設国債と赤字国債の違いを説明しなさい。

[2]　プライマリー収支とは何か。財政収支とプライマリー収支の違いを説明しなさい。

[3]　循環的財政収支と構造的財政収支とは何か。また，財政の持続可能性を検討する場合，構造的財政収支が関心の対象となる理由を説明しなさい。

### 文 献 紹 介

- 窪田　修（2016）『図説 日本の財政（平成 28 年度版）』東洋経済新報社
- 小村　武（2016）『［五訂版］予算と財政法』新日本法規出版
- 田中秀明（2013）『日本の財政──再建の道筋と予算制度』中央公論新社

# 第3講
# 予算制度

■この講では，近代民主主義の発展に伴い確立された財政民主主義の概念，予算の原則や予算の形式のほか，一般会計や特別会計，当初予算や補正予算・暫定予算といった予算の種類，国の予算編成のプロセス，予算の執行や決算などの概要を説明する。

## 3.1　財政民主主義の原則-------------------------

　国の財政活動（課税や支出）は，国民生活と密接な関係をもち，主権者たる国民の負担に直接関わるものである。このため，財政の民主的統制が重要となってくるが，その中心的な役割を担う概念が財政民主主義である。財政民主主義とは，財政に対する統制は国民の代表から構成される議会の議決が必要であるとする考え方である。この考え方は，被統治者が統治者の統治行為を拘束するもので，英国清教徒革命やフランス革命などを契機とし，近代民主主義の発展に伴い確立された概念である。そして，財政民主主義は，「租税法律主義」（国民の租税負担は議会が法律を通して確定する），「予算制度」（議会が歳入・歳出予算を審議し承認する），「決算制度」（議会が決算を審議し，政府の予算執行を監督する），「下院優先の原則」（議会が二院からなるときは，下院が優先権をもつ）の4つから構成される。

　日本では，日本国憲法「第7章　財政」などが予算に関する基本的な原則を定めており，例えば，憲法83条は「財政民主主義」を規定している。そして，憲法第84条は「租税法律主義」，第90条は「決算制度」，第60条は「下院優先の原則」を要請している。

34

〈日本国憲法〉

第60条　予算は，さきに衆議院に提出しなければならない。

2　（略）

第83条　国の財政を処理する権限は，国会の議決に基いて，これを行使しなければならない。

第84条　あらたに租税を課し，又は現行の租税を変更するには，法律又は法律の定める条件によることを必要とする。

第90条　国の収入支出の決算は，すべて毎年会計検査院がこれを検査し，内閣は，次の年度に，その検査報告とともに，これを国会に提出しなければならない。

2　（略）

　また，予算制度に関する基本は財政法など様々な法律が定めている。さらに，租税関係の基本は所得税法や法人税法・消費税法といった租税法，地方財政の基本は地方財政法や地方交付税法などが定めている。このように，日本の現行制度では，憲法のほか，国会や地方議会で予算や租税に関する法律などを議決することで，財政民主主義を実現している。

## 3.2　予算の原則

　本講では国の予算を中心に説明するが，予算制度の基本を定める財政法などに登場する用語で最も重要なものは，「収入」「支出」「歳入」「歳出」の4つの概念である。「収入」とは「国の各般の需要を満たすための支払の財源となるべき現金の収納」をいい，「支出」とは「国の各般の需要を満たすための現金の支払」をいう（財政法第2条第1項）。また，「歳入」とは「一会計年度における一切の収入」をいい，「歳出」とは「一会計年度における一切の支出」をいう（同第4項）。

　予算とは「予（あらかじ）め算定する」という言葉のとおり，国の歳入と歳出を一定期間について見積もったものをいい，その一定期間を「会計年

3.2　予算の原則　35

表 3-1　重要な予算原則

| | |
|---|---|
| 単年度主義の原則 | 予算は原則として会計年度ごとに作成されなければならない |
| 総計予算主義（完全性）の原則 | 収入と支出はすべて予算に計上しなければならない |
| 会計年度独立の原則 | それぞれの会計年度の支出は，その会計年度の収入で賄わなければならない |
| 事前議決の原則 | 予算を執行する前にあらかじめ議会の議決を受けなければならない |
| 公開性の原則 | 議会が予算を通して財政を統制するため，予算や財政に関する情報が議会や国民に対して公開されていなければならない |
| 明瞭性の原則 | 予算の内容は分かりやすくなければならない |
| 統一性の原則 | 収入と支出が計上される予算は一つでなければならない |

度」という。日本の会計年度は，「4月から翌年3月末」の1年間とすることが定められている（財政法11条）。なお，会計年度は国よって異なる。例えば，英国は4月から翌年3月末であり，フランスやドイツは1月から12月末，米国は10月から翌年9月末である。

　また，日本国憲法や財政法にもみられるように，近代民主主義が成熟する過程で表3-1のような「予算原則」が形成された。

　このような予算原則は19世紀中頃の英国で確立され，近代民主主義国家の財政に重要な役割を果たしているが，現実の予算を円滑に執行するため，各国ともいくつかの例外が存在する。例えば，日本では「継続費」「国庫債務負担行為」「歳出予算の繰越し」などの例外が存在する。

　まず「継続費」や「国庫債務負担行為」は，「単年度主義の原則」（予算は原則として会計年度ごとに作成されなければならない）の例外である。「継続費」とは，完成までに数年（原則5年度以内）かかる事業について，その経費の総額や年度ごとの支出額を見積り，一括して国会の議決を経た上で支出するものをいう。また，「国庫債務負担行為」とは，その年度に契約を結ぶ必要があるが，実際の支出は翌年度以降（原則5年度以内）にずれ込む場合，その契約（債務負担）のみを年度内に済ませておくことをいう（実際の支出に

は，次年度以降，歳出予算に改めて計上する必要がある）。国庫債務負担行為のうち当該年度中の支出がゼロの部分を，通称「ゼロ国債」という。

次に，「歳出予算の繰越し」とは，ある年度の予算に計上された歳出が会計年度内に支出し終えないとき，一定の条件を満たす場合は翌年度に繰り越して支出することができる特例的な制度をいう。これは「会計年度独立の原則」（それぞれの会計年度の支出は，その会計年度の収入で賄わなければならない）の例外であり，「明許繰越し」（財政法第 14 条の 3）や「事故繰越し」（同法第 42 条ただし書）などある。「明許繰越し」は，歳出予算のうち，その性質上又は予算成立後の事由に基づき年度内にその支出を終わらない見込みのあるものについて，あらかじめ国会の議決を経て，翌年度に繰り越して使用することをいい，その経費を「繰越明許費」という。また，「事故繰越し」は，天災などの避けがたい事故のために年度内に支出が終わらなかったとき，一定の要件が揃えば行うことができる。

そして，「過年度収入と過年度支出」も，会計年度独立の原則の例外である。国の会計年度は 3 月末であるが，会計年度を過ぎても未収や未払いの形で実際の現金の授受が終了しない場合もある。この調整のため，「出納整理期間」（翌年の 4 月 1 日から 5 月 31 日まで）が設けられている。しかし，その出納整理期間内にも収入・支出が完了しなかったものを「過年度収入」「過年度支出」といい，それらは現年度内に収入・支出がなされたものとして整理される。

## 3.3 予算の形式

政府が国会に提出する予算の形式は財政法第 16 条によって定められており，予算総則，歳入歳出予算，継続費，繰越明許費，国庫債務負担行為の 5 つから構成される。

### 予算総則

予算全般（歳入歳出予算，継続費，繰越明許費や国庫債務負担行為）についての総括的な事項のほか，公債の発行限度額や借入金の限度額，それらによっ

て賄われる公共事業の範囲のような重要な事項が定められている（財政法第22条）。

## 歳入歳出予算

予算の本体であり，一定の区分に従って，歳入歳出の項目や金額が記載されている（財政法第23条）。このうち歳入は税収などの見積りであり，これを超える収入があっても構わないが，歳出は異なる。歳出は単なる見積りでなく，政府が支出できる経費の目的とその金額の上限を示す。なお，予見が難しい予算の不足に充てるため，内閣は，予備費として相当と認める金額を，歳入歳出予算に計上することができる（財政法第24条）。

## 継 続 費

完成までに数年かかるような事業は，その経費の総額や年度ごとの支出額を見積り，一括して国会の議決を経た上で支出することになっている。このような経費を継続費といい，その年限は原則5年度以内と定められている（財政法第14条の2）。

## 繰越明許費

歳出予算のうち，その性質や予算成立後の事由により，年度内にその支出を終わらない見込みのあるものについて，あらかじめ国会の議決を経て，翌年度に繰り越して支出できる経費をいう（財政法第14条の3）。

## 国庫債務負担行為

年度内に契約を結ぶ必要があるが，実際の支出は翌年度以降（原則5年度以内）にずれ込む場合，その契約（債務負担）のみを年度内に済ませておくものをいう（財政法第15条）。ただし，実際の支出には，次年度以降，歳出予算に改めて計上し国会の議決を受ける必要がある。

なお，継続費，国庫債務負担行為，繰越明許費の主な違いは次のとおりである。まず，継続費は，国庫債務負担行為と異なり，債務負担権限のみならず，後年度にわたる支出権限の付与も併せて国会に議決を求める。また，繰越明許費は翌年度までの繰越しを認めるだけであるが，継続費は最大5年にわたる支出を行うことができる。

このように，継続費は「単年度主義の原則」に対する例外性が強いことか

ら，対象経費は「工事，製造その他の事業」に厳しく限定して運用されており，近年，国の予算では，防衛省の大型警備艦や潜水艦の建造のみに用いられている。一方で，国庫債務負担行為の対象経費は特に限定はなく，必ずしも支出を伴わない場合（例：債務保証）もある。

## 3.4 予算の種類（1）：一般会計，特別会計，政府関係機関予算

国の予算は，一般会計予算と特別会計予算とに分けられる（財政法第13条第1項）。このほかに国そのものではないが，国と密接な関係にある政府関係機関の予算も作成される。これら3種類の予算は互いに密接な関係をもっており，一体として国会に提出され議決を受けることになっている。

このうち一般会計予算は，税や公債などを財源として受け入れ，社会保障，教育，公共事業など国の基本的な政策の経費を賄う会計である。国の予算のうちで最も基本的な歳入・歳出を計上する会計であり，国の予算というときには，一般会計予算を指すことが多い。

もともと，国の会計は1つにまとめられるものであり，各会計年度における国の事業を網羅的に把握するためには，あらゆる歳入・歳出は1つの予算に統一的に経理することが望ましい。しかし，国の事業が広範囲にわたり，その内容も複雑化・多様化してくると，1つの予算にまとめるより，事業によってはその歳入・歳出を一般会計と区分し，別の会計に計上する方が個々の事業状況や資金の運用実績などが明確となる場合もある。このような場合，特別会計を設置できるようになっている（財政法第13条第2項）。

具体的には，①国が特定の事業を行う場合，②特定の資金を保有してその運用を行う場合，③その他特定の歳入をもって特定の歳出に充て一般の歳入・歳出と区分して経理する必要がある場合に限り，特別会計の設置が認められる。特別会計予算の内容や数は時代とともに変化するが，特別会計に関する法律に基づき，2014年度時点では18の特別会計が設置され，所管の省庁（大臣）によって管理されている。

なお，特別会計も基本的には一般会計と同様の規定に従うが，特別会計の

表 3-2　18 種類の特別会計（2014 年度，括弧内は所管省庁）

| | |
|---|---|
| ● 交付税及び譲与税配付金特別会計（内閣府，総務省及び財務省） | ● 森林保険特別会計（農林水産省） |
| ● 地震再保険特別会計（財務省） | ● 国有林野事業債務管理特別会計（農林水産省） |
| ● 国債整理基金特別会計（財務省） | ● 漁船再保険及び漁業共済保険特別会計（農林水産省） |
| ● 外国為替資金特別会計（財務省） | ● 貿易再保険特別会計（経済産業省） |
| ● 財政投融資特別会計（財務省及び国土交通省） | ● 特許特別会計（経済産業省） |
| ● エネルギー対策特別会計（内閣府，文部科学省，経済産業省及び環境省） | ● 社会資本整備事業特別会計（国土交通省） |
| ● 労働保険特別会計（厚生労働省） | ● 自動車安全特別会計（国土交通省） |
| ● 年金特別会計（厚生労働省） | ● 東日本大震災復興特別会計（国会，裁判所，会計検査院，内閣，内閣府，復興庁，総務省，法務省，外務省，財務省，文部科学省，厚生労働省，農林水産省，経済産業省，国土交通省，環境省及び防衛省） |
| ● 食料安定供給特別会計（農林水産省） | |
| ● 農業共済再保険特別会計（農林水産省） | |

事務や事業の性格に応じて，一般の歳入歳出とは異なる会計処理が必要となる場合もある。このため，財政法第 45 条により，各特別会計において必要がある場合には，財政法の規定とは異なる特例を設けることが認められている。具体的には，特別会計に関する法律において，「弾力条項」や「財源の繰り入れ・繰り戻し」をはじめ，「歳入歳出の範囲」「借入金の借入限度や公債の発行限度」「決算剰余の処理」などについての数多くの特例が定められている。

　最後に，政府関係機関予算を説明する。政府関係機関とは，財政資金を活用し民間の金融活動を補完することを目的とし，特別な法律に基づき資本金が全額政府出資で設立された法人で，予算や決算について国会の議決を必要とする機関をいう。現在 4 機関あり，2 公庫と 1 銀行・1 部門（株式会社日本政策金融公庫，沖縄振興開発金融公庫，株式会社国際協力銀行，独立行政法人国際協力機構有償資金協力部門）から構成されている。これらの機関は，企業的な経営によって効率的な運営が行えるよう，国とは独立した機関としているが，公共的性格をもっているため，一般会計予算や特別会計予算と同様，国

会に提出され議決を受けることになっている（例：株式会社国際協力銀行法第19条や第29条など）。

## ■ 国の予算規模：「総計」と「純計」の区別

国の予算というとき，一般会計予算を指すことが多いが，本来は一般会計予算，特別会計予算，政府関係機関予算の合計となる。しかし，これから3種類の予算は互いに独立しているわけではない。まず，一般会計予算から特別会計予算や政府関係機関予算に対しては様々な財源の繰り入れが行われており，特別会計予算や政府関係機関予算から一般会計予算にも事業で発生した利益などの繰り入れが行われている。また，特別会計予算は，一般会計予算のみでなく，他の特別会計とも相互繰り入れを行っている。したがって，3種類の予算を単純に合計して国の予算規模を知ることはできない。

このように国の予算の流れは複雑であり，一般会計予算，特別会計予算，政府関係機関予算の相互関係を詳細に把握することは容易ではない。このため，財務省は，各会計予算の歳出・歳入を単純に合計した「総計」だけでなく，総額から会計間取引の重複分を除いた予算の「純計」を公表している。

表3-3は2013年度の各会計の予算総額（当初予算，原値を四捨五入）を表し，一般会計の歳出総額は92.6兆円，特別会計の歳出総額は386.6兆円，政府関係機関予算の歳出総額は2.5兆円となっている。これら予算の歳出総額の合計は481.8兆円にも達するが，重複分（256.6兆円）を除いた純計は225.2兆円に過ぎない。つまり，国の予算の全体像である歳出（純計）は225.2兆円となる。

同様に，一般会計の歳入総額（92.6兆円），特別会計の歳入総額（408.5兆円），政府関係機関予算の歳入総額（1.7兆円）の合計は502.8兆円に達するが，重複分（258.5兆円）を除いた純計は244.3兆円である。よって，国の予算の全体像である歳入（純計）は244.3兆円となる。

なお，一般会計を除き，国の予算の歳出・歳入が一致しない理由は，特別会計や政府関係機関の予算は単年度で歳出・歳入の一致が必ずしも求められていないからである。例えば，国債整理基金特別会計は，国債の償還スケジュールに合わせて償還をする一方，償還の原資は一般会計から定率繰入れ

3.4 予算の種類（1）：一般会計，特別会計，政府関係機関予算　41

表3-3　予算の純計（2013年度）

（単位：兆円）

| | 一般会計の予算総額（A） | 特別会計の予算総額（B） | 政府関係機関の予算総額（C） | 合計（D＝A＋B＋C） | うち重複額（E） | 純計（F＝D−E） |
|---|---|---|---|---|---|---|
| 歳入 | 92.6 | 408.5 | 1.7 | 502.8 | 258.5 | 244.3 |
| 歳出 | 92.6 | 386.6 | 2.5 | 481.8 | 256.6 | 225.2 |

（出所）　財務省資料（当初予算）から作成

で受け入れており，歳出・歳入が一致しない。また，翌年度の償還に必要な原資を，当年度に前倒しで借換債（いわゆる「前倒し債」）を発行して調達することがあり，この場合，歳入は当年度，歳出は翌年度に計上されることとなる。

■ 予算編成のプロセス

　国の予算を編成し，国会に提出するのは内閣の権限とされている（日本国憲法第73条第5号）。すなわち，予算編成権と予算提案権は内閣に属し，予算編成に関する事務は財務省（主計局が中心）が担っている（財務省設置法第4条第2号）。以下，予算を編成するプロセスを説明する。

①概算要求

　まず，例年4〜5月頃から，各省庁は翌年度予算の見積りを開始する。また，6月頃，首相を議長とする経済財政諮問会議（2001年の省庁再編で内閣府に新設）では，予算編成の方針や重点ポイントを盛り込んだ「経済財政運営と改革の基本方針」（いわゆる「骨太の方針」）を取りまとめ，閣議決定する。

　この方針を受け，例年7月下旬〜8月上旬頃，財務省は概算要求基準（正式名称は「予算の概算要求に当たっての基本的な方針」）を策定し，閣議了解する。概算要求基準は，国の予算編成に先立って財務省が各省庁にあらかじめ設ける予算要求額の上限を示し，英語で「天井」を意味する「シーリング」（Ceiling）とも呼ばれる（補正予算はシーリングの対象外）。そして，8月末ま

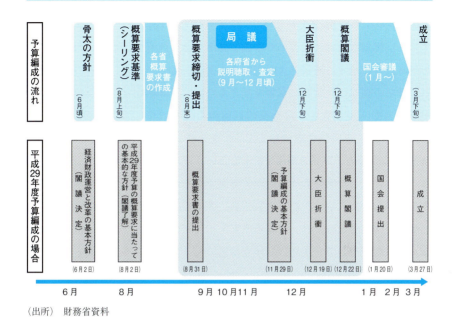

図 3-1 予算編成の流れ（平成 29 年度予算）

でに各省庁は財務省に対して予算の見積りを提出する。これを「概算要求」といい，各省庁はこの方針を踏まえて概算要求を作成する。

②閣議決定

その後，財務省は各省庁から概算要求についての詳細な説明を受け，査定作業を進める。そして，各省庁との折衝を行いつつ，予算の中身を固めていく。その際，水面下では，与党の有力議員などを巻き込んだ予算配分をめぐる攻防が繰り広げられる。この作業は 12 月まで続くが，それと並行し，財政制度等審議会から「予算編成等に関する建議」や政府税制調査会の答申などが示される。

なお，経済財政諮問会議の場では，11 月頃から「予算編成の基本方針」（予算は単なる計数に過ぎないため，その背景となる政権の政策やスタンス等を明らかにするもの）などを取りまとめる。通常，政府は 12 月上旬に同方針や「税

3.4 予算の種類（1）：一般会計，特別会計，政府関係機関予算　　43

制改正大綱」の閣議決定を行い，12月中旬頃に「経済見通しと経済財政運営の基本的態度」を閣議決定する。「経済見通しと経済財政運営の基本的態度」は，翌年度の経済成長率や物価上昇率など，政府による公式の経済見通しや財政等に対する政策運営の指針をまとめたものであり，歳出の伸びや予測が難しい税収の見積りに影響を与えるため，予算編成と密接な関係をもつ。

　その上で，民主党との政権交代以前の自民党政権では，12月20日頃に「財務省原案」を各省に内示し，復活折衝を経て，若干の修正を行い，12月24日頃に政府の予算案を閣議決定するという段取りとなっていた。復活折衝は，概算要求した案件のうち財務省原案で落ちた項目を復活させるための交渉を行うもので，事務折衝，次官折衝，大臣折衝というプロセスを経ていた。しかし，民主党政権では「財務省原案」自体が廃止されたため，復活折衝もなくなった。そして，現在の自民党政権でも「財務省原案」は復活しておらず，予算の重要項目について大臣折衝（「復活折衝」ではなく，単なる「大臣折衝」）を経た後，最終的な政府としての予算案を閣議決定する段取りとなっている。

### ③国会提出・予算委員会審議

　次に，閣議決定された予算案は，翌年1月の通常国会に提出される。まず，例年1月20日頃に通常国会が召集されると，衆参両院の本会議で，首相の施政方針演説とともに，財務大臣は予算や財政運営の基本方針に関する説明を行う。この財務大臣の説明を「財政演説」という。その後，予算案は，衆議院の予算先議権（日本国憲法第60条第1項）により，衆議院予算委員会に付託される。予算委員会の初日には，財務大臣による予算案の趣旨説明や，財務副大臣による補足説明が行われる。

　予算委員会の審議は，「基本的質疑（約2日-3日）」「一般質疑（約2週間）」「公聴会（約2日＝各党が推薦する学識経験者からの意見陳述）」「分科会（1.5日＝府省別予算の審議）」「締めくくり総括質疑（約1日-2日）」の順番で進められ，最終的に「討論」及び「採決」となる。また，「基本的質疑」と「締めくくり総括質疑」では，首相をはじめ全閣僚が出席するのが慣例である。

　予算委員会では，国政全般に関する様々な議論が行われるが，予算案の内

容が修正されることはほとんどない。予算修正は，戦後直後は頻繁にあったが，昭和40年代以降では数回（1972年度，1977年度，1991年度，1996年度）に限られており，政府案がそのまま議決されるのが通例である。

予算委員会で議決された予算案は，衆議院本会議で，予算委員長の審議報告や各会派の賛否に対する討論演説が行われ，記名投票で採決される。そして，衆議院で予算案が通過すると，参議院に送付され，衆議院と同様の手続を経て予算が成立する。ただ，参議院の趣旨説明は，衆議院の通過前に予備審査として行うこともできる。また，参議院の府省別予算の審議は，分科会でなく，常任の委員会に委嘱して行われる。

なお，予算議決に対する衆議院の優越（日本国憲法第60条第2項）も重要である。まず，与党と野党の政治的な勢力関係により，衆議院と参議院で異なる議決がなされることがある。そのとき両院協議会を開催しなければならず，そこで意見が一致しない場合は，衆議院の議決が国会の議決になる。つまり，衆議院が可決した予算案を参議院が否決しても，予算は成立する。一方，予算審議の終盤では，予算案の採決日程をめぐる与野党の攻防が繰り広げられることがある。その際，参議院が予算案の議決を放置することがあるが，参議院が衆議院の可決した予算を受け取ってから30日以内に議決しない場合も，衆議院の議決が国会の議決となり，予算案は自然成立する。これを予算案の自然成立という。

## 3.5 予算の種類（2）：本予算，暫定予算，補正予算

例年1月20日頃の通常国会に提出され審議・議決される予算（一般会計予算・特別会計予算・政府関係機関予算）を「本予算」という。つまり，当初予算とは，一会計年度（4月から翌年3月末）の年間予算として成立する予算をいい，「当初予算」とも呼ばれる。

しかし，2〜3月の衆議院解散などの不測の事態により，本予算が会計年度の開始前（3月末まで）に成立しない場合もある。また，予算案の採決日程をめぐる与野党の政治的な攻防から，国会審議が長引いたり政局が動いた

表 3-4 1998 年度以降の本予算と補正予算（歳出）

(単位：兆円)

| 歳出の区分 | | 1998年度 | 99 | 2000 | 01 | 02 | 03 | 04 | 05 |
|---|---|---|---|---|---|---|---|---|---|
| 本予算 | 1. 一般会計 | 77.7 | 81.9 | 85.0 | 82.7 | 81.2 | 81.8 | 82.1 | 82.2 |
| | 2. 特別会計 | 275.5 | 289.8 | 318.7 | 373.0 | 382.7 | 369.3 | 387.4 | 411.9 |
| | 3. 政府関係機関予算 | 7.4 | 7.8 | 7.7 | 7.3 | 6.6 | 6.1 | 5.3 | 4.7 |
| | 1〜3の純計 | 185.6 | 203.8 | 210.9 | 253.1 | 250.5 | 234.7 | 244.3 | 241.3 |
| 4. 補正予算 | | 10.3 | 7.2 | 4.8 | 3.7 | 2.5 | 0.2 | 4.8 | 4.5 |

| 06 | 07 | 08 | 09 | 10 | 11 | 12 | 13 | 14 | 15 | 16 |
|---|---|---|---|---|---|---|---|---|---|---|
| 79.7 | 82.9 | 83.1 | 88.5 | 92.3 | 92.4 | 90.3 | 92.6 | 95.9 | 96.3 | 96.7 |
| 460.4 | 361.9 | 368.4 | 354.9 | 367.1 | 384.9 | 394.1 | 386.6 | 411.4 | 403.6 | 403.9 |
| 4.3 | 2.3 | 2.0 | 2.1 | 3.1 | 2.6 | 2.7 | 2.5 | 2.3 | 2.2 | 2.1 |
| 260.4 | 210.7 | 214.1 | 208.3 | 217.8 | 222.5 | 231.1 | 225.2 | 239.4 | 239.9 | 246.4 |
| 3.8 | 0.9 | 5.8 | 14.0 | 4.4 | 15.1 | 10.2 | 5.5 | 3.1 | 3.3 | 3.5 |

（出所）　財務省資料から作成

りして，3月2日までに本予算を衆議院で通過させることができないときは，年度内の予算案の自然成立はなく，参議院が3月末までに議決しない限り，本予算の成立は新年度にずれ込む。

このような場合，本予算が成立するまでの間，予算の空白期間が生じ，行財政の停滞などによって国民生活に支障をきたす可能性がある。このような予算の空白期間をつなぐため，財政法第30条により，暫定的な予算（本予算が成立するまで，必要最低限の経費）を組むことが認められている。これを暫定予算というが，暫定予算は本予算が成立すると効力を失い，本予算に吸収される。なお，暫定予算も国会の議決を必要とする。そのとき暫定予算が本予算と同様に成立しないことも考えられるが，現行の法制度はそのような状況を想定していないという指摘がある。

なお，本予算を編成する際，本来は全ての政策に関する予算を計上するこ

とが望ましい。しかし，予算が歳出・歳入の見積りという性質をもつ以上，予期せぬ事態により，会計年度の途中で予定外の支出や予算を超過した支出を迫られるときがある。このような予見し難い予算の不足に充てるため，あらかじめ一定金額の予備費を本予算に計上することができる（財政法第24条）。そして，国会は本予算に計上された予備費の金額だけを審議し議決するが，その具体的使途は不明確であり，予備費は「事前議決の原則」の例外となる。このため，予備費の支出は全て，事後に国会の承諾を得る必要がある（日本国憲法第87条）。そのとき承諾を得ることができない場合も，既に行われた支出は有効で法的な影響はないとされている（ただし，内閣は政治的な責任を追及される可能性はある）。

　一方，本予算が成立した後，年度途中の予期せぬ事態への対応として，本予算を追加・修正する形で補正予算を編成することができる（財政法第29条）。地震などの災害が起こったとき，復興対策として補正予算を編成する場合もあるが，実際は経済情勢の悪化に伴う「経済対策の一環」（つまり，景気のテコ入れ）として補正予算が組まれる場合が多い。経済対策の中身は大型の公共事業の追加や減税を中心とし，その財源は税収でなく，国債の追加発行が主力となるのが通常である。なお，国の予算で補正予算の回数が最も多かったのは1947年度の15回であるが，補正予算はほぼ毎年のように編成されている。また，本予算と補正予算は別々に成立し施行されるが，補正予算は本予算の追加・修正に過ぎず，それらは通計して全体として実施される。したがって，各年度の財政政策のスタンス（拡張的か緊縮的か）を判断するためには，前年度の本予算との比較のみでは不十分であり，補正予算の規模も含めて比較する必要がある。

## ■ 予算の執行と決算

　予算が成立すると，内閣は国会の議決に従い，各省各庁の長に対して歳出予算などが配付される（財政法第31条）。

### ①予算の執行

　歳出予算の執行は，「支出負担行為」（支出の原因となる契約の段階）と「支出」（小切手の振り出しなど，実際の支払段階）に分かれるが，各省庁は予算の

執行段階で，その支出負担行為の実施計画（契約等の一会計年度間の実施計画）を作成し，財務大臣の承認を得る必要がある。また，各省各庁は，支払計画（四半期ごとの計画）についても作成し，財務大臣の承認を得る必要がある。なお，実際の支払いは国庫金を管理する日本銀行が行う。

### ②決算報告書の作成

一会計年度の予算の執行が終了すると，各省各庁は自らが所掌する歳入と歳出の決算報告書を作成し，翌年度の7月末までに財務省に提出する。財務省はそれに基づき決算を作成し，閣議決定を経て，会計検査院に送付する。決算の送付期限は11月末（財政法第39条）だが，それでは予算編成前に検査報告の内容を国会で審議し次年度予算に反映することはできない。このため，国会の強い要望により，最近は9月上旬に決算の送付がなされることが多い。会計検査院は決算の検査をした後，決算報告書を添付して11月に内閣に提出する。内閣は決算に検査報告書を添付して国会に提出する。国会での審議の結果，予算の執行に問題があれば，政府の政治的責任が追及されるが，決算は国会の議決を要する議案ではないため，予算の執行は無効にならない。

### ③剰余金・歳入不足の場合

なお，予算と決算は一致するのが理想であるが，経済情勢による税収の増減などにより，通常は若干の誤差（剰余金や歳入不足）が発生する。その際，決算上の剰余金は，翌年度の歳入に繰り入れられる（財政法第41条）。剰余金の扱いは一般会計と特別会計で若干異なる。詳細は財政法第6条や特別会計法第8条などが定めており，一般会計の「純剰余金」（純剰余金とは新たに財源として使用可能な剰余金を意味し，「剰余金－翌年度への繰越額－税収超過額に伴う地方交付税等の財源増分」をいう）の半分以上の金額は，翌々年度までに公債や借入金の償還財源に充てなければならないことが義務付けられている（財政法第6条第1項，予算決算及び会計令第19条）。しかし，特例法を設けてこの規定を外せば，全額を補正予算の財源にすることも可能である。例えば，2010年度の決算（一般会計）では，税収の上振れや予定していた国債発行2兆円分の取りやめなどにより純剰余金が1.49兆円発生したが，特例法の制定により，その全額が2011年度の第2次補正予算に利用された。

他方，経済情勢の悪化に伴う税収減や税収の見積りの精度が不十分で，年度末までに歳入不足が予想される場合，補正予算により手当てすることが可能であるが，年度末間際あるいは年度経過後において歳入不足が判明したときは，その対処が難しい。そこで1977年度に「決算調整資金制度」（一般会計の決算収支を調整する仕組み）が設けられ，このような場合に決算調整資金から一般会計へ財源を繰り入れることが可能になっており，この制度は2012年度までの間では，1981年度，1992年度，1993年度，1997年度，2001年度，2008年度の決算において活用されている。しかし実際は，1981年度以降，決算調整資金の残高はゼロが続いており，現状では，「国債整理基金」（債務償還や利払いに関する資金整理を目的とする特別会計）から必要な資金を一旦決算調整資金に繰り入れた上で，同資金から一般会計へ繰り入れ，歳入不足を補填することが常態化しており，決算調整資金制度は形骸化しているとの指摘もある。

　なお，「決算調整資金」は一般会計に属する資金の一つであり，他の資金には「国税収納金整理資金」「貨幣回収準備資金」「特別調達資金」などがある。このうち3つの資金（「国税収納金整理資金」「決算調整資金」「貨幣回収準備資金」）については，決算審査のために「国税収納金整理資金受払計算書」「決算調整資金の増減及び現在額計算書」などの形で国会に提出され，その状況が把握できるものの，他の資金に関しては決算書関連の資料としての提出は行われておらず，その規模を把握することができないという指摘がある。

## ■ Active Learning

《重要事項のチェック》・・・・・・・・・・・・・・・・・・・・・・・・・・・・・・・・・・・・・・・・・・・・・

　□財政民主主義　□租税法律主義　□予算制度　□決算制度　□下院優先の原則　□単年度主義の原則　□総計予算主義の原則　□会計年度独立の原則　□事前議決の原則　□公開性の原則　□明瞭性の原則　□統一性の原則　□予算総則　□歳入歳出予算　□継続費　□繰越明許費　□国庫債務負担行為　□一

般会計予算 □特別会計予算 □政府関係機関予算 □概算要求 □衆議院の
予算先議権 □予算の自然成立 □本予算 □当初予算 □暫定予算 □補正
予算 □予備費

《調べてみよう》‥‥‥‥‥‥‥‥‥‥‥‥‥‥‥‥‥‥‥‥‥‥‥‥‥‥‥‥

[1] 国の特別会計予算を調べてみよう。

[2] 国の一般会計における当初予算と決算の違いを調べてみよう。

[3] 国の一般会計における税収見積りと決算の違いを調べてみよう。

《Exercises》‥‥‥‥‥‥‥‥‥‥‥‥‥‥‥‥‥‥‥‥‥‥‥‥‥‥‥‥‥‥

[1] 財政民主主義とは何か。また，予算原則を説明しなさい。

[2] 国の予算の形式を説明しなさい。また，一般会計と特別会計の違いを説明
しなさい。

[3] 当初予算，暫定予算，補正予算とは何か。

## 文 献 紹 介

● 貝塚啓明（2003）『財政学［第3版］』東京大学出版会
● 窪田　修（2016）『図説 日本の財政（平成28年度版）』東洋経済新報社
● 河野一之（2001）『新版 予算制度［第二版］』学陽書房
● 小村　武（2016）『［五訂版］予算と財政法』新日本法規出版

# 第4講
# 公共財

■この講では，第1講で紹介した市場の失敗のうち，公共財が存在するケースについて議論する。まず，公共財の基本的な特徴や概念のほか，公共財の最適な供給水準を定めるサムエルソン条件を説明する。その上で，ナッシュ均衡（公共財の自発的供給）やリンダール均衡（選好顕示の問題）といった概念のほか，公共財が過小供給となる原因や，ただ乗りの問題への対応を考察する。また，公共財の供給水準を多数決原理で決定する場合の有名な例として，中位投票者定理なども紹介する。

## 4.1 公共財の概念----------------------------------

　政府は，外交・防衛・司法のほか，教育・社会保障をはじめ，様々な公共サービスを国民に供給している。こうしたサービスの供給は，市場メカニズムに任せておくと，十分に供給されない可能性があり，政府が供給するケースが多い。ただ，政府が供給する財・サービスが全て公共財であるとは限らず，民間部門が供給する財・サービスにも，公共財と呼ばれるものが存在する。例えば，かつて鉄道や電信電話は政府が供給していたが，現在は民営化され，JRやNTTといった民間企業が供給している。そもそも，これらは政府が供給する財・サービスではなく，ある特殊性（例：自然独占・外部性・情報上の失敗）をもち，自由な市場では深刻な過少供給に陥る可能性があったため，最初は政府が供給することが社会的に望ましいとされたものが多い。

　では，公共財とは何か。公共財とは，消費における非競合性と排除不可能性という2つの性質から定義される。まず，非競合性とは，その財・サービ

表 4-1　公共財の性質

|  | 排除不可能性＝○ | 排除不可能性＝× |
|---|---|---|
| 非競合性＝○ | 公共財 | クラブ財 |
| 非競合性＝× | コモンプール財 | 私的財 |

スの消費について，ある人の消費が増加しても，他の人の消費が減少しないことを意味する。また，排除不可能性とは，受益に見合った負担をしていないという理由で，ある特定の人を，その財・サービスの消費から技術的・物理的に排除できないことを意味する。

　消費における非競合性と排除不可能性の 2 つの性質をもつ公共財を「純粋公共財」といい，厳密には公共財ではないが，2 つの性質のいずれかを有するものを「準公共財」という。準公共財のうち，非競合性の性質を満たすが排除不可能性は満たさないものをクラブ財といい，排除不可能性の性質は満たすが非競合性を満たさないものをコモンプール財という。

　例えば，立法や司法・警察・消防等の一般行政サービス，外交・安全保障等は純粋公共財で，知識や学術上の発見等も純粋公共財である。また，混雑現象の生じた公共財や，高速道路・公園・図書館サービス等は準公共財である。高速道路を利用する場合，サービスを受けるためには一定の料金を支払う必要があり，排除不可能性は満たさないが，高速道路を利用している自動車について，ある自動車が高速道路を利用しているから，他の自動車が利用できないということはなく，混雑現象を伴うものの，消費の非競合性は満たされる。

　なお，民間部門が財・サービスを供給するためには，その供給にかかる費用を回収する必要があり，排除不可能性を満たす財・サービスを民間企業が供給することはできない。例えば，警察や消防など，政府が排除不可能性を満たす財・サービスを供給することができるのは，その費用を政府が税金という形で徴収できるためである。

## 4.2 公共財の最適供給 (サムエルソンの条件)

それでは，公共財の最適な供給水準は，理論的にどう決定されるのか。そのための必要条件をサムエルソン（Samuelson）の条件という。公共財の供給水準は私的財を含む一般均衡分析で考察する必要があるが，議論をわかり易くするため，この条件を公共財しか存在しない部分均衡分析の枠組みで考えてみよう。

まず，社会は個人Aと個人Bの2人から構成されており，公共財も1種類しか存在しないと仮定する。公共財の供給水準が $G$ のとき，非競合性の性質のためにAとBは等しい $G$ を消費するため，AとBが得る効用（Utility）は，それぞれ $U_A(G)$ と $U_B(G)$ と表現できる。また，$G$ の公共財を供給するための総費用を $C(G)$ と表現する。

公共財の供給水準 $G$ が増加するとAとBの経済的な便益も増加するが，公共財を供給するために必要な総費用も増加する。このため，公共財が社会全体に及ぼす便益から総費用を差し引いた純便益を最大にする $G$ があれば，それが公共財の最適な供給水準となる。

それでは，社会全体の純便益を求めてみよう。公共財の供給水準が $G$ のとき，それが社会全体に及ぼす便益は $U_A(G) + U_B(G)$ であり，その供給に必要な総費用は $C(G)$ であるから，公共財の供給 $G$ による純便益 NB（Net Benefit の略）は

$$\text{NB} = U_A(G) + U_B(G) - C(G)$$

となる。この純便益 NB を最大化する $G$ が公共財の最適な供給水準だが，供給水準 $G$ が変化すると，純便益はどう変化するのか。

まず，公共財が社会全体に及ぼす便益をみてみよう。公共財の供給水準が増加すれば，AとBが公共財から受け取る効用は増加するが，その増え方は次第に低減する。さらに，公共財の供給を水準 $G$ から少し（限界的に1単位）だけ増やしたときに，消費者が受け取る効用 $U(G)$ の増加分を（公共財 $G$ に対する）限界効用といい，$\text{MU}(G)$ と表記する。このとき，横軸を $G$ と

4.2 公共財の最適供給 (サムエルソンの条件) 53

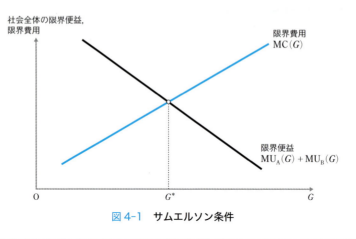

図 4-1 サムエルソン条件

して，縦軸に消費者 A と B の限界効用の総和（$MU_A(G) + MU_B(G)$）を描くと，図 4-1 のとおり，それは右下がりの曲線となり，これが社会全体の限界便益を表す。

では，公共財の供給に必要な総費用はどうか。公共財の供給を水準 $G$ から少し（限界的に 1 単位）だけ増やしたときに，公共財の供給で発生する総費用 $C(G)$ の追加分を**限界費用**といい，$MC(G)$ と表記する。このとき，公共財の供給水準が高いと，その限界費用も増加すると仮定する場合，横軸を $G$ として，縦軸に限界費用（$MC(G)$）を描くと，図のとおり，それは右上がりの曲線となる。

ある水準の $G$ から公共財を 1 単位増加させるとき，図 4-1 の「$MU_A(G) + MU_B(G) > MC(G)$」の領域では，純便益の変化は「$MU_A(G) + MU_B(G) - MC(G) > 0$」であるから，公共財を 1 単位増加させることにより，社会全体の純便益 NB は増加する。逆に，「$MU_A(G) + MU_B(G) < MC(G)$」の領域では，純便益の変化は「$MU_A(G) + MU_B(G) - MC(G) < 0$」であるから，公共財を 1 単位増加させることにより，社会全体の純便益 NB は減少してしまう。

このため，社会全体の純便益が最大となるのは，公共財供給から得られる限界便益の総和と公共財供給の限界費用が一致する水準であり，次の条件を

満たす水準 $G = G^*$ となる。

$$\mathrm{MU_A}(G) + \mathrm{MU_B}(G) = \mathrm{MC}(G)$$

これをサムエルソン（Samuelson）の条件といい，社会が $N$ 人（$j = 1, 2, 3,$ $\cdots, N$）から構成されるときの条件は，

$$\sum_{j=1}^{N} \mathrm{MU}_j(G) = \mathrm{MC}(G)$$

となる。

## 4.3 ナッシュ均衡（公共財の自発的供給），リンダール均衡（選好顕示の問題）----------

### ■ナッシュ均衡

前節では，公共財の最適供給であるサムエルソン条件を導いたが，問題はこの条件をどのように実現するかである。例えば，公共財の供給を民間部門に任せることはできないだろうか。そもそも，公共財は政府が供給するケースが多いが，政府が公共財を供給しなくても，社会起業家やボランティア団体を含め，民間部門が公共財を供給するケースもある。また，寄付行為も，公共財の自発的な供給の代表として取り上げられる場合が多い。政府が公共財の供給に関与しない場合の分析は，公共財の自発的供給に関するナッシュ (Nash) 均衡として知られている。ナッシュ均衡は，ゲーム理論における非協力ゲームの解の一種であり，ゲーム理論の研究者であるナッシュ（J. Nash）の名前から名付けられたものである。

公共財の自発的供給に関するナッシュ均衡を，私的財を含む簡単な一般均衡分析の枠組みで考えてみよう。いま，社会は個人 A と個人 B の 2 人から構成されており，私的財も公共財も 1 種類しか存在しないと仮定する。個人 $i$（$i = \mathrm{A, B}$）の私的財の消費量が $x_i$，公共財の供給水準が $G$ のときに個人 $i$ が得る効用を $U_i(x_i, G) = x_i \cdot G$ と表現する。また，簡略化のため，個人 A と個人 B の所得は同じで $Y$ とし，$c$ を私的財で測った公共財の価格，個人 $i$ が自らの費用負担によって自発的かつ追加的に供給する公共財の量を $g_i$ とする

4.3　ナッシュ均衡（公共財の自発的供給），リンダール均衡（選好顕示の問題）　55

と，個人 $i$ $(i=\mathrm{A, B})$ の予算制約式は次のようになる。

$$x_{\mathrm{A}} + c\, g_{\mathrm{A}} = Y \tag{4.1}$$

$$x_{\mathrm{B}} + c\, g_{\mathrm{B}} = Y \tag{4.2}$$

これらの式における $g_{\mathrm{A}}$ と $g_{\mathrm{B}}$ は，それぞれ個人 A と個人 B が自発的かつ追加的に供給する公共財の量を表すから，「$g_{\mathrm{A}} + g_{\mathrm{B}} = G$」が成立し，これらの式は次のように書き直せる。

$$x_{\mathrm{A}} + c\, G = Y + c\, g_{\mathrm{B}} \tag{4.3}$$

$$x_{\mathrm{B}} + c\, G = Y + c\, g_{\mathrm{A}} \tag{4.4}$$

この (4.3) 式・(4.4) 式は，他人の公共財の負担額 $(c\, g_{\mathrm{B}})$ は自らの所得の増加に等しい効果をもつことを意味する。(4.3) 式の予算制約式を個人 A の効用関数 $U_{\mathrm{A}}(x_{\mathrm{A}},\ G) = x_{\mathrm{A}} \cdot G$ に代入し，$G$ に関する 2 次関数 $U_{\mathrm{A}}(x_{\mathrm{A}},\ G) = (Y + c\, g_{\mathrm{B}} - c\, G) \cdot G$ を最大にする公共財の供給量 $G$ を求めると以下となる。

$$G = \frac{1}{2c}(Y + c\, g_{\mathrm{B}})$$

この式は，「$g_{\mathrm{A}} + g_{\mathrm{B}} = G$」であるから，$g_{\mathrm{A}} = n(g_{\mathrm{B}}) = Y/2c - g_{\mathrm{B}}/2$ と書き直すことができる。同様にして，$g_{\mathrm{B}} = n(g_{\mathrm{A}}) = Y/2c - g_{\mathrm{A}}/2$ が求められる。これは，他人が追加的に供給する公共財の量を所与として，各個人は自らが供給する公共財の量を選択することを意味する。$g_{\mathrm{A}} = n(g_{\mathrm{B}})$ と $g_{\mathrm{B}} = n(g_{\mathrm{A}})$ を同時に満たす均衡がナッシュ均衡であり，このケースでは $g_{\mathrm{A}} = g_{\mathrm{B}} = Y/3c$，つまり $G = 2Y/3c$ となる。

では，上記のモデルの下，公共財の最適な供給量はどのような水準となるのか。社会全体の厚生は，個人 A と個人 B の効用の合計 $(U_{\mathrm{A}}(x_{\mathrm{A}},\ G) + U_{\mathrm{B}}(x_{\mathrm{B}},\ G))$ であり，以下となる。

$$U_{\mathrm{A}} + U_{\mathrm{B}} = (Y + c\, g_{\mathrm{B}} - c\, G) \cdot G + (Y + c\, g_{\mathrm{A}} - c\, G) \cdot G = (2Y - c\, G) \cdot G$$

社会全体の厚生を最大にする公共財の水準は $\partial(U_{\mathrm{A}} + U_{\mathrm{B}})/\partial G = 0$ であるから，$G = Y/c$ となり，これが上記のモデル（一般均衡分析）から導かれる公共財の最適な供給量となる。ナッシュ均衡による公共財の供給量 $(G = 2Y/3c)$

56　第 4 講　公 共 財

は，この最適な供給量（$G = Y/c$）よりも小さい。

　なお，過少供給となる理由は，公共財の自発的供給に関するナッシュ均衡では，各個人が自らの便益のみを考慮して公共財の負担を決めるためである。このとき，各個人（$i = A, B$）は，公共財の限界便益である限界代替率（$MRS_i = \frac{\partial U_i}{\partial G} / \frac{\partial U_i}{\partial x_i} = x_i/G$）が，限界費用である公共財の価格 $c$ に一致するように，私的財の消費量と公共財の負担を選択する（$x_i/G = c$（$i = A, B$）のとき，（4.3）式・（4.4）式から $G = 2Y/3c$ を得る）。この選択は，公共財の便益が自らに限定される場合は最適となるが，公共財の場合は社会全体の限界便益を考慮する必要があり，そうしない限りは最適とならない。つまり，公共財が存在する場合，最適となるのは，公共財の限界便益である限界代替率の総和（$MRS_1 + MRS_2 = x_1/G + x_2/G$）が限界費用 $c$ に一致する場合であり，それはサムエルソン条件（限界便益の総和＝限界費用）に対応するものとなる（$x_1/G + x_2/G = c$ のとき，（4.3）式・（4.4）式から $G = Y/c$ を得る）。

### ■ リンダール均衡

　次に，私的財では価格が媒介となって最適な供給水準が市場で自動的に実現するが，これと似たメカニズムで公共財の供給量を決めるリンダール(Lindahl) 均衡を紹介する。具体的には，次のような 3 段階から構成される。

　第 1 に，政府が各個人に公共財の供給に必要な費用の負担比率を提示する。第 2 に，各個人は政府が提示したその負担比率の下で，自分の純便益が最大になる公共財の水準を政府に報告する。その際，各個人が報告する公共財の最適水準が異なるときは，その水準が等しくなるよう，各個人に提示する負担比率を調整する。第 3 に，各個人が報告する公共財の最適水準が等しくなるところで，公共財の供給を行う。

　このようなメカニズムで得られる均衡を「リンダール均衡」というが，リンダール均衡はサムエルソン条件を満たすことが知られている。このことを簡単なモデルで確認してみよう。

　いま，社会は個人 A と個人 B の 2 人から構成されており，公共財も 1 種類しか存在しないと仮定する。また，公共財の供給水準が $G$ のときに個人 A と個人 B が得る効用を，それぞれ $U_A(G)$ と $U_B(G)$，公共財 $G$ の供給に必

要な費用を $C(G)$ と表現する。

このような設定の下で，公共財の供給に必要な費用のうち，政府は個人 A に対して $\alpha$ の負担比率を，個人 B には残りの $(1-\alpha)$ の負担比率を提示したものとする。このとき，公共財の供給水準を $G$ とすると，個人 A は $\alpha C(G)$ の費用を支払うので，個人 A の純便益は以下となる。

$$\mathrm{NB_A} = U_A(G) - \alpha C(G)$$

この純便益を最大にする公共財の水準を $G_A^*$ とすると，それは個人 A の限界便益 $\mathrm{MU_A}(G)$ と，個人 A が負担する限界費用 $\alpha\mathrm{MC}(G)$ が一致する水準であるから，以下が成立する。

$$\mathrm{MU_A}(G_A^*) = \alpha\mathrm{MC}(G_A^*) \qquad (4.5)$$

同様に，公共財の供給水準を $G$ とすると，個人 B は $(1-\alpha)C(G)$ の費用を支払うので，個人 B の純便益は「$\mathrm{NB_A} = U_A(G) - (1-\alpha)C(G)$」となり，この純便益を最大にする公共財の水準 $G_B^*$ は以下を満たす。

$$\mathrm{MU_B}(G_B^*) = (1-\alpha)\mathrm{MC}(G_B^*) \qquad (4.6)$$

以上から，個人 A と個人 B が政府に報告する公共財の最適水準が $G_A^*$ と $G_B^*$ のように計算されるが，この両者が一致するとは限らず，このメカニズムでは政府は両者が一致するまで負担比率 $\alpha$ の値の調整を繰り返す。$G_A^*$ と $G_B^*$ が一致したとき，それを $G^*$ と記載すると，(4.5) 式・(4.6) 式の合計から，以下が成り立つことがわかる。

$$\mathrm{MU_A}(G^*) + \mathrm{MU_B}(G^*) = \mathrm{MC}(G^*)$$

これは，公共財の最適供給の条件であるサムエルソン条件に一致しており，リンダール均衡のメカニズムで導かれる公共財の最適水準はサムエルソン条件を満たすことを意味する。

## 4.4 ただ乗りの問題--------------------------

　前節のとおり，リンダール均衡は公共財の最適供給の条件（サムエルソン条件）を満たすという優れた性質をもつが，リンダール均衡には大きな欠点があることが知られている。この欠点とは，ただ乗りの問題である。この問題があるため，政府はリンダール均衡の下で公共財の最適供給を実現できず，実際の政策に反映することは不可能となる。

　では，ただ乗りの問題とは何か。それは，負担をせずに便益を受けることをいうが，公共財は基本的に非競合性と排除不可能性という性質をもっているため，より少ない負担で他の人と同じ便益を受けることもできる。このような行為も「ただ乗り」とみなすことができ，ただ乗りをする人をフリーライダーと呼ぶ。フリーライダー問題が発生する原因は，そもそも，リンダール均衡では，各個人が自らにとって最適な公共財の水準を正直に報告することを前提とするが，このような誘因が必ずしも存在するとは限らないためである。

　この点を，前節のモデルで考えてみよう。その際，議論を簡単にするため，個人 A や個人 B の効用などを特定化し，$0 \leqq G \leqq 1$，$U_A(G) = G - G^2/2$，$U_B(G) = G - G^2/2$，$C(G) = G$ とする。このとき，$MU_A(G) = 1 - G$，$MC(G) = 1$ であるから，(4.5) 式は「$1 - G_A^* = \alpha$」となり，個人 A にとって最適な公共財の水準 $G$ と負担比率 $\alpha$ の関係を表す関数 $G \equiv f_A(\alpha) = 1 - \alpha$ が導出でき，これを個人 A の「リンダール反応曲線」と呼ぶ。

　同様に，$MU_B(G) = 1 - G$ であるから，(2.6) 式は「$1 - G_B^* = 1 - \alpha$」となり，個人 B のリンダール反応曲線 $G \equiv f_B(1 - \alpha) = \alpha$ が導出できる。

　そして，図4-2 のとおり，この 2 つの曲線 $G = f_A(\alpha)$ と $G = f_B(1 - \alpha)$ の交点 E がリンダール均衡で，最適な公共財の水準は $G^* = 1/2$，負担比率は $\alpha = 1/2$ に決定される。このとき，個人 A の純便益は $NB_A = U_A(G) - \alpha C(G) = (1/2 - 1/8) - 1/4 = 1/8$，個人 B の純便益は $NB_B = U_B(G) - (1 - \alpha) C(G) = (1/2 - 1/8) - 1/4 = 1/8$ となり，両者は同じ値をとる。

　では，個人 B は正直に報告する一方，個人 A が正直に報告せずに自らの

4.4　ただ乗りの問題　　59

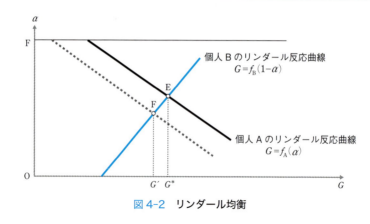

図 4-2　リンダール均衡

純便益を最大にする公共財の水準よりも 5 割低めの水準を政府に報告すると，何が起こるのか。

　この場合，個人 A のリンダール反応曲線は $G \equiv f_A'(\alpha) = (1-0.5)(1-\alpha) = 0.5 - 0.5\alpha$ となるが，これは，図 4-2 のとおり，個人 A のリンダール反応曲線が左下にシフトしたのと同じ効果をもつ。

　正直に報告する個人 B のリンダール反応曲線はシフトしないから，個人 A のリンダール反応曲線 $G \equiv f_A'(\alpha) = 0.5 - 0.5\alpha$ と個人 B のリンダール反応曲線 $G = f_B(1-\alpha) = \alpha$ の交点 F が新たなリンダール均衡となり，最適な公共財の水準は $G' = 1/3$，負担比率は $\alpha = 1/3$ に決定される。このとき，個人 A の純便益は $NB_A = U_A(G) - \alpha C(G) = (1/3 - 1/18) - 1/9 = 1/6$，個人 B の純便益は $NB_B = U_B(G) - (1-\alpha)C(G) = (1/3 - 1/18) - 2/9 = 1/18$ となる。

　これは，個人 A が正直に報告せずに過小申告すると，個人 A の純便益 $NB_A$ は，正直に申告したときの 1/8 から 1/6 に上昇する一方，個人 B の純便益 $NB_B$ は 1/8 から 1/18 に低下することを意味する。また，リンダール均衡から導出される公共財の水準は $G' = 1/3$ となり，最適な公共財の供給水準 $G^* = 1/2$ を下回る。

　すなわち，個人 A は正直に報告せず，自らが最適と考えている公共財の水準よりも低めの水準を過小申告する誘因をもつ。上記の説明では個人 B

は正直に報告するという仮定を置いてきたが，このような誘因は個人Bも同様にもつ。社会の構成員が多い場合，人々は自らの費用負担を回避するために過小申告しても，他の人々が正直に申告すれば公共財は適切に供給されると考える傾向をもち，このような過小申告は最適水準よりも公共財が過小供給されるという結果を招いてしまう。

このような問題が発生する原因には，より少ない負担で他の人と同じ便益を享受しようという「ただ乗り」の問題があるが，ただ乗りは公共財の過小供給だけでなく，逆に過大供給をもたらす場合もある。

過大供給になりがちなものとして議論となることが多いのは，道路・橋梁・ダム等の社会資本を整備するケースであろう。例えば，ある特定の地域が社会資本整備を行う場合，この地域の住民のみでなく，それ以外の地域に住む国民にも税金といった負担を求め，社会資本整備を行うのが一般的である。しかし，このような社会資本の便益が当該地域を中心とする一定の範囲に限定される場合，この地域の住民は負担する税金以上にダム等の社会資本整備から便益を得ることができる。特に，社会資本整備の利権に絡む地元住民などは大きな便益を受けることができ，より大規模な社会資本整備を政治的に要求する傾向がある。もっとも，より大規模な整備になれば国民の負担は高まり，規模を縮小する政治的な声が上がる可能性もあるが，社会の構成員が多い場合，国民一人当たりの負担はそれほど上昇するとは限らない。しかも，社会資本整備で便益を得る人々の政治的な声の方が大きいのが一般的であるから，無駄な社会資本整備が進み，このような公共財の供給が過大となる可能性がある。

### ■ ただ乗り問題への対応

では，このような形で公共財の過大供給や過小供給を招いてしまう「ただ乗り」の問題を回避する方法は何かあるか。そもそも，ただ乗りが政策的な問題になるのは，国民の間でその便益や所得水準が異なり，利害が対立する場合である。例えば，公共財のうち，その便益が人々の間で共通なものについては，均等割りの負担を課すことができれば，ただ乗りを回避できる可能性がある。ただし，この場合では，人々の間で所得水準の違いが存在するに

もかかわらず，応能原則との関係で，均等割りの負担を課すことができるか否かという別の問題が発生する。もっとも，仮に便益が所得水準に比例するならば，応益原則の観点から，負担を所得比例とすることも考えられるが，社会資本や防衛といった公共財からの便益が所得に比例するとは想定し難い。

　また，純粋公共財であっても，特定地域の住民に便益が集中するようなもの（例：ダム建設）や，人々の間で評価が異なるもの（例：防衛）については，均等割りでの負担は政治的により困難となる。

　すなわち，公共財の便益に関する異質性や，国民の間における所得水準の格差がどのくらい大きいのかにより，ただ乗りの問題の深刻さが異なってくる。

　このような状況の下で，ただ乗りの問題を解決する一つの方法は，便益を多く受ける人ほど多くの負担をしてもらうという「受益者負担」の仕組みを導入することである。確かに，受益者負担の仕組みを導入すれば，公共財に対する便益を過大に表明する誘因は回避できる。受益者負担の下では，低い便益を表明する人々からはあまり税金を徴収しないが，高い便益を表明する人々からは多くの税金を徴収するため，過大な表明を行うと自らの便益に見合う以上の負担を課されるからである。大きな政府の問題点の一つとして，公共財の過大供給がもたらすマイナス面を重視する場合，受益者負担の仕組みは大きな効果を発揮する。しかし，受益者負担の仕組みを導入しても，リンダール均衡の問題で既に説明したとおり，人々がその便益に見合った負担を免れるため，公共財に対する便益を過小に表明する誘因は残る。このような過小な表明の結果として，公共財の供給が望ましい水準よりも過小となり，本来は供給されるべき公共財が適切に供給されない可能性がある。また，受益者負担の仕組みは，応益原則からみれば望ましい仕組みであるが，均等割りの負担と同様，応能原則には必ずしも適していないという問題も抱えている。

　もう一つの方法は，ただ乗りの誘因を小さくすることである。例えば，所得再分配政策を実施しつつ，公共財の供給に必要な負担を分担するケースを考えてみよう。まず，所得再分配政策を実施すると所得水準の格差は縮小し，公共財の供給を行うと実施後に全ての個人の効用は増加する。その上で，公

共財の生産にかかる費用負担を，公共財の供給で便益が高まった人々には多くの負担を求め，そうでない人々にはあまり負担を求めないことにしてみよう。このような形で所得再分配政策と公共財の供給を実行すると，公共財の供給を行った後で実際に発生した便益に対して負担をするので，各個人が公共財に対する便益を過大に表明する誘因も，過小に表明する誘因も抑制される可能性がある。

　もっとも，政府が公共財の供給で各個人の効用がどのくらい増加するかを把握することは容易とは限らない。そもそも，公共財に対する便益を過大に表明，あるいは過小に表明する誘因が発生するのは，各個人が公共財に対する真の選好（自らの便益の大きさや望ましい公共財の水準）を正確に表明しない可能性があるからで，政府と各個人との間に，各個人の真の選好に対する情報の非対称性が存在するためである。この情報の非対称性から発生する問題を穴埋めしようとする試みの一つが，費用便益分析（コスト・ベネフィット・アナリシス）である。費用便益分析とは，政府が公共財の供給から発生する便益や費用を計算し，それに基づいて最適な公共財の供給水準に関する目安を決定する方法であるが，便益や費用の客観的な測定が一定の仮定や前提が必要になるという問題を抱えている。

# 4.5 多数決と公共財の供給（中位投票者定理）

　前節までは，最適な公共財の供給水準を決定するサムエルソン条件や，公共財の自発的な供給，リンダール均衡の考え方のほか，ただ乗りの問題などを紹介した。その中で明らかになったことは，次のようなことである。

　まず，公共財を自発的に供給しようとしても，その最適な水準よりも過小供給となってしまうという問題が発生する。これは，市場の失敗の一種であり，政府が市場に介入して公共財を直接供給する根拠となる。しかしながら，政府が公共財を直接供給しようとしても，リンダール均衡の問題やただ乗りの問題で説明したとおり，各個人は公共財の便益に対する過小表示や過大表示の誘因をもつことから，別のコスト（政府の失敗）が発生する可能性も否

定できない。また、現実の政治では、政治家・有権者・官僚・特殊利益団体といった経済主体の相互作用によって政策が決まるが、そのような形で決まる政策は理想的な政策とは大きく乖離する可能性があり、これも政府の失敗である。

このため、公共財の供給を基本的に市場に任せる形で政府が間接的に介入する方がよいのか、政府が直接的に介入して公共財を供給する方がよいかについての判断は難しい。

また、実際に公共財の供給水準を決定するに際しては、社会を構成する個人のうち投票権をもつ者（有権者）が投票によって意思表明を行い、その供給水準を多数決原理で決定するのが一般的である。

多数決原理による意思決定として有名な例は、中位投票者定理と呼ばれるものであり、まずはこの定理を紹介する。中位投票者定理とは、一直線上に表現できる政策で、各個人が最も選好する政策の水準を順に一列に並べたとき、その「中央値」の水準（ちょうど真ん中にいる者が最も選好する政策の水準）が、多数決原理の下では選択されるというものである。

この定理が成立するためには、各個人の政策の選択肢に対する選好が単峰型である必要があるが、この意味を含め、公共財の供給水準を決定するケースで考えてみよう。

いま、社会は個人A・B・Cという3人の有権者から構成されており、各個人が最適と考える公共財の水準が、それぞれ $G_A$, $G_B$, $G_C$ であるとする。また、一般性を失うことなく、$G_A < G_B < G_C$ とする。

このとき、各個人の政策の選択肢に対する選好が単峰型である場合、A・B・Cの3人の効用と公共財の水準の関係は図4-3のようになる。

単峰型とは、各個人が最も選好する政策の水準から乖離すればするほど、その個人の効用が低下する状況をいう。例えば、図4-3では、個人Bの効用が最も高いのは、公共財の供給水準が $G_B$ のときであるが、公共財の供給水準がこの水準から乖離すればするほど、個人Bの効用は低下する状況となっており、個人Bの選好は単峰型である。図4-3では同様に、個人Aや個人Cの選好も単峰型であり、各個人の効用は自らが最も選好する政策の水準でピークを打ち、そこから離れるほど単調に低下する曲線となっている

64　第4講　公共財

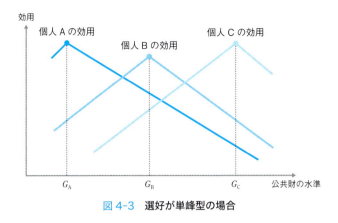

図 4-3　選好が単峰型の場合

（曲線の「峰」が 1 つのために単峰型という）。

　このような状況の下で，政党 L と政党 R という 2 つの政党から各々の立候補者 1 名が，公共財の供給水準をめぐって小選挙区で選挙を闘うケースを考える。このとき，政治家の目的が当選することであるならば，立候補者は公共財の供給水準 $G_A$，$G_B$，$G_C$ のうち，どの水準を提示して選挙戦を行うのが合理的であろうか。

　まず，政党 L が $G_A$ を提示するとしよう。このとき，政党 R は $G_A$ や $G_C$ を提示するよりも，$G_B$ を提示する方が合理的である。政党 R が $G_B$ を提示すると，個人 A は政党 L に 1 票を投じてしまうが，政党 R は個人 B と個人 C から 1 票ずつ票を得ることができ，政党 R の立候補者が多数決原理の下で選挙に勝てるからである。同様に，政党 L が $G_C$ を提示した場合も，政党 R は $G_B$ を提示すれば選挙に勝てる。

　したがって，政党 L が選挙で負けないためには，政党 L は公共財の水準として $G_B$ を提示して選挙を闘うしかない。このとき，政党 R が $G_C$ を提示すると，政党 L は個人 A と個人 B から 1 票ずつ票を得ることができる一方，政党 R は個人 C からの 1 票しか得ることができず，政党 R は選挙に負けてしまう。このため，政党 R も $G_B$ を提示する方が合理的である。よって，政党 L も政党 R も $G_B$ を提示することになり，公共財の供給水準としては $G_B$

4.5　多数決と公共財の供給（中位投票者定理）

が選ばれる。以上の説明では，政党Lが公共財の供給水準を先に提示したが，政党Rが先に提示しても結論は変わらない。

つまり，多数決原理の下では，個人A・B・Cのうち中位投票者（median voter）である個人Bが最も選好する政策の水準$G_B$が選択されることになり，これを中位投票者定理という。

さらに，所得水準の違いが公共財の供給量に及ぼす影響を考えるため，個人Aは高所得者，個人Bは中所得者，個人Cは低所得者であるとしてみよう。一般的に，累進税などの税制では，公共財1単位を供給するとき，各個人が直面する税負担を「租税価格」というが，低所得者ほど低い租税価格で済む一方，高所得者ほど高い租税価格に直面する。このとき，低所得者（個人C）が望む公共財の供給量$G_C$は多く，大きな政府を支持する一方，高所得者（個人A）が望む供給量$G_A$は少なく，小さな政府を支持するが，多数決原理の下では中位投票者（個人B）が望む供給量$G_B$が採択される。

すなわち，中位投票者定理が成立するとき，公共財の供給量を決めるのは中位投票者の租税価格であるが，それが低すぎると，公共財は過大供給になってしまう。例えば，高齢化の進展などで所得分布の不平等が進み，中位投票者の税負担が低くなると，公共財の過大供給が生じやすくなる。

なお，中位投票者定理は，社会を構成する人数をもっと増やしても成立するが，人々の選好が単峰型でない場合は成立しないケースが多い。例えば，個人Bの効用が$G_A$と$G_C$のという2つの水準でピークをもつケース（個人Bの選好が多峰型の場合）を考えてみよう。

図4-4の場合，政党Lが中位投票者の選好である$G_B$を提示しても選挙に勝つことはできない。例えば，政党Rが$G_C$を提示する場合，個人Aは政党Lに1票を投じるが，政党Rは個人Bと個人Cから1票ずつ票を得ることができ，政党Rの立候補者が選挙に勝つことができてしまうためである。つまり，人々の選好が単峰型でない場合，中位投票者定理が成立するとは限らない。

なお，以上のような投票モデルは基本的に，有権者が各々の政策に対して直接投票で自ら意思表明を行い，多数決で意思決定を行う「直接民主主義」を念頭に置くものであるが，それは「間接民主主義」を念頭に置くものとは本

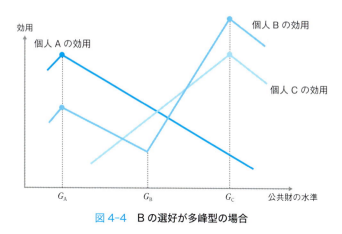

図 4-4　B の選好が多峰型の場合

質的に異なる可能性がある。間接民主主義では，有権者は自らの代表として政治家を投票で選出するだけで，有権者との間の信頼委託契約に基づき，選出された政治家が様々な政策に対する意思決定を包括的に行う仕組みである。このため，直接民主主義と間接民主主義では最終的に得られる結論が大きく乖離する可能性があり，それは「オストロゴルスキーの逆説」（Ostrogorski paradox）として広く知られている。

　最後に，この点を簡単に説明しよう。いま，社会は個人 A・B・C・D・E という 5 人の有権者から構成されており，二大政党制の下，政党 L と政党 R が提示する「経済政策」「財政再建」「安全保障」の政策スタンスに対する支持が，表 4-2 のようになっているものとする。例えば，個人 C は，「経済政策」と「財政再建」では政党 L を支持し，「安全保障」では政党 R を支持している状況を表す。

　まず，直接民主主義の場合，各政策に対して国民が直接投票で自らの意思表明を行い，多数決で意思決定をする「国民投票」が行われるものとする。このとき，「経済政策」「財政再建」「安全保障」では各々の政策に対する投票において，政党 L が 2 票，政党 R が 3 票を得るので，表 4-2 の最下段のように，国民投票では政党 R の政策が多数決原理で選択されることになる。

4.5　多数決と公共財の供給（中位投票者定理）　　67

表 4-2　オストロゴルスキーの逆説

| 有権者 | 経済政策 | 財政再建 | 安全保障 | 選　挙 |
| --- | --- | --- | --- | --- |
| A | R | R | R | R |
| B | R | R | R | R |
| C | L | L | R | L |
| D | L | R | L | L |
| E | R | L | L | L |
| 国民投票 | R | R | R | |

　しかし，間接民主主義では結論が異なる。いま，政党 L と政党 R からの各立候補者 1 名が，有権者の代表となるよう，小選挙区で選挙を闘っているとしよう。このとき，個人 A・B は，「経済政策」「財政再建」「安全保障」のいずれも政党 R の政策スタンスを支持しているため，政党 R の立候補者に 1 票を投じる。他方，個人 C・D・E は，「経済政策」「財政再建」「安全保障」の 3 つの政策のうち 1 つは政党 R の政策スタンスを支持しているが，残り 2 つの政策は政党 L を支持しているため，政党 L の立候補者に 1 票を投じる。この結果，表 4-2 の最右列のように，小選挙区では政党 L の立候補者が多数決原理で選挙に勝利し，政党 L の提示する政策スタンスが選択されることになる。つまり，直接民主主義では政党 R の政策が選択され，間接民主主義では政党 L の政策が選択される。

　このように直接民主主義と間接民主主義では矛盾した結論を導くことがあり，直接民主主義は間接民主主義よりも国民の意見を反映しやすい政治過程であることは否定できない。もっとも，直接的に国民の意思を反映する意味では直接民主主義の方が優れているが，あらゆる問題について国民の意思を問うには相当のコストがかかる。このため，両者のバランスを図ることも重要であり，小選挙区制や比例代表制といった選挙制度，大統領制・議院内閣制をはじめ，国民の意見を反映する様々な制度が存在するが，政治の安定性も考慮しつつ，どのような仕組みが効率的な意思決定を可能にするか，容易に

判断することは難しい。

## ■ Active Learning

《重要事項のチェック》・・・・・・・・・・・・・・・・・・・・・・・・・・・・・・・・・・・・・・・・・・・・・・・・・

□公共財 □純粋公共財 □準公共財 □非競合性 □排除不可能性 □サムエルソン条件 □ナッシュ均衡 □リンダール均衡 □公共財の自発的供給 □ただ乗り問題 □過小供給 □過大供給 □費用便益分析 □中位投票者定理 □市場の失敗 □政府の失敗 □間接民主主義 □直接民主主義 □オストロゴルスキーの逆説

《調べてみよう》・・・・・・・・・・・・・・・・・・・・・・・・・・・・・・・・・・・・・・・・・・・・・・・・・・・・・・

[1] 純粋公共財や準公共財の具体的な事例を調べてみよう。

[2] 各政党の政権公約の内容やその支持層の特徴を調べてみよう。

[3] 中位投票者定理との関係で，日本の有権者を年齢順に並べたとき，その「中央値」に位置する有権者の年齢を調べてみよう。

《Exercises》・・・・・・・・・・・・・・・・・・・・・・・・・・・・・・・・・・・・・・・・・・・・・・・・・・・・・・・・

[1] 公共財の特徴を私的財との比較で説明しなさい。また，サムエルソン条件を説明しなさい。

[2] リンダール均衡で公共財の過少供給が発生してしまう理由を述べなさい。

[3] 中位投票者定理とは何か。また，中位投票者定理が成立するとき，中位投票者の租税価格が低すぎると，公共財は過大供給になってしまう理由を説明しなさい。

## 文献紹介

- 麻生良文（1998）『公共経済学』有斐閣
- 坂井豊貴（2013）『社会的選択理論への招待——投票と多数決の科学』日本評論社
- 林　正義・小川　光・別所俊一郎（2010）『公共経済学』有斐閣
- 野口悠紀雄（1982）『公共経済学』日本評論社
- ジョセフ・E・スティグリッツ（藪下史郎訳）（2003）『スティグリッツ　公共経

済学［第2版］（上）』東洋経済新報社
- ジョセフ・E・スティグリッツ（藪下史郎訳）（2003）『スティグリッツ 公共経済学［第2版］（下)』東洋経済新報社

# 第5講
# 外部性，情報上の失敗，自然独占

■ この講では，第1講で紹介した市場の失敗のうち，外部性，情報上の失敗，自然独占の問題を取り上げ，それらへの対処方法を議論する。

## 5.1 外 部 性

外部性とは，ある経済主体の活動が，市場取引を経由しないで（金銭的な取引を伴わないで），他の経済主体に影響を与えることをいう。相手に与える影響が良いものであれば正の外部性（または外部経済），悪いものであれば負の外部性（または外部不経済）という。公害や騒音，$CO_2$ 排出による地球温暖化は負の外部性の典型的な例である。

外部性が存在する場合，自由な市場では効率的な資源配分は実現しない。例えば，川上の工場からの排出物で川下の漁業が被害を受ける状況を考えよう。漁業に対する補償支払いが存在しないため，工場は漁業被害を費用と認識しないで生産活動を行う。つまり，工場は，私的限界費用（private marginal cost），すなわち，生産の際に工場が直面する限界費用，に基づいて生産物の供給を決定する。しかし，この生産物の真の限界費用は，私的限界費用に漁業への限界的被害を加えたものである。これを社会的限界費用（social marginal cost）と呼ぶ。

図 5-1 の横軸はこの工場の産出量，曲線 $S = pmc$ は供給曲線（その高さは私的限界費用に等しい），曲線 $smc$ は社会的限界費用を表す。また，この工場の生産物に対する消費者の評価は需要曲線 $D = mb$ で表されている（需要曲線の高さが消費者の限界便益を表す）。この生産物の限界便益と社会的限界費

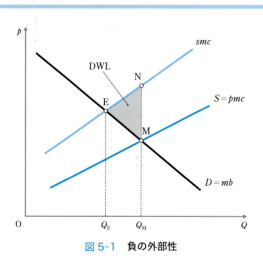

図 5-1　負の外部性

用が一致する点は E 点であり，この点で社会的余剰は最大になる。しかし，自由な市場での市場均衡点は M 点であり，E 点が実現する場合と比べ三角形 NME だけ社会的余剰は小さくなる。この資源配分上の損失を死重損失（dead weight loss）と呼び，図では DWL で表されている。

　次に，正の外部性として教育サービスを取り上げる。教育は，教育を受けた人の能力を高め，将来の所得の上昇という私的便益をその人にもたらす。個々人は，教育サービスの価格とその私的限界便益（private marginal benefit）を比較して教育サービスの需要を決定すると考えられる。しかし，教育のもたらす利益は社会全体に及ぶ場合がある。例えば，初等教育の場合，全ての人が読み書きでき，社会の基本的ルールを理解していることが，日常生活での摩擦を減らし，社会的安定性を高めることにつながるかもしれない。また，全ての人が常識的な判断能力を備えることが健全な民主主義を維持していく上で重要であるかもしれない。したがって，教育の真の限界便益は，私的限界便益に，これらの個々人に帰着しない限界便益を加えたものである。これを社会的限界便益（social marginal benefit）と呼ぶ。

　図 5-2 の横軸は教育サービスの量，曲線 $D=pmb$ は教育サービスの需要曲線（その高さは私的限界便益に等しい），曲線 $smb$ が社会的限界便益，曲線

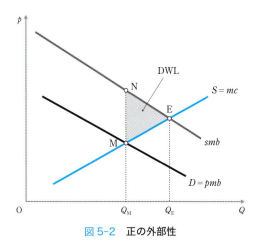

図 5-2 正の外部性

$S=mc$ が教育サービスの供給曲線（その高さは限界費用に等しい）を表す。教育サービスの効率的な資源配分は社会的限界便益と限界費用の一致する E 点で実現する[1]。しかし，自由な市場では M 点が実現し，三角形 NME 相当の死重損失が発生する。

以上のように，外部性が存在すると，自由な市場では効率的な資源配分は実現しない。正の外部性がある活動は過小に，負の外部性がある活動は過大になるのである。

■ ピグー税・排出権取引

外部性が存在する場合，政府は課税や補助金を用いて資源配分を是正することができる。負の外部性の場合には，税（罰金）を，正の外部性の場合には補助金を支出する。これを**ピグー税**（Pigouvian tax）と呼ぶ[2]。

川上の工場と川下の漁師の例では，工場の排出物のもたらす限界被害に等

---

[1] ここでは，私的限界便益と社会的限界便益が乖離するという形で説明しているが，正の外部性の存在は，社会的費用の低下という形で説明することも可能である。教育サービスの場合，供給曲線は私的限界費用を反映しているが，教育サービスの社会的限界費用は私的限界費用よりも低いと考えるのである。

[2] 補助金の場合にはピグー補助金と呼ばれる場合がある。

しい水準のピグー税を課せば，工場は社会的限界費用に直面することになり，効率的な資源配分が実現する。正の外部性の場合，例えば，教育サービスの場合には，教育の社会的限界便益と私的限界便益の乖離相当分の補助金を出せばよい。補助金によって，需要側は低い価格で教育サービスを購入でき，これに補助金が足されて供給者側に支払われる。市場均衡では，需要者価格（＝私的限界便益）＋補助金＝供給者価格（＝限界費用）が成り立つので，補助金が社会的限界便益と私的限界便益の乖離分に等しく決まっていれば，社会的限界便益と限界費用が一致し，効率的な資源配分が実現する。

　汚染物質の排出抑制の手段として，排出権取引という手法も存在する。川上に複数の工場があり，工場からの排出物が川下の漁業に被害を与えている状況を想定しよう。排出権取引では，政府は一定の排出権証書を発行する。工場からの排出は排出権証書と引き換えに許可される（このためには，政府による不法投棄の監視が必要である）。排出権証書は市場で売買され，その価格は市場で決定される。ピグー税の場合，政府が排出物の価格を決定するのに対し（排出量の決定は企業に任される），排出権取引では排出の総量を政府が決め，その価格を市場に決定させるという違いがある。しかし，どちらの場合も，工場が排出物の費用に直面するという点は共通である。

　なお，排出物を抑制するためによく使われる手段は，排出物の数量規制である。しかし，企業によって排出物の削減費用が異なる場合，数量規制よりもピグー税や排出権取引の方が優れた手段である。効率的な排出抑制のためには，排出削減の限界便益（これは排出物のもたらす限界被害に等しい）と排出削減の限界費用が一致しなければならない。ピグー税や排出権取引の場合，ピグー税や排出権価格の水準が適切な水準であれば，それが個々の企業にとっての汚染削減の限界利益であるため，利潤最大化行動を通じて自動的に効率的な水準まで排出削減が進むのに対し，数量規制で同じことを実現しようとすると，政府は個々の企業の排出削減の限界費用の情報まで知らなければならないからである。

## ■ コースの定理

　外部性に関連した有名な命題にコースの定理がある。この命題は，外部性

が存在しても，所有権が明確に定められおり，取引費用[3]が無視できれば，当事者間の交渉によって外部性の問題は解決してしまうと主張する。この命題が成り立てば，政府の役割は所有権を明確に定めるだけであり，ピグー税や排出権取引の活用も必要がない。

コースの定理によれば，川上の工場と川下の漁師の例では，川の所有権が不明確なことが外部性の問題を引き起こしたのである。川の所有権が漁師にあることが明確なら，川を汚染する行為に対して工場は漁師に補償を支払わなければならない。漁師は十分な補償を受けられるのであれば汚染を受け入れるだろう。川の所有権が工場にあることが明確なら，川を汚染する権利は工場にある。この場合，汚染の減少が漁師の利益を増加させるなら，漁師は工場に対し補償金を支払ってでも汚染の削減をお願いするだろう。所有権がどちらにあろうとも，それが明確に定まっているなら，交渉の方向性が確定し，互いの利益が増加する余地がある限り交渉は続くはずである。そして，最終的には効率的な資源配分（もはや互いの利益を増加させる余地のない水準）に到達するというのがコースの定理の主張である。

コースの定理は当事者間の取引費用が無視できる大きさだという前提に依存している。しかし，現実の世界では取引費用が無視できない場合が多くある。この場合には，当事者間の交渉で問題は解決せず，政府による解決が要請される。つまり，取引費用が無視できず，コースの定理が成立しないことが，政府活動が必要となる理由であると考えられる。

現実の世界で，取引費用が無視できなくなる理由はいくつかある。第1に，外部性の因果関係やその金銭換算額が現実の世界では明確でないという事情がある。第2に，現実の世界では所有権が明確に規定されているとは言い難く，所有権をめぐる争いが起きることが交渉を紛糾させる（より多くの所有権を認められた方がより多くの利益の分前にあずかれる）。第3に，交渉の成果が公共財的側面を有していると，一方の当事者にただ乗り問題が発生し，これが交渉による解決を困難にさせる。川上の工場と川下の漁師の例では，川下に多数の漁師がいれば，川がきれいになるというのは漁師にとっての公共

---

3　取引費用とは，交渉の直接的な費用だけでなく，犠牲になった時間の費用も含んだ，交渉にかかる費用の全てを含んだ概念である。

5.1　外部性　75

財である（費用負担をしなかった漁師もその利益を享受できる）。個々の漁師は，費用負担をせずに交渉の成果にただ乗りすることに強いインセンティヴがあり，これが漁師の団結を困難にし，交渉を難しくする。

### ■ 外部性を根拠にした政府活動

　既に述べたように，教育サービスの場合，初等教育には大きな正の外部性が存在すると考えられる。経済理論的には，初等教育に補助金を投入する理由はここにある。一方，職業に直結した教育の場合，その利益は教育を受けた本人に帰着する割合が高いので，外部性はあまり大きくないと考えられる。科学技術分野への政府による支援の根拠も外部性である。特に，基礎科学の研究は直ちに商業的利益を生むものではないが，その成果は様々な分野に波及して応用される。しかし，自由な市場の下では，こうした活動は十分な報酬が得られないため過少な水準にとどまる。一方，研究開発の成果が製品開発に直結し，投資の利益を回収できる分野もある。（外部性の大きくない）こうした分野への補助は必要ないだろう。

　教育や研究開発活動への支援以外にも，正の外部性を根拠とする政府活動には次のようなものがある。まず，道路や港湾の整備などのインフラ整備，あるいは生活環境の改善，景観や自然環境を保護するための施策，土地の利用規制（商業地，工業地と住宅地の区別，建ぺい率の規制等）なども外部性への対処と考えられる（考えるべきである）。

## 5.2　情報上の失敗----------------------------------

　情報の非対称性が存在する市場では，市場は理想的には機能しない。特に重要なのは逆選択と呼ばれる現象である。年金保険や医療保険，失業保険に政府が関与する経済学的な根拠はここにある。逆選択は資金市場，特に，零細企業に対する融資，住宅ローン，教育ローンの市場でも発生する可能性が強い。以下では，まず逆選択のメカニズムを説明し，続いて逆選択の事例，さらにはその対処方法を検討し，その他の問題を議論する。

### ■ 逆選択のメカニズム

中古車市場の例を基に逆選択のメカニズムを説明する。ここでは，取引される中古車の品質に関して，供給側（ディーラー）と買手の間に次のような情報の非対称性があるとする。ディーラーは取引される中古車の品質をよく知っているが，買手側は個々の中古車の品質を区別できない。ただし，買手は市場で流通している中古車の平均的な品質を知ることはできるとする。

さて，品質の良い中古車は仕入れ値が高く，品質の劣る中古車の仕入れ値は低いとしよう。したがって，中古車市場においてディーラー側が採算のとれる価格は中古車の品質とともに上昇するはずである。一方，買手は良い品質の中古車なら高い価格で購入してもよいと思っているが，品質の劣る中古車についてはそれなりの価格でしか買わないとする。情報の非対称性のない市場では，それぞれの品質に応じて異なる価格が成立し効率的な資源配分が実現する。

情報の非対称性の存在する市場ではどのようなことが起こるだろうか。仮に全ての品質の中古車が市場で流通していたとしよう。買手はその平均品質に基づいて買ってもよいと思う価格を提示するだろう。ところが，その価格が高品質の中古車販売が採算に合わないような水準だとすれば，高品質の中古車が市場に出回らなくなる。これは，市場で流通する中古車の平均品質の低下をもたらし，その結果，買手の提示する価格は低下する。すると，次に品質の良い中古車が採算に合わなくなり，それがまた消費者の提示する価格の低下，流通する中古車の平均品質のさらなる低下という悪循環をもたらすかもしれない。最悪の場合，粗悪な中古車しか流通しないという事態が生じる。品質の劣る中古車の存在は，情報の非対称性のある市場では，良品の供給を締め出す[4]。これが逆選択である。

### ■ 保　険

保険加入者の事故確率に関して，加入者と保険会社の間には情報の非対称

---

4　もちろん，良品の供給者は，自らの供給する製品が良品であることを消費者に知らせることができれば，不良品の供給者からの悪影響から逃れることができる。製品の品質保証，ブランドの確立はそのための手段である。

性が存在するかもしれない。個々の加入者は自分の事故確率を知っているが，保険会社は加入者全体の平均的な事故確率についてしか観察できない場合がそうである。この場合，保険会社は加入者の平均的な事故確率に基づいて保険料を設定しようとする。一方，加入者の中で最も事故確率の低い人は保険料が高すぎると感じ，保険から脱退することを選択するかもしれない。その結果，加入者の平均的事故確率が上昇し，それが保険料を引き上げ，次に事故確率の低い人の保険からの脱退をもたらす可能性がある。このような悪循環が続くと，最悪の場合，保険市場そのものが成り立たなくなってしまうかもしれない。

　このような逆選択が深刻で，民間の保険市場がうまく機能しない場合，保険への強制加入が事態を改善する。逆選択を防ぐもう一つの方法は，保険の購入に補助金を与え，事故確率の低い加入者が保険から脱退しないように誘導することである。医療保険，年金保険，失業保険などに政府が関与する根拠がこの逆選択である。

### ■ 資 金 市 場

　通常，資金市場では金利が資金の利用者を選別する価格の役割を演じる。つまり，金利は，その資金を利用して高い収益率を上げることのできる利用者から順に資金を割り当てるという機能をもっているのである。

　しかし，情報の非対称性が存在すると，金利は効率的な資金利用者を選別するという機能を失ってしまう。いま，借手の行う事業に一定の不確実性があり，借手は一定確率で資金を返済できないとしよう（この場合，金利はデフォルト・リスクを反映して高くなる）。さらに，借手には優良な借手と不良な借手が混在しているとする。ここで，優良な借手とは返済意思のある借手であり，不良な借手は返済意思のない借手を指す。当然，借手は自分が優良か不良かを知っているが，貸手は，個々の借手が優良か不良かは区別できないとする。ただし，借手全体のデフォルト確率は観察できるとする。

　何らかの事情で金利が上昇したとすると，優良な借手の中には新しい金利の下では返済不能になるため，資金市場から撤退する者が出てくる。一方，不良な借手は，返済する意志がないのだから，金利が上昇したとしても資金

市場にとどまる。この結果，借手全体としてはデフォルト確率が高まり，金利はこれを反映してさらに上昇する。そして，その金利上昇が優良な借手を締め出し，資金市場でのデフォルト確率の上昇，金利の上昇という悪循環をもたらす。最悪の場合，市場には不良な借手しか残らなくなるかもしれない。

　資金市場における情報の非対称性が問題になるのは，（企業の会計情報が必ずしも透明ではない）中小零細企業に対する融資，一般家庭の利用する住宅ローンや教育ローンの市場である。こうした資金市場で逆選択が発生すると，採算性の高い事業が行えない，住宅購入や進学をあきらめざるを得ないなどの問題が発生する[5]。

　資金市場で逆選択が生じる場合，一つの対処方法は，民間の行う融資に補助金を付けることである。あるいは，貸手の直面するデフォルト・リスクの一部を政府が肩代わりしてもよい。

# 5.3　自　然　独　占

　独占（monopoly）とは，ある財の市場において供給者が 1 人（1 社）しか存在しない場合を指す。独占が存在すると，通常，市場は効率的な資源配分に失敗する。ただし，一時的に独占が生じても，多くの場合，ライバル企業の参入によって独占は消滅してしまう。しかし，ある種の産業では，先発企業が一旦独占的な立場を得てしまうと，後発企業の参入が非常に難しく，独占が永続してしまう場合がある。これを自然独占（natural monopoly）という。電気・ガス・水道事業や鉄道事業，高速道路事業などで自然独占が生じやすい[6]。

　以下では，まず独占市場で価格と産出量がどう決定されるかを説明する。

---

5　貸手は，借手の属性を観察してデフォルト確率を推測することができる。住宅ローンの場合，雇用が安定している職業の人にとって逆選択は深刻ではないが，自由業などの不安定な職業の人にとっては大きな問題になる。

6　独占が発生する原因としては，自然独占の他に，（1）天然資源等が地域的に偏在しているために生じる独占，（2）技術的優位性によるもの，（3）政府による参入規制などがある。（1）は現代の経済ではあまり大きなウェイトを占めないし，技術革新の激しい時代においては（2）による独占は永続しない可能性が強い。

そして，そこでは資源配分上の損失が発生することを説明する。続いて，自然独占とは何か，その発生原因について説明し，最後に自然独占企業に対する規制のあり方について論じる。

## ■ 独占企業の行動

　完全競争市場では，個々の企業の市場シェアは非常に小さいため，個々の企業の産出量の変更は市場価格に影響を与えない。このような市場では，個々の企業は価格を所与とみなして行動する。一方，独占市場では，独占企業の産出量が市場全体の供給量である。独占企業の産出量の変更は，市場全体の需給に影響を与え，当然，生産物価格も変化する。独占企業は，このことを考慮して産出量の決定を行う。

　独占企業の産出量を $Q$，生産物市場の需要曲線を $p = p(Q)$ という関数（逆需要関数）で表し，独占企業の費用関数が $C(Q)$ で表される状況を考える[7]。独占企業の利潤を $\pi$ で表せば $\pi = p(Q) \cdot Q - C(Q)$ という式で表すことができる。さて，独占企業は利潤を最大にするように $Q$ を決定するが，そのためには，限界収入（marginal revenue：$Q$ を 1 単位増加させた場合の収入の変化）と限界費用が一致することが必要である。限界収入を $\mathrm{MR}(Q)$，限界費用を $\mathrm{MC}(Q)$ で表せば，$\mathrm{MR}(Q) = \mathrm{MC}(Q)$ が利潤最大化の条件である。

　まず，限界収入を求めてみよう。産出量を $Q$ から $\Delta Q$ だけ増加させた場合の価格の変化を $\Delta p (<0)$ で表す。このときの総収入（Total Revenue）の変化を $\Delta \mathrm{TR}(Q)$ で表すと，

$$\Delta \mathrm{TR}(Q) = (p + \Delta p)(Q + \Delta Q) - pQ = p\Delta Q + \Delta pQ + \Delta p\Delta Q$$

となる。両辺を $\Delta Q$ で割ると，$Q$ の 1 単位の増加当たりの収入の増分，すなわち，限界収入が求められ，

$$\mathrm{MR}(Q) = \frac{\Delta \mathrm{TR}}{\Delta Q} = p + \frac{\Delta p}{\Delta Q}Q + \Delta p \cong p + \frac{\Delta p}{\Delta Q}Q$$

が成立する[8]。この式の最も右側の第 1 項 $p$ は（価格が変化しない場合の）産出

---

7　費用関数は，限界費用が正で逓増するという性質をもつとする。

8　第 3 項の $\Delta p$ は $\Delta Q$ が微小なときには無視できる大きさである。これが一番右側の近似式の

80　第 5 講　外部性，情報上の失敗，自然独占

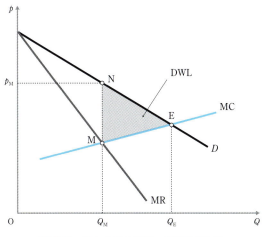

図 5-3　独占企業の価格・産出量の決定

量の1単位の追加による増収効果を表し，第2項 $(\Delta p/\Delta Q)Q$ は，(産出量が一定だとして) 産出量増加に伴う価格低下のための減収効果を表す。第2項は負なので，$MR(Q)<p$ が成り立つ。これは，限界収入曲線は必ず需要曲線の下方に位置することを意味する。なお，限界収入曲線の形状は，式からもわかるように需要曲線の形状に依存する。特に需要曲線が直線の場合，限界収入曲線は需要曲線と切片が同じで傾きが2倍の直線になる[9]。

図 5-3 において独占企業の限界収入曲線は MR で，限界費用曲線は MC で表されている (需要曲線 $D$ が直線なので，MR は需要曲線と切片が同じで傾きが2倍になることに注意)。MR＝MC は M 点において成立し，その点に対応する $Q_M$ が独占企業の選択する産出量になる。なお，生産物価格は $p_M$ に決まる ($Q_M$ に対応する需要曲線上の点：つまり，独占企業は需要曲線上の N 点を選択したのである)。社会的余剰を最大化する点は限界便益＝限界費用が成立する E 点であるが，独占が存在すると三角形 NME だけ社会的余剰が小さ

---

意味である。
9　需要曲線が $p=a-bQ$ で表される場合，$\Delta p/\Delta Q=-b$ が成り立つ。これを用いると，MR＝$p$ $+(\Delta p/\Delta Q)Q=a-bQ-bQ=a-2bQ$ が導かれる。

くなる。この社会的余剰の損失分が独占に伴う死重損失であり，図では
DWL と記されている。独占企業は生産量を効率的な水準よりも抑制し（人
為的な希少性を作り出し），価格を釣り上げることで利益の最大化を図るので
ある。

## ■ 自然独占企業に対する規制

　一般に個々の企業の平均費用曲線の形状は U 字型になる（平均費用を最小
化する産出量水準があり，それを超えて産出量を増加させると平均費用は増加す
る）。平均費用の最小化点は，産出量増加による平均固定費用の減少分と平
均可変費用の増加分（限界費用増加のため平均可変費用は増加する）がちょう
ど釣り合う点である。事業開始の際の固定費用がきわめて巨額であるのに対
し，財・サービスを追加的に供給する際の費用（限界費用）は小さいという
産業があるが，このような産業では平均費用最小化点はかなり大きくなる。
特に，ある一企業の産出量が市場全体の需要量をほぼ満たすような水準でも
平均費用が低下し続けるような産業を，費用逓減産業と呼ぶ。費用逓減産業
では，先発企業が一旦市場シェアを奪った後では，後発企業の対抗が困難で，
独占が自然に形成され，維持されやすい[10]。これを自然独占と呼ぶ。電気・ガ
ス・水道事業，鉄道や高速道路事業はそのような産業の典型例である。

　自然独占が生じるような産業では，複数の企業に財・サービスの供給を任
せるよりも 1 社に任せた方が費用面で安上がりである。しかし，それだけで
は，独占に伴う弊害が発生するので，自然独占企業に対して何らかの規制が
必要になる。

　図 5-4 において曲線 AC は自然独占企業の平均費用，曲線 MC は限界費
用，さらに曲線 $D$ が生産物の需要曲線を表す。図に示されているように，
この生産物市場では，市場全体の需要量を満たすような産出量水準でも平均

---

10　自然独占が生じるためには，巨額の固定費用だけでは十分ではない。巨額の固定費用は
サンクコスト（回収不可能な費用）である必要がある。例えば，運送業で用いるトラックの費用
は，事業から退出する際に中古市場で売却して回収できるのでサンクコストではない。一方，水
道会社が水道管を敷設した後に，事業から退出しようとしても，その水道管を他社に売却できな
いなら，水道管敷設のコストはサンクコストである。サンクコストの存在は，参入済みの企業と
新規参入を考えている企業の間に費用条件の違いをもたらし，これが一種の参入障壁の役割を果
たすのである。

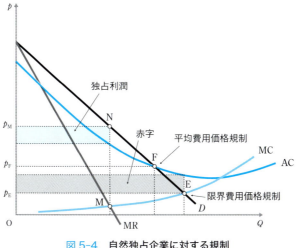

図 5-4 自然独占企業に対する規制

費用は低下し続けている。平均費用が最小になるのは曲線 AC と曲線 MC の交点においてである[11]。

さて、この生産物市場では自然独占が発生するので、政府が全く関与しなければ非効率的な資源配分が実現し（図の N 点）、三角形 NME の死重損失が発生する。ただし、問題としている産業は費用低減産業なので、単一の企業に任せた方が効率的である。複数の企業で競争させると、固定費用が重複するからである。独占を許すが、効率的な資源配分を実現させる一つの方法は、独占企業に E 点での操業を行わせることである。E 点の価格は限界費用に一致しているので、このような規制は**限界費用価格規制**（marginal cost pricing）と呼ばれる。

限界費用価格規制を課すと、被規制企業には赤字が発生し、単独採算が不

---

[11] 平均費用（AC）と限界費用（MC）の関係については、AC の最小点で MC＝AC が実現する。また、MC＜AC の成り立つ $Q$ の水準では平均費用曲線は右下がり、MC＞AC の成り立つ $Q$ の水準では平均費用曲線は右上がりになる。MC＜AC が成立する場合、$Q$ を1単位増加させるとその費用（限界費用）が平均費用より低いので、結果として平均費用を（ごくわずかに）低下させるからである。一方、MC＞AC が成立する場合、同様な理由で、$Q$ の1単位の増加は平均費用を（ごくわずかに）増加させる。MC＝AC なら $Q$ の1単位の増加で平均費用は不変になり、平均費用はその点で水平になる。これはその点が平均費用の最小点であることを意味する。

5.3 自然独占　83

可能になるという問題がある。図のE点の産出量付近では，平均費用が低下し続けているため，MC＜ACが成立する（この理由は脚注11で説明されている）。したがって，$p$＝MC（限界費用）となる価格では，平均費用を賄えず赤字になる。事業継続のためには，税による補填が必要になるが，赤字補填のために税を課すと，税が経済活動を歪めるので，E点でも効率的な資源配分は実現しないかもしれない。しかし，より重要なのは，赤字を続けても企業が存続できるということが企業経営の規律を失わせることである。

　企業の単独採算が可能な範囲で社会的余剰を最大にするためには，図のF点を実現させればよい。F点での価格は平均費用に等しいので，この規制は，平均費用価格規制（average cost pricing）と呼ばれる。しかし，この規制にも限界費用価格規制と同様の問題がある。企業が生産方法の改善に努め，今までよりも低費用で生産できるようになったとしても，この規制の下では，それは全て消費者に還元されてしまう。つまり，企業にとってはより効率的な生産方法を見つけようとするインセンティヴが存在しない。逆に，経営者や労働者が怠けたり，過大な報酬を受け取ったり，生産方法の改善を怠ったりすることで生産費用が増加しても，規制当局がそのことを把握できなければ，それは消費者の負担になるだけである。

　現在では，規制当局と被規制企業の生産費用に関する情報の格差の問題，被規制企業のインセンティヴの問題の重要性が認識されるようになってきて，新しい規制方法が考案されている。例えば，自然独占企業をいくつかの地域会社に分割し，間接的な競争を行わせる方法（ヤードスティック競争）や，価格の上限だけを決めて利潤を被規制企業の経営改善のインセンティヴとさせる方法（プライスキャップ規制），独占を許可する期間を一定期間にとどめ期間終了後には改めて入札で独占の許可を与える方法（免許入札制）などである。

## ■ レント・シーキング活動

　独占の弊害に対する異なった見方も存在する。政府が特定の企業に独占権を与えると，独占企業は一般に独占に伴う超過利潤を享受できる。これは，企業にとって政府から独占の許可を得るための活動にインセンティヴを与え

る。企業は合法・非合法の活動を通じて政治家や官僚など，政策の決定権を握る人物に働きかけるだろう。この場合，最大限，独占に伴うに超過利潤（レント）に等しい水準までコストをかけてもロビー活動（これをレント・シーキング活動と呼ぶ）は割に合う。すると，独占に伴う超過利潤の分まで社会的に浪費されることになる。図 5-3 の死重損失（三角形 NME）は，独占に伴う資源配分上の損失を過小評価しているかもしれない。


## ■ Active Learning

《重要事項のチェック》・・・・・・・・・・・・・・・・・・・・・・・・・・・・・・・・・・・・・・・・・・・・・

　□外部性　□私的限界費用　□社会的限界費用　□私的限界便益　□社会的限界便益　□ピグー税　□排出権取引　□コースの定理　□情報の非対称性　□逆選択　□自然独占　□費用逓減産業　□限界費用価格規制　□平均費用価格規制　□レント・シーキング


《調べてみよう》・・・・・・・・・・・・・・・・・・・・・・・・・・・・・・・・・・・・・・・・・・・・・・・・・・・・・・・

[1]　地球温暖化によってどのようなことが生じると予想されているだろうか。炭素税や $CO_2$ の排出権取引はどのような効果をもつと期待されているのだろうか。

[2]　地球温暖化対策としてわが国ではどのような対策がとられているだろうか。

[3]　財政投融資は財投債等を原資として，中小企業や地方政府による社会資本整備のために資金を貸し付ける制度である。どのような制度か調べてみよう。また，そうした活動は「市場の失敗」から正当化できるだろうか。

[4]　近年，電力事業について発送電の分離が主張されるようになってきた。この議論の背景を調べてみよう。


《Exercises》・・・・・・・・・・・・・・・・・・・・・・・・・・・・・・・・・・・・・・・・・・・・・・・・・・・・・・・・・・

[1]　初等教育には正の外部性があるといわれるが，どのようなものだろうか。

[2]　コースの定理とは何か。川上の工場と川下の漁業の例で，川の所有権が工場にある場合，どのような交渉が行われるのか。川の所有権が漁師にある場合はどうか。

[3]　現実の世界でコースの定理が成立しないのはどのような事情があるからか。

[4]　医療保険市場での逆選択のメカニズムを説明せよ。逆選択に対し，政府は
どのように対処すべきだろうか。

[5]　独占が存在すると，資源配分は非効率になることを説明せよ。

[6]　自然独占とは何か。どのような産業で自然独占が発生する可能性があるか。

## 文献紹介

- ジョセフ・E・スティグリッツ（藪下史郎訳）（2003）『公共経済学［第2版］（上)』東洋経済新報社
- 板谷淳一・佐野博之（2013）『コア・テキスト　公共経済学』新世社
- 麻生良文（2012）『ミクロ経済学入門』ミネルヴァ書房

# 第6講
# 租税の基礎理論

■本講では，租税の基礎理論として租税の分類，租税の帰着，所得課税と消費
課税の違いなどを学ぶ。

## 6.1 租税の分類--------------------------------

### ■税 目

　租税は，国税と地方税に分けられる。日本の場合，国税の基幹となるのは
個人所得税，法人所得税，消費税である（図6-1）。このほか，資産税とし
て相続税があり，個別品目の消費にかかる税として揮発油税，酒税，たばこ
税などがある。地方税は，都道府県税と市町村税に分けられる。都道府県税
は所得と消費に対する課税が中心であり，個人住民税，地方法人税，地方消
費税の割合が高い。市町村税は，個人住民税と資産税である固定資産税の
2つが大半を占める。

　国際比較をすると，図6-2にみられるように各国ではいずれかの課税
ベースに偏るのではなく，個人所得，法人所得，消費，資産を課税ベースと
するタックスミックスがみられる。一般に，租税体系は単一の税からなるの
ではなく，複数の税が相互に補完し合うことによって租税全体として望まし
い性質が保たれるように設計されている。どの課税ベースを重視するかは国
によって異なるが，個人所得課税と消費課税の割合が高い国が多い。

　現在の日本の税制は，1949年のシャウプ勧告が原点である。シャウプ勧
告とは，戦後 GHQ の下で米国から派遣されたシャウプ教授を団長とする税
制使節団によって行われた勧告である。シャウプ勧告では，課税の公平性を

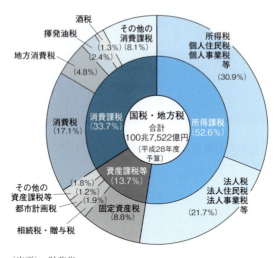

図 6-1　日本の税制（国税・地方税）

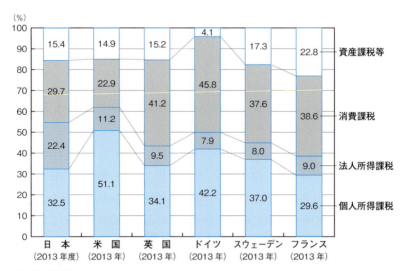

図 6-2　所得・消費・資産課税等の税収構成比の国際比較（国税＋地方税）

第 6 講　租税の基礎理論

重視した所得税体系が提案され，個人所得税では包括的な幅広い所得に対して累進税率が適用された。法人税では，法人を株主の集合体とみなし，配当の二重課税を調整する制度が提示された[1]。

　シャウプ勧告の主要部分は日本の実際の税制に活かされることになったが，その後は個人所得税における利子所得などの資本所得に対する分離課税の導入や法人税における各種租税特別措置が導入・拡充などが行われたため，現在の日本の税制はシャウプ税制からは乖離している。しかし，シャウプ勧告は今でも税制改革論議の中で，日本の戦後税制への原点回帰として参考にされることが少なくない。

## ■ 直接税と間接税

　租税には，直接税と間接税という分け方がある。税の負担者が納税者に等しいとき，その税は直接税に分類される。個人所得税，法人所得税，相続税は負担者と納税者が同じなので直接税である。一方で，間接税は税の負担者が納税者と異なるものとされる。日本の消費税，酒税，たばこ税などは，負担者が消費者であるのに対して納税者が企業であるため間接税である。

　しかしながら，租税は直接税であっても間接税であっても何かしらの転嫁が生じるのが普通であるため，直接税でも間接税でも真の意味での負担者と納税者は乖離する。よって，負担者と納税者の関係に着目した分類に大きな意味があるわけではない。むしろ，直接税が個人の経済的事情を反映させることが可能な税であるのに対して，間接税は無記名の課税ベースに対して課税が行われるという点が重要である。直接税である個人所得税では配偶者控除や扶養控除などによって家計の事情を考慮することができる一方で，間接税である消費税ではその消費が誰によって行われているかにかかわらず一律の課税が行われるため，個人間の所得再分配の機能を発揮することができない。

　日本の直間比率をみると，2013 年度実績でおよそ直接税：間接税＝7：3である。これは，付加価値税（Value Added Tax, VAT）中心の欧州諸国（およ

---

1　シャウプ勧告の詳しい内容及び戦後日本税制の変化については，石（2008）を参照されたい。

6.1　租税の分類　　89

そ直接税：間接税＝5.5：4.5）よりも直接税の比率が高く，米国のようなVATが存在しない国（およそ直接税：間接税＝7.7：2.3）と比べると直接税の比率が低い。日本では，消費税導入前の1980年代には直間比率是正の必要性が叫ばれ，消費税導入によって間接税の割合を高めるべきと主張されることが多かった。しかし，最適な直間比率というものが存在するわけではなく，こうした議論はあまり意味のあるものではない。効率性や公平性などの租税原則，徴税体制や経済を取り巻く状況の中から最適な税制が検討され，直間比率はその結果として生じるものと捉えるべきである。

■ 経済活動と課税の関係

　日本の租税と経済活動の関係を示すと，図6-3のようになる。家計は，企業に労働供給を行い，その対価として労働所得を受け取るが，この際労働（勤労）所得税が課される。家計が労働所得を消費に充てる際には，消費税や酒税，たばこ税などが課される。家計が貯蓄をすれば，それは企業に対する資本供給として使われ，その対価として家計は利子所得，配当所得，キャピ

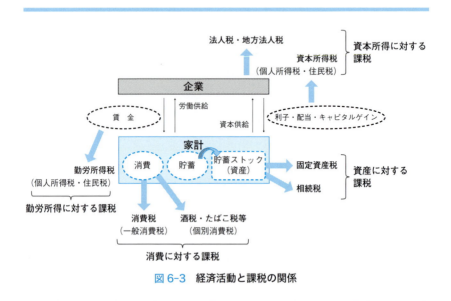

図6-3　経済活動と課税の関係

タル・ゲイン（譲渡益）といった資本所得を受け取る。こうした資本所得に対しては，個人段階で利子所得税，配当税，キャピタル・ゲイン（譲渡益）税といった資本所得税が課される。さらに，家計が資本所得を受け取る前には，法人段階において法人利潤に対して法人税が課されるから，資本所得は法人段階と個人段階で二度課税される。

さらに，こうしたフローに対する課税のほかに，貯蓄ストックに対しては資産税が課される。資産税としては，実物資産に対しては固定資産税（地方税）が，実物資産・金融資産の相続に対しては相続税がそれぞれ適用される。固定資産税は，移動性の低い（土地の移動性はゼロ）ものに対する課税であるため，経済活動に与える歪みが小さく，また公共サービスと税に関する応益性が確保されることから，市町村税として重要な役割を果たしている。相続税は，遺産相続による個人の資産格差を是正することが目的とされている。このように，経済活動に対する租税全体を見渡すと，家計の経済活動に対して，幾重にもわたる課税が行われている。

## 6.2 租税原則

税制は，公平，中立，簡素といった租税の3原則を満たすように設計されることが望ましいとされている。

第1は，公平性の原則である。公平性の原則には，まず応能原則と応益原則がある。応益原則は，公共サービスから同じ受益を得ている者は同じ税を負担すべきという原則であり，応能原則は担税力の高い人ほど高い税を負担するという原則である。応益原則は，道路や公園の使用料としての性格が強い地方税の重要な原則の一つである。応能原則と応益原則は，必ずしも対立するものではなく，担税力の高い者がより多く税を負担し，同じ担税力をもつ者の中では公共サービスから多くの便益を得る者がより多く税を負担するという課税が行われている場合には，両原則が成り立つ。

また，応能原則における公平性の概念には，水平的公平性と垂直的公平性がある。水平的公平性とは，経済状況が同一の者は同一の負担を負わなけれ

6.2 租税原則 91

ばならないとするものである。例えば，同じ生涯所得を得る2人の者がいれば，両者が同じだけ税を負担することが水平的公平に適っている。一方で，垂直的公平性とは，高い担税力をもつ人ほど高い税負担をすべきというものである。日本の個人所得税では，高所得者ほど平均税率（税額/所得）が高くなっているが，これは垂直的公平性の観点から正当化される。

第2の原則は中立性である。これは，税制が経済における資源配分をできるだけ歪めないようにすべきという原則である。一般に，課税が行われると価格体系が歪められることによって経済効率性が阻害され，死重損失が発生する。例えば，ある財に対して課税が行われると，課税前と比べてその財のニューメレール（尺度財）に対する相対価格が変化し，最適な資源配分が歪められる。中立性の原則は，こうした課税による経済への悪影響をできるだけ小さくすることを要求する。

第3の原則は簡素である。税制が複雑であると，納税者が税を申告する際の費用（法令順守費用）が大きくなる。個人の場合は時間を含めた税務申告書の作成費用が発生し，企業の場合は源泉徴収や年末調整のために担当者を増やすなど明確な形でより大きな費用が発生する。また，政府の税務管理の点からも，複雑な税制の下では脱税が増加することが予想され，それを防ぐための費用がかかる。実質的な税収は，名目上の税収から脱税防止にかかる費用を差し引いたものとなる。このため，一般に税は簡素であるべきとされる。

## 6.3 税率と課税ベース

税額は，「税率×課税ベース（課税標準）」と計算される。この税率は，表面税率と呼ばれるものである。表面税率を縦に，課税ベースを横にとって長方形を作ると，税額は長方形の面積に相当する。課税ベースをそのままに税率を引き下げれば当然税額が減少するが，表面税率をそのままにして課税ベースを縮小することでも税額は減少する。表面税率が上がったとしても，課税ベースがそれ以上に縮小すれば減税になる。一般的に，表面税率の動き

92　第6講　租税の基礎理論

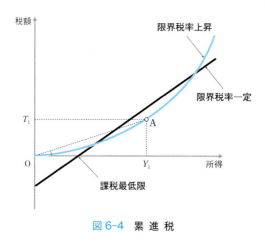

図 6-4　累　進　税

だけをみていても，それが増税なのか減税なのかは判断できない。

そこで，しばしば課税ベースを加味した税率として**実効税率**が定義される。所得を $Y$，基礎控除などの所得控除を $Z$ とすれば，課税所得は $Y-Z$ であり，税率を $t$ とすれば税額 $T$ は $T=t(Y-Z)$ となる。実効税率は，税額/所得として計算されるから $t(Y-Z)/Y$ となる。

所得と税額の関係を描くと，図 6-4 のようになる。所得が $Y_1$ のとき税額 $T_1$ になる。A 点と原点を結んだ線分 OA の傾き $T_1/Y_1$ を平均税率という。これに対して，所得が 1 単位増えたときの税額の増加分 $\Delta T_1/\Delta Y_1$ を限界税率という。限界税率は，税額と所得を表す点における税額カーブの接線の傾きを表す。

所得が増加するとともに平均税率が高まる税を**累進税**という（図 6-4）。所得控除 $Z$ がゼロのとき，累進税では所得の増加とともに平均税率が高まるためには限界税率が高まり，税額カーブの接線の傾きが所得とともに大きくならなければならない。所得控除 $Z$ がゼロでないときには，限界税率が必ずしも所得とともに上昇しなくても累進税になる。具体例で考えれば，表面税率が 10％，基礎控除が 50 万円のとき，所得が 100 万円の人の税額は 10％×（100－50）万円＝5 万円であり，平均税率は 5/100＝5％である。所得が 200

6.3　税率と課税ベース　　93

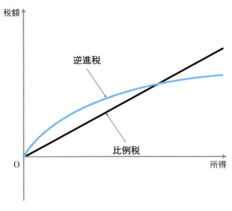

図 6-5　比例税と逆進税

万円の人の税額は 10％ ×(200 − 50) 万円 = 15 万円となるから，平均税率は 15/200 = 7.5％である。限界税率は一定でも，平均税率は累進的になる。

　所得が増加しても平均税率が変わらない税を比例税といい，所得が増加したときに平均税率が低下する税を逆進税という（図 6-5）。日本の個人所得税は，所得が増加するにつれて平均税率が高まるので累進税である。日本の消費税は，ある時点の所得を基準とすれば，(高所得者の方が貯蓄率が高いから)所得が増加すると平均税率が低下する。このため，少なくとも一時点の所得を基準にすれば，日本の消費税は逆進的ということになる。ただし，生涯所得の観点からみて，単純に生涯で稼得した所得を死ぬまでに全て使い切る，すなわち「生涯所得＝生涯消費」が成り立つときには，消費税は生涯所得に対する課税と捉えることができるため，消費税は生涯所得に対する比例税ということになる。

## 6.4　租税の帰着

　租税では，一般に納税者と真の負担者が一致するとは限らないため，真の

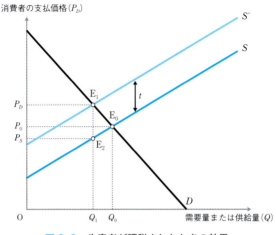

図 6-6 生産者が課税されたときの効果

負担者が誰であるかを考えることが重要である。これが，租税の帰着と呼ばれる問題である。例として，完全競争市場を取り上げ，需要・供給曲線が図6-6のように描かれている状況を考えよう。課税されていない場合の均衡点を $E_0$ 点とし，生産者に対して1単位当たり $t$ 円の従量税が課されるものとする。

従量税は，酒税やたばこ税のように，1リットル当たりや1箱当たりのような量を基準として課税するものである。従量税では，生産者の受取価格（$P_S$）と消費者の支払価格（$P_D$）が（6.1）式のように乖離する。このような状況は，課税によって生産者の受取価格と消費者の支払価格の間にくさび（wedge）が打ち込まれると表現される。

$$P_D = P_S + t \tag{6.1}$$

これに対して，自動車取得税では自動車価格を基準として課税が行われる。このような課税は従価税と呼ばれる。従価税の場合には，生産者価格と消費者価格の関係が（6.2）式のようになる。

$$P_D = (1+t)P_S \qquad\qquad\qquad\qquad\qquad\qquad (6.2)$$

図 6-6 には，1 単位当たり $t$ 円の従量税が生産者に課せられた状況が描かれている。ここで，縦軸に消費者の支払価格がとられていることに注意されたい。需要曲線は，消費者が支払う価格と需要量の関係を示したものであるから，消費者にとっては財価格に税が含まれていてもいなくても同じである。消費者は，自らが支払う価格にのみ関心があるため，需要曲線は課税の前後で変化しない。

一方で，消費者価格と生産量の関係を表す供給曲線は，課税によって上方にシフトする[2]。これは，財が課税されているとき，生産者は消費者が支払う価格から税金を除いた価格，すなわち生産者が受け取る価格に関心があるからである。課税後は，ある一定量の供給量に対して，生産者は税金分を上乗せした価格（$P_S+t$）でなければ消費者に販売することはないため，供給曲線が上方にシフトする。新たな均衡点は $E_1$ 点となり，価格は $P_D$，数量は $Q_1$ に決まる。生産者の受取価格は消費者の支払価格（$P_D$）より税金分だけ低い値（$P_S$）になる。

消費者の支払価格と生産者の受取価格の変化をみてみよう。課税後に，消費者は課税前と比べて高い価格に直面するが，これは生産者に対する課税の一部が消費者に転嫁されたからである。一方で，生産者の受取価格は課税前よりも低くなっているから，生産者も税を負担している。課税前の価格を $P_0$ として，消費者の負担分が $P_D-P_0$ で，生産者の負担分が $P_0-P_S$ となる。生産者は税を 100％消費者に転嫁することができず，生産者と消費者が従量税の一部をそれぞれ負担することになる。

いまの例では生産者が課税されることとしたが，消費者が課税される場合も同様に考えることができる（図 6-7）。今度は，縦軸を生産者の受取価格とする。このとき，生産者が受け取る価格は課税の前後で変わらないから，供給曲線は変化しない。一方で，消費者は課税分だけ多く支払わなければならないから，ある需要量で受け入れられる税抜きの価格がその分だけ低くな

---

2　生産者価格と生産量の関係を表す供給曲線がシフトするわけではないことに注意されたい。

96　第 6 講　租税の基礎理論

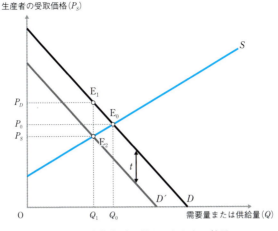

図 6-7　消費者が課税されたときの効果

り，生産者価格と需要量の関係を表す需要曲線は下方に $t$ だけシフトする[3]。新たな均衡点は $E_2$ 点になり，やはり生産者の受取価格が $P_S$，（税込みの）消費者の支払価格が $P_D$，財の生産量が $Q_1$ となる。

このように，生産者が課税されても消費者が課税されても，従量税の効果は同じである。2つの課税において，課税後に実現する取引量は同じであり，消費者価格と生産者価格も同じである。これは，従価税についてもいえる。重要なことは，生産者と消費者のどちらに課税するかではなく，課税によって消費者の支払価格と生産者の受取価格がどれくらい乖離するかである。課税後の取引量は，結局は生産者と消費者のいずれに課税されたかといった問題とは無関係に，課税前の需要曲線と供給曲線の下で生産者価格と消費者価格がちょうど税金分だけ乖離する場合の取引量になる。結局は，図 6-8 のように，需要曲線または供給曲線のシフトを考えることなく，課税後の取引量は消費者価格が生産者価格を $t$ だけ上回る $Q_1$ に決まる。

---

3　消費者価格と需要量の関係を表す需要曲線がシフトするわけではないことに注意されたい。

## 6.5 超過負担

では,課税によってどれくらいの社会的損失が生じるであろうか。それは,課税前後の社会的厚生の変化,すなわち消費者余剰と生産者余剰の合計の変化として計測される。需要曲線は,消費者がある需要量の下で支払ってもよいと思う価格を表すから,その価格と実際の価格が異なれば,両者の差だけ消費者は得をすることになる。これを(両価格が一致する)需要量まで合計したものが消費者余剰である。図 6-8 では,課税前の消費者余剰は需要曲線と価格線,及び縦軸に囲まれた三角形 HEB になる。

同様に,生産者はある生産量に関して,実際の価格から限界費用を引いた分だけ儲かる。これを「価格=限界費用」が成立する生産量まで合計したものが生産者余剰である。図 6-8 では,課税前の生産者余剰は供給曲線と価格線,及び縦軸に囲まれた三角形 BEI で表される。社会的余剰は,消費者余剰と生産者余剰を合わせた三角形 HEI である。

課税後は,消費者の支払価格が線分 OB から線分 OA に,生産者の受取価

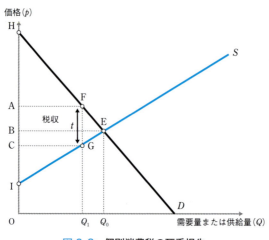

図 6-8　個別消費税の死重損失

格が線分 OB から線分 OC にそれぞれ変化するため，消費者余剰が三角形 HFA，生産者余剰が三角形 CGI にそれぞれ縮小する。消費者余剰と生産者余剰に税収（長方形 AFGC）を加えたものが，課税後の社会的余剰である。税収は，政府が消費者のために使う，例えばそのまま消費者に一括還付することができるから，税収は社会的余剰に含まれる。課税後の社会的余剰は台形 HFGI となり，これは課税前の社会的余剰である三角形 HEI と比べると，三角形 FEG だけ小さい。この三角形 FEG が課税による死重損失（dead weight loss，DWL）である。これは，課税の超過負担（excess burden）とも呼ばれる。

　課税によって死重損失が発生するのは，消費者の支払価格が OA に引き上げられ，生産者の受取価格が OC に引き下げられることにより，課税がなければその間の価格帯で成立したであろう取引が市場から消えてしまうからである。市場取引が排除された分だけ，社会的な損失が発生する。物品税を課して，その税収を何にも使わず国民全員に均等に分配するという一見何も効果のないような政策を行ったとしても，課税によって資源配分が歪められ，国民は超過負担を甘受しなければならない。

　税の中には，資源配分に歪みをもたらさない税もある。このような税は一括税（lump-sum taxes）と呼ばれる。例えば，所得や資産に関係なく，全ての人に対して同額を課す人頭税は一括税である。全ての人がただ存在しているだけで一律に課税されるため，納税者はそこから逃げることができず，それゆえに資源配分に歪みが生じない。人頭税は，長い歴史の中でしばしば用いられてきたものの，それは人々の所得を無視した逆進税であるため，現在では納税者の支持を得ることが難しい。もし政府が納税者の能力を見透すことができれば，能力に応じた累進的な一括税を課すこともできるが，そのような税は現実には実施できない。よって，納税者が納得できる一括税の実施は一般的には困難と考えられる。

6.5　超過負担　　99

## 6.6 所得課税と消費課税の違い----------------

　次に，課税ベースに着目した議論を行う。税制は，所得を課税ベースにするもの（Income Tax）と消費を課税ベースにするもの（Consumption Tax）に大きく分けられる。ここでは，断りのない限り，所得を課税ベースとする税制を所得課税（または包括的所得税）と呼び，消費を課税ベースとする税制を消費課税と呼ぶ。所得課税と消費課税は，図6-1 に記載されているような実際の税目名である「所得税」や「消費税」とは異なり，また表面上の課税ベースを基準とした税目分類とも異なることに注意されたい。

　所得課税では，あらゆる所得は合算されて課税するのが望ましいとされている。所得が公平の基準とされる所得課税では，異なる種類の所得であっても同額の所得は同額の税を負担すべきと考えられる。一定期間で得られた所得は，その期間に消費されるか，または貯蓄に回されるはずだから，(6.3)式が成り立つ。

$$W + R = C + S \tag{6.3}$$

　ここで，$W$は労働所得，$R$は資本所得，$C$は消費，$S$は貯蓄である。所得課税は，所得が労働所得であれ資本所得であれ合算して課税するのが原則であるから，課税ベースは$W + R$である。これは，(6.3)式より，$C + S$が課税ベースであることを意味する。つまり，所得課税は消費と貯蓄を課税ベースとする直接税と考えられる。

　所得課税の伝統的な課税ベースは，包括的所得税として知られるヘイグ゠サイモンズ（Haig-Simons）の所得である。ヘイグ゠サイモンズの定義では，所得課税の課税ベースは一定期間において発生した所得として把握され，消費として利用可能な所得に加えて資産価値の上昇も所得に含まれる。つまり，$Y$を所得，$Z$を資産とすれば，所得が(6.4)式のように表される。

$$Y = C + \Delta Z \tag{6.4}$$

　(6.4)式の$C$には，持家の帰属家賃，農家の自家消費，会社からの現物支

100　第6講　租税の基礎理論

給（フリンジ・ベネフィット）も含まれる。持家の場合、実際にはその居住
サービス消費に対する家賃は発生しないが、貸家の場合と同様に居住サービ
スに対する対価として家賃が計算される。農家は、自家栽培の農作物の一部
を自家消費するであろうが、それは本来市場を通じて購入すべきものである
から、これも消費としてカウントされる。会社から現物支給も、現金支給に
よりその現物を購入することと同じであるから、消費として扱われる。

　また、(6.4) 式の$\Delta Z$には株式などの金融資産や土地などの実物資産に関
する未実現のキャピタル・ゲイン（値上がり益）が含まれる。実際にキャピ
タル・ゲインを得ていようがいまいが、保有資産価格の上昇は潜在的な所得
とみなされ、課税の対象になる。例えば、ある人が老後に備えた資産形成と
して株式や国債の長期運用を行っている場合、それら資産の価格が上昇する
たびに所得が変動し、所得税が課せられることになる。包括的所得税では、
こうした扱いが公平性の観点から望ましいとされる。しかし、実現していな
いキャピタル・ゲインに対する課税は、納税者に現金が発生していないこと
から納税が困難であり、課税当局は徴税に関する大きな問題に直面する。こ
の点は、包括的所得税の大きな欠点である。

　これに対して、消費課税は消費に対してのみ課税するものである。再び
(6.3) 式を利用すれば、$C$に課税することは$W+R-S$に課税することに等
しい。このため、消費課税は貯蓄には課税しない課税方法である。消費課税
の利点の一つは、貯蓄が課税されないため、所得課税のような貯蓄に対する
課税の技術的な問題から解放されることである。また、消費課税は貯蓄に対
する課税がないことから資本蓄積に対して所得課税よりも有利であり、その
意味で経済成長促進的な課税といえる。

　所得課税と消費課税のどちらが望ましいかを考えるにあたっては、基本的
な問題として、どちらがより公平な課税であるかを考える必要がある。所得
に課税すべきか、それとも消費に課税すべきかという問題には膨大な議論が
あり、古くはホッブズ（T. Hobbes）まで遡り、ミル（J. S. Mill）、マーシャル
（A. Marshall）、ピグー（A. C. Pigou）などの議論を得て現在まで続いている[4]。

---

4　詳しい内容は、宮本・鶴田・諸富（2014）を参照されたい。また、貝塚（2009）の第9章が
　所得課税と消費課税の問題を簡潔に説明しており、大変参考になる。

重要な点に絞って述べれば，所得と消費のどちらが個人の税負担能力を適切に表すかという点を考える際に大切になるのは，対象とする期間をどう設定するかである。1年程度の短期においては，消費よりも所得の方が個人の経済力を測る包括的な指標になるとの見方が多い。所得課税では，あらゆる所得が把握され，それに対して累進税率が課されることが多いため，垂直的公平性の観点からみて望ましい課税が実現される。

　一方で，長期間をとって考えると，個人の経済力を表すものとして，所得よりも消費が適切であるとの意見が多い。長期間をとって考えるということは，個人の経済力を長期的に平均化して捉えるということでもある。ミルトン・フリードマン（M. Friedman）は，1950年代に所得を恒常所得と一時所得に分け，消費水準を決めるのは恒常所得であるとの議論を展開したが，消費課税では公平性の基準として一時所得ではなく恒常所得が望ましいとの見方がとられる。ミード報告（1978）は，望ましい所得の定義を「将来無限に同じ消費水準の維持を可能にするような資産を保持するという条件の下での達成可能な消費額」[5]とした。しかし，税務当局が将来の消費を含めて長期的な平均消費を客観的に把握することは不可能であるから，消費課税ではその近似として現実の消費が公平な課税ベースとして利用される。

　貯蓄に対する課税によって長期的な公平性が確保されないのは，次のような簡単な例からも理解できる。能力が同じ双子の兄弟がいるとして，「アリとキリギリス」の話のように，弟は倹約家で地道にコツコツと貯蓄に励み，兄は浪費家であるものとする。このとき，所得課税では貯蓄から得られた所得が課税されるため，より多くの貯蓄を行う倹約家の弟は生涯ベースでみれば浪費家の兄と比べて税制上不利を被る。これに対して，消費課税であれば，兄も弟も生涯において消費された額に応じて比例的に課税されるため，長期にみて水平的公平性の観点から望ましい課税となる。

　ただし，この前提となるのが「生涯所得＝生涯消費」の関係が成り立つことである。個人によって受け取る遺産額が異なると，「生涯所得＝生涯消費」という関係が崩れるため，消費課税によって水平的公平性が保たれると

---

5　ミード報告（1978）の p.31（貝塚（2009）p.194 の日本語訳）参照。

はいえない。消費課税の正当性を高めるためには，遺産・相続に対する厳しい課税が必要になる。

## 6.7　所得課税と消費課税の等価性

　最後に，所得課税と消費課税の等価性について考えよう。貯蓄に対する課税の意味を考えるため，個人が2期間生きるモデルを想定する。第1期を若年期，第2期を老年期とし，$W_i$ $(i=1,2)$ を所得，$C_i$ $(i=1,2)$ を消費，$S$ を貯蓄，$r$ を利子率とする。このとき，第1期と第2期の所得・消費はそれぞれ (6.5) 式，(6.6) 式のように表される。

$$第1期：C_1 + S = W_1 \tag{6.5}$$
$$第2期：C_2 = W_2 + (1+r)S \tag{6.6}$$

　(6.5) 式と (6.6) 式より $S$ を消去すると，通時的な予算制約 (6.7) 式が得られる。

$$C_1 + \frac{C_2}{1+r} = W_1 + \frac{W_2}{1+r} \tag{6.7}$$

　ここで，労働所得税を導入すると，第1期と第2期の所得・消費は，$\tau$ を労働所得税率としてそれぞれ (6.8) 式，(6.9) 式のように表される。

$$第1期：C_1 + S = (1-\tau)W_1 \tag{6.8}$$
$$第2期：C_2 = (1-\tau)W_2 + (1+r)S \tag{6.9}$$

通時的な予算制約式は (6.10) 式となる。

$$C_1 + \frac{C_2}{1+r} = (1-\tau)\left(W_1 + \frac{W_2}{1+r}\right) \tag{6.10}$$

　ここで，$1+t = 1/(1-\tau)$ とすれば，(6.10) 式から (6.11) 式のような消費税を作り出すことができる。

$$(1+t)\left(C_1 + \frac{C_2}{1+r}\right) = W_1 + \frac{W_2}{1+r} \tag{6.11}$$

6.7　所得課税と消費課税の等価性　　103

つまり，税率 $t$ の消費税は税率 $\tau$ の労働所得税と現在価値ベースでみて等価である。消費税は，労働所得税と同様に，第2期消費の価格を歪めることはない。消費税と労働所得税が等価であるから，労働所得税の課税ベースは消費であるといえる。

これに対して，包括的所得税では資本所得も労働所得も区別されることなく一律に課税される。このため，包括的所得税では第2期の予算制約式は（6.9）式ではなく，（6.12）式のように表される。

$$第2期：C_2 = (1-\tau)W_2 + [1+(1-\tau)r]S \qquad (6.12)$$

第2期の課税ベースは，労働所得税と比べると，資本所得が課税される分だけ広くなる。このとき，（6.8）式と（6.12）式より次式が得られる。

$$C_1 + \frac{C_2}{1+(1-\tau)r} = (1-\tau)\left[W_1 + \frac{W_2}{1+(1-\tau)r}\right] \qquad (6.13)$$

包括的所得税では，第2期の割引率が歪められる点が労働所得税と異なる。包括的所得税と等価な消費税は，期間によって税率を変えない限り，作ることができない。つまり，包括的所得税と消費税は等価ではなく，包括的所得税の課税ベースは消費ではない。

## ■ Active Learning

《重要事項のチェック》・・・・・・・・・・・・・・・・・・・・・・・・・・・・・・・・・・・・・・・・・・・・・・・・
□租税の3原則（公平・簡素・中立）　□応能原則　□応益原則　□水平的公平性　□垂直的公平性　□限界税率　□平均税率　□累進税　□比例税　□逆進税　□従量税　□従価税　□死重損失（超過負担）　□所得課税と消費課税

《調べてみよう》・・・・・・・・・・・・・・・・・・・・・・・・・・・・・・・・・・・・・・・・・・・・・・・・・・・・・・・
　[1]　国税，地方税の税目について詳しく調べてみよう。
　[2]　これまでの税収（一般会計）の推移を調べてみよう。
　[3]　OECD諸国の税収構成比を調べてみよう。

《Exercises》·······················································································

[1] 税額が $T = 0.2Y - 20$ で表されるとき，$Y = 500$ における限界税率と平均税率を求めよ。また，この税は累進税，比例税，逆進税のいずれであるか。

[2] 物品税が課されると，死重損失が生じる。この理由を述べよ。

[3] 一括税とはどのような税のことか。また，一括税の具体例をあげよ。

[4] 所得課税と消費課税の長所と短所をそれぞれ述べよ。

### 文 献 紹 介

- 石　弘光（2008）『現代税制改革史——終戦からバブル崩壊まで』東洋経済新報社

- 貝塚啓明（2009）『財政学［第3版］』東京大学出版会

- 宮本憲一・鶴田廣巳・諸富　徹（2014）『現代租税の理論と思想』有斐閣

# 第7講
## 労働所得税

■本講は，日本の所得税の仕組みを概観した後，労働所得税が経済に及ぼす影響を考える。

## 7.1 労働所得税の仕組み------------------------

### ■ 所得税の仕組み

シャウプ勧告を踏まえて創設された日本の所得税は，種類の異なる所得を全て合算し，これに対して累進税率を適用する総合課税が基本となっている[1]。所得は，給与所得，利子所得，配当所得，事業所得，不動産所得，一時所得，雑所得など10種類に分類されており，これら所得は収入から必要経費等を除いて計算される（図7-1）。

ただし，収入の種類によって，必要経費の算出方法は異なっている。自営業者は収入を得るための必要経費として認められるのは，実際にかかった額である。事業収入や不動産収入についても必要経費として実額が計上される。これに対して，サラリーマンの場合は必要経費が概算で計算される[2]。サラリーマンは給与収入を得るが，この給与収入に対しては給与所得控除という形で収入の一定割合が必要経費として認められる。給与所得控除は，過去に拡大されてきた経緯があり，サラリーマンが実際に支出する経費よりもかなり大きくなっている。このため，所得税改革の中で給与所得控除を縮小して

---

1 　所得税の課税ベースには資本所得（利子・配当・譲渡益）も含まれるが，資本所得税の詳細は第8講で述べる。
2 　経費が一定額を超える場合には，経費の実額控除を選択することもできる（特定支出控除）。

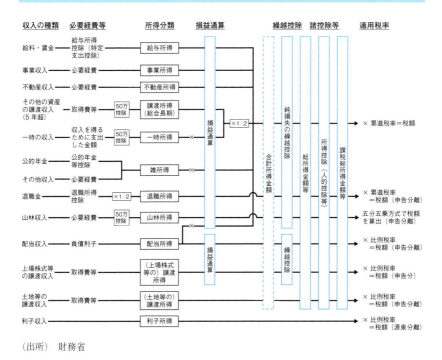

図 7-1　所得税の計算

いくべきとの意見がある。そのほか，利子収入に対しては必要経費が認められず，配当収入に対しては負債利子が必要経費として認められる。株式や土地の譲渡収入に対してはそれらの取得費用等が必要経費となる。

　10種類の所得の多くは，損益通算が可能である。このため，所得が負になるものがあれば，それが正の所得と損益通算され，正の所得のみを足し合わせたものよりも合計所得は小さくなる。ただし，資本所得については分離課税が多く，利子所得は完全に合算対象から外されている。株式投資から得られる所得は部分的に損益通算が認められており，上場株式等については配当所得と譲渡損益を合算することができる。

7.1　労働所得税の仕組み　　107

## ■ 所 得 控 除

合算された所得から所得控除を差し引くことで，課税所得が計算される。所得控除は，基礎控除，配偶者控除，配偶者特別控除，扶養控除などの人的控除と，社会保険料控除などのその他の控除に分けられる。

基礎控除は，健康で文化的な最低限度の生活を送るために設けられている控除であり，納税者全員に対して一律38万円が適用される。配偶者控除は，配偶者が専業主婦（または主夫）である場合に適用される控除である。配偶者控除は，配偶者に対する基礎控除に相当するものであるから，長い間基礎控除と同額とされてきた。

しかし，配偶者控除については，専業主婦がパート労働を行う際に直面する「103万円の壁」がしばしば問題とされてきた。「103万円の壁」とは，103万円を超えるとパート労働者が配偶者の配偶者控除の対象から外れてしまうため，意図的に給与収入が103万円以下になるように労働時間を抑制してしまうという問題である。

専業主婦が短時間労働を行う場合，その給与収入に対しては65万円の給与所得控除が認められ，収入がそれを超えると課税所得が発生する。しかし，給与収入が65万円を超えても，人的控除として38万円の基礎控除が認められるため，専業主婦は課税されない。加えて，その夫には38万円の配偶者控除（または配偶者の所得に応じた配偶者特別控除）が認められるため，専業主婦の収入が65〜141万円のときには家計全体でみれば夫と専業主婦で二重の控除が受けられる（図7-2）。

専業主婦の収入が103万円を超えると，専業主婦は扶養者としての地位を失い，その夫には配偶者控除が適用されなくなり，夫の納税額が増える。かつては，専業主婦の収入が103万円を超えたところで夫の配偶者控除が全額使えなくなり，家計全体で所得の逆転現象が生じていたため，専業主婦は収入を増やすことをためらう傾向があった。これへの対応として，1987年に配偶者特別控除が設けられ，専業主婦の収入が103万円を超えても，配偶者に関わる控除が一気にゼロになることはなくなった。これで，税制上の所得の逆転現象は解消した。

しかし，近年税制上の問題が解決されてもなお「103万円の壁」が存在し

108　第7講　労働所得税

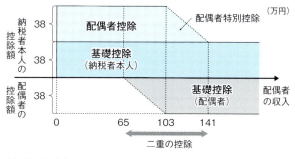

(出所) 財務省

図 7-2　103 万円前後の人的控除の変化

ているとして，配偶者控除の改革が求められるようになった。民間企業では配偶者手当の支払基準として配偶者の収入 103 万円を基準にしている企業が多く，それによって「103 万円の壁」を作り出されていることが問題になった。そこで，平成 29 年度税制改正では 103 万円という水準が民間企業の配偶者手当の基準にされることを避けるため，配偶者特別控除制度を改正して 103 万円という基準自体の解消が図られた。具体的には，専業主婦の収入が 103〜150 万円のときは配偶者特別控除を全額用いることができるようになった（図 7-3）。これによって「103 万円の壁」が実質的に 150 万円まで引き上げられた。150 万円という基準は，多くのパート労働者の年収を超えない水準であるため，パート労働者が労働供給を調整する必要がなくなると説明されている。

　税制が作る「壁」に似たものとして，社会保障制度が作る別の壁もある。パート労働者は，130 万円を超えると社会保険料が課されるようになり，これによって 130 万円を少しばかり上回る収入では逆に手取りが減る「所得の逆転現象」が生じている。つまり，社会保険料に関しては，主婦の労働供給における制度上の「130 万円の壁」が実際に存在しており，配偶者控除よりもその弊害が大きい。この問題は，税制と社会保障制度を一体的に捉えて改革することが重要であることを示す一例である。

7.1　労働所得税の仕組み　　109

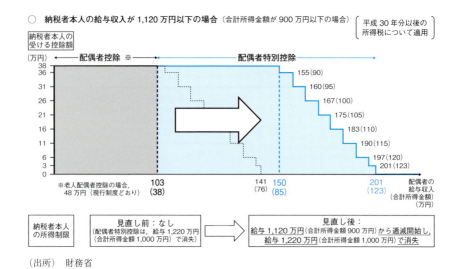

(出所) 財務省

図 7-3 平成 29 年度税制改革における「103 万円の壁」への対応

(出所) 財務省

図 7-4 課税所得の計算

　それでは，各種控除を用いて，納税者の課税所得がどのように計算されるかをみてみよう。専業主婦のいる夫婦子 2 人の世帯（子どものうち 1 人が一般扶養親族，もう 1 人が特定扶養親族とする）を例にとると，夫の給与収入が 700 万円の場合，所得計算上の控除として給与所得控除 190 万円が認められ，社会保険料控除として社会保険料相当額の 105 万円が控除される。これに基礎控除などの人的控除が差し引かれるから，課税所得は 228 万円になる（図

7-4）。配偶者の収入が大きい場合には配偶者控除は使えず，子どもの数が変われば扶養控除の額も変わる。この例では，夫婦子2人の専業主婦世帯で，かつ子どものうち1人が特定扶養控除の対象となる場合が想定されているため，収入に対する控除の割合が他の多くの世帯と比べて大きいかもしれない。しかし，各世帯において状況が異なるにせよ，給与所得控除や社会保険料控除などを含む各種控除によって，課税所得が給与収入と比べるとかなり小さくなることは，モデル世帯を対象にした計算からも十分に理解することができよう。

### ■ 税 額 控 除

　現行の所得控除制度は，公平性の点から問題が指摘されることが多い。それは，所得控除では税率の高い人ほど控除される税額が大きくなるため，富裕層が優遇されることである。「税額＝（所得－所得控除）×税率－税額控除」であるから，所得控除の価値はその額に税率をかけたものになる。例えば，同じ38万円の人的控除が設けられているとしても，減税効果は税率10%の人が3.8万円であるのに対して，税率40%の人は15.2万円にも上る。

　一旦計算された税額から控除額そのものを差し引く税額控除は，所得控除と同じように税額を小さくする効果をもつが，所得控除とは違って富裕層を優遇することはない。例えば，3.8万の税額控除が設けられると，所得に関係なく3.8万円だけ税額が差し引かれるため，減税効果が皆同じになる。このため，基礎控除や配偶者控除といった人的控除を税額控除化すべきとの意見も根強い。

　また，貧困対策として，所得税に対して給付付き税額控除を導入することもしばしば提案される。給付付き税額控除とは，所得がある一定水準を下回る場合，税が還付される制度である。現在の日本の所得税では，各種控除を差し引いて課税所得が負になった場合でも，税額はゼロである。税額がゼロになる収入は課税最低限と呼ばれるが，現行の制度では収入が課税最低限を下回る人の課税額は一律にゼロであり，課税最低限をどれだけ下回っているかが税額には反映されない。言い換えれば，課税最低限を下回る人々に対する税制上の支援はない。

7.1　労働所得税の仕組み　　111

もし課税最低限を下回った分だけ税を還付すれば，所得税の再分配機能をより高めることができる。給付付き税額控除のように，ある一定の所得を下回る人に対して税を還付するというやり方は，負の所得税と呼ばれる考え方に由来する。負の所得税の考え方を用いれば，ワーキング・プアーと呼ばれる極端に低い所得しか得ていない貧困労働者に対して税制面から支援することができる。給付付き税額控除は負の所得税の応用であり，英米などでは給付付き税額控除が実際に導入されている。例えば，米国では低所得者に対して勤労税額控除（Earned Income Tax Credit, EITC）という名称の給付付き税額控除が用いられている。ただし，EITC は負の所得税の考え方に従って税を給付するだけでなく，負の所得税の欠点を補うような制度設計がなされている。負の所得税は，所得がゼロのときに給付が最大で，所得が増えるとその分だけ給付が減少する仕組みのため，労働インセンティヴが阻害されるという欠点をもつ。EITC では，こうした労働供給に対する悪影響を小さくするために，一定の所得までは所得が増えても給付が減らない（むしろ当初は所得増加によって給付が増える）設計がなされている。

## ■ 税 率 構 造

課税所得が計算されると，それに対して累進税率が適用されて所得税額が決まる。累進税率は，課税所得をいくつかの階級（ブラケット）に分けて，各ブラケットを超える部分に対してのみ適用される。日本の所得税における税率の推移は表 7-1 のようになっているが，課税所得が 340 万円の人の税額は「195 万円×5％＋（330－195）万円×10％＋（340－330）万円×20％＝25.25 万円」のように計算される。

もし，超過分のみに累進税率が課せられる（超過累進税率）のではなく，課税所得そのものに累進税率が課される（単純累進税率）のであれば，所得の逆転現象が生じてしまう。例えば，課税所得が 340 万円のときは税額が340 万円×20％＝68 万円となるのに対して，課税所得が 320 万円のときは税額が 320 万円×10％＝32 万円となってしまい，課税所得が 340 万円の方が手取り額が小さくなってしまう。

所得税の累進税率の推移をみると，過去にはブラケットの数が多く，最高

表 7-1　日本の所得税の累進税率

| | 昭和 (%) | | | | 平成 (%(万円)) | | | | |
|---|---|---|---|---|---|---|---|---|---|
| | 49年 | 59年 | 62年 | 63年 | 元年 | 7年 | 11年 | 19年 | 27年 |
| 税　率 | 10 | 10.5 | 10.5 | 10 | 10(～ 300) | 10(～ 330) | 10(～ 330) | 5(～ 195) | 5(～ 195) |
| | 12 | 12 | 12 | 20 | 20(～ 600) | 20(～ 900) | 20(～ 900) | 10(～ 330) | 10(～ 330) |
| | 14 | 14 | 16 | 30 | 30(～1,000) | 30(～1,800) | 30(～1,800) | 20(～ 695) | 20(～ 695) |
| | 16 | 17 | 20 | 40 | 40(～2,000) | 40(～3,000) | 37(1,800～) | 23(～ 900) | 23(～ 900) |
| | 18 | 21 | 25 | 50 | 50(2,000～) | 50(3,000～) | | 33(～1,800) | 33(～1,800) |
| | 21 | 25 | 30 | 60 | | | | 40(1,800～) | 40(～4,000) |
| | 24 | 30 | 35 | | | | | | 45(4,000～) |
| | 27 | 35 | 40 | | | | | | |
| | 30 | 40 | 45 | | | | | | |
| | 34 | 45 | 50 | | | | | | |
| | 38 | 50 | 55 | | | | | | |
| | 42 | 55 | 60 | | | | | | |
| | 46 | 60 | | | | | | | |
| | 50 | 65 | | | | | | | |
| | 55 | 70 | | | | | | | |
| | 60 | | | | | | | | |
| | 65 | | | | | | | | |
| | 70 | | | | | | | | |
| | 75 | | | | | | | | |
| 住民税の最高税率 | 18% | 18% | 18% | 16% | 15% | 15% | 13% | 10% | 10% |
| 住民税と合わせた最高税率 | 93% | 88% | 78% | 76% | 65% | 65% | 50% | 50% | 55% |
| 税率の刻み数 | 19 | 15 | 12 | 6 | 5 | 5 | 4 | 6 | 7 |

（注）　昭和 49 年及び 59 年については賦課制限がある。
（出所）　財務省

税率が 75％ にも達していたが，ブラケットの数は減らされ，最高税率は長期的に引き下げられてきた。ブラケットの数が減らされてきた理由の一つは，インフレによるブラケット・クリープの回避である。課税は，名目所得に対して行われるため，インフレが生じると実質所得が変わらなくても適用税率が上昇する。このようなブラケット・クリープを避けるためには，物価調整減税を行わなければならないが，ブラケットの数自体が減少すれば，ブラケット・クリープが起こりにくい。

　最高税率が引き下げられてきた背景には，1980 年代以降に過度に累進的な所得税は人々の勤労意欲を減退させ，経済活動に負の影響を及ぼすとの考え方が世界的に広がったことがある。日本では，所得税の最高税率が 1974

年には75％であったが，1999年には37％まで低下した。こうした最高税率の引下げは，日本のみならず世界各国で生じた。

ただし，近年はこうした傾向に巻き返しの動きがみられる。トマ・ピケティ（T. Piketty）が『21世紀の資本』（2014年）で明らかにしたように，先進国の所得不平等は，長期的にみると第二次世界大戦前から縮小を続けたものの，1980年代以降にはいくつかの国では顕著に拡大した。特に，米国における近年の所得不平等の拡大ペースは大きく，米国の所得不平等は今や1920年代と同じくらいにまで拡大している。こうしたことを背景に，近年各国では最高税率がやや引き上げられる傾向にある。日本でも，消費税率引上げによる逆進性への対応などから，2015年には所得税の最高税率が40％から45％に引き上げられた。

## 7.2 労働供給

### ■ 労働供給の決定モデル

次に，労働所得税が労働供給に及ぼす影響を考えたい。まず，個人の労働供給がどのように決まるかをみてみよう。労働市場では，個人は効用を最大化するように労働供給を決めると考えられる。1日のうち一定時間を労働に費やし，残りを余暇に充てるものとする。ミクロ経済学の議論では，余暇も財の一つとみなされ，財の消費量が増えれば効用が高まるのと同様に，余暇が増えれば効用が高まる。個人の効用は，消費を$C$，余暇を$l$として（7.1）式のように表される。

$$u(C, l) \tag{7.1}$$

1日24時間から睡眠など生存に不可欠な時間を除いて個人が自由に使える時間を$\overline{L}$，労働時間を$L$とすれば，次の関係が成り立つ。

$$l + L = \overline{L} \tag{7.2}$$

個人の予算制約は，消費が労働所得の範囲内で行われることである。最適

点で個人は所得を全て使い切るであろうから，予算制約式を等号で表せば，

$$PC = wL \tag{7.3}$$

となる。ここで，$P$ は価格，$w$ は時間当たり賃金を表す。(7.2) 式と (7.3) 式から $L$ を消去すると，

$$PC + wl = w\overline{L} \tag{7.4}$$

が得られる。個人の最適化問題は，(7.4) 式の制約の下で，(7.1) 式を最大化するように消費と余暇（労働供給）を決めることである。

　この様子は，図 7-5 のように横軸を余暇，縦軸を消費としたグラフで表される。余暇の最大値は $\overline{L}$ であり，予算線は $(\overline{L},\ 0)$ を通る。全ての時間を余暇に費やすと労働所得がゼロになるから，消費がゼロになる。余暇を減らすと，その分だけ予算線に沿って消費を増やすことができる。

　余暇と消費に関する無差別曲線は，原点に対して凸に描かれる。そして，余暇と消費に関する無差別曲線と予算線が接するところで，最適な余暇（すなわち労働供給）と消費が決まる。最適化条件「限界効用比＝価格比」より，(7.5) 式が得られる。

$$\frac{u_l}{u_c} = \frac{w}{P} \tag{7.5}$$

　(7.5) 式は，余暇を 1 単位増やすときに諦めなければならない消費量（余暇の限界代替率）が実質賃金（機会費用）に等しいことを示している。(7.5) 式は「$u_l/w = u_c/P$」と書き直すことができるが，これは 1 円当たりの余暇の限界効用（＝1 円稼ぐために必要な労働の限界不効用）が 1 円当たりの消費から得られる消費の限界効用に等しくなることを示している。

　図 7-5 において，予算線の傾きは賃金だから，賃金が上昇するとそれに伴って最適な余暇が変化する。賃金上昇の余暇への影響は，代替効果と所得効果に分解される。代替効果とは，余暇の相対価格（$w$）が上昇することにより，財価格が相対的に安くなることから，余暇を減らして消費を増やす効果であり，余暇に対して負の効果をもつ。所得効果とは，賃金が上昇することで所得が増加し，それが余暇を変化させる効果である。余暇が正常財であ

7.2　労働供給　　115

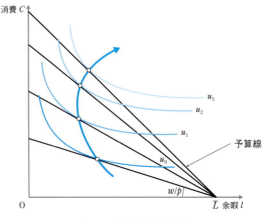

図 7-5 労働供給の決定

ると仮定すれば，余暇に対する所得効果は正となる[3]。

　ここで，余暇に対する所得効果については，所得を一定とした場合に余暇の価格上昇により実質所得が減少することによる効果（－）と賃金上昇により所得が増えることによる効果（＋）の合計であることに注意されたい。ミクロ経済学の初歩的な議論に登場する所得一定下の2財消費モデルでは，ある財の価格が上昇したときの当該財需要に対する所得効果は，実質所得が減少することによる効果（－）のみであるが，余暇と消費の選択モデルではこれに賃金が上昇することによって個人の所得が増加する効果が加えられる[4]。さらに，余暇と消費の選択モデルでは，賃金上昇により所得が増えることによる効果（＋）が賃金上昇により実質所得が減少することによる効果（－）を必ず上回るため，所得効果は全体として正になる。

　賃金が上昇したときの余暇に対する影響を考えると，代替効果が負，所得

---

[3] 賃金上昇の労働供給に対する効果でみれば，代替効果とは賃金上昇によって働かないことの機会費用が高まり，その結果労働供給を増やす効果である。また，所得効果とは賃金が上昇することで所得が増加し，裕福になったことで労働供給を減らす効果である。

[4] 余暇と消費の選択問題は，個人が当初2財をいくらか保有している留保需要ケースの一種である。留保需要ケースの分析については，山崎（2006）またはヴァリアン（2015）を参照されたい。

効果が正であるため，賃金が上昇したときに余暇がどのように変化するかは，代替効果と所得効果の相対的な大きさに依存する。一般に，賃金が低いときには代替効果が優勢であり，賃金上昇は余暇を減少させるが，賃金が十分に高くなると所得効果が優勢になり，賃金上昇が余暇を増加させる。賃金が低いときには，賃金上昇にもかかわらず働かないことの代償が大きいことから，労働供給を増やす効果が相対的に大きく，賃金が十分に高くなると，裕福になったことで労働供給を減らす効果が相対的に強くなるということである。

## 7.3　労働所得税による超過負担----------------

　先進国における男性の労働供給は賃金にあまり反応しないことが知られている。これは，我々の実感にも沿うものである。このため，一見すると労働所得税で資源配分を歪めることなく税収を確保できるように思える。しかし，その推論は正しくない。労働所得税は，労働市場において価格を歪めるため，やはり資源配分の効率性を妨げる。このことを労働所得税の超過負担の分析で示そう。

　図 7-6 は，労働所得税が余暇と消費の選択に及ぼす影響を表したものである。労働所得税がないとき，予算線が AA′ であるものとし，その場合に最適な消費と余暇は無差別曲線 $u_0$ と予算線 AA′ の接点 E となる。労働所得税が課されると，予算制約式が（7.4）式から（7.6）式に変化するため，図 7-6 において予算線が AA′ から AA″ に変化する。

$$PC + (1-t)\,wl = (1-t)\,w\overline{L} \tag{7.6}$$

　こうした余暇（または労働供給）に対する課税の影響は，所得効果と代替効果に分けられる。労働所得税によって実質的な所得が減少するから，消費も余暇も減少する。これが所得効果である（図 7-6 の E 点から F 点への変化）[5]。一方で，労働所得税によって余暇の相対価格が低下するから，消費を

---

5　これは，等価変分（Equivalent Variation）で表した場合の定義である。補償変分（Compensating Variation）を用いた別の定義も考えられる。

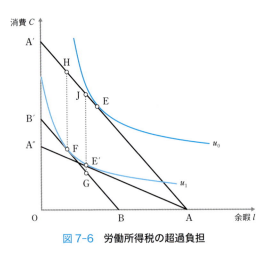

図7-6 労働所得税の超過負担

減らして余暇を増やすことが有利になる。これが代替効果である（図7-6のF点からE′点への変化）。代替効果は，課税によって相対価格が変化することの影響を表している。

　ここで注意すべきことは，課税の歪みは代替効果のみに関係することである。所得効果は，課税によって所得が減少することに伴う効果であるため，社会厚生を低下させるものではない。課税によって，消費者の効用は確かに減少するかもしれないが，一方で政府は税収を確保することができ，それを消費者のために使うことができる。つまり，所得効果は政府が必要な税収を上げるために最低限必要な費用であり，それ自体は消費者にとって問題にはならない。これに対して，代替効果は相対価格の変化に伴うものであるため，代替効果は消費者の超過負担となる。

　労働所得税の死重損失の大きさを測るために，相対価格を変化させない一括税を導入した場合を考え，労働所得税の場合と効果を比較しよう。図7-6では，労働所得税によって効用が $u_0$ から $u_1$ まで低下するので，効用が $u_1$ まで低下するような一括税を考えると，予算線はBB′のようになり，最適点はF点になる。そして，課税前の予算線と課税後の予算線の垂直距離である線分HFが一括税収になる。

労働所得税の場合は，均衡点 E′ から垂直に上昇して課税前の予算線との交点を求めると J 点になる。労働所得税収は，課税前の予算線 AA′ と課税後の予算線 AA″ の垂直距離として測られる。個人が全く働かないとき（A点）の労働所得税収はゼロであり，個人の労働時間が増えるにしたがって労働所得税収が増えていく。E′ 点に対応する労働所得税収は，線分 JE′ である。一方で，E′ 点に対応する一括税収は線分 JG（HF と同じ長さ）であるから，労働所得税の場合には線分 E′G だけ税収が少なくなる。これが労働所得税の死重損失である。

　仮に，いま図 7-6 において，課税後の最適点が E′ 点よりも少し右に位置し，ちょうど余暇が課税前後で変わらない（E 点と E′ 点の余暇の量が同じ）状況にあるとしよう。こうした状況は，労働所得税の余暇に対する所得効果と代替効果が，お互いを完全に相殺する場合に生じる。このとき注意すべきことは，この場合でも代替効果はゼロではないので，課税による死重損失が生じていることである。つまり，たとえ課税後に労働供給が変化しなかったとしても，課税は経済に歪みを発生させ，資源配分の効率性を妨げる。

# 7.4　累　進　税

　以上の議論は，税率が一律の比例税の場合である。累進税の場合も同様に議論することができる。最も簡単な累進税は，個人が一定額の移転を受けると同時に，所得に対して一定の税率がかけられる線形の累進税であり，税額 $T$ は次のように表される。

$$T = a + tY \tag{7.7}$$

　ここで，$a$ は移転額（負の一定値），$t$ は労働所得税率，$Y$ は所得である。

　(7.7) 式では，所得にかかわらず一定額の移転があるから，所得がなくても消費を行うことが可能である。所得が増加すると消費が増加するが，累進税では，一定額の所得移転がある分だけ，税収が同じ比例税よりも所得に対する限界税率を高く設定しなければならない。よって，累進税の予算線の傾

7.4　累進税　　119

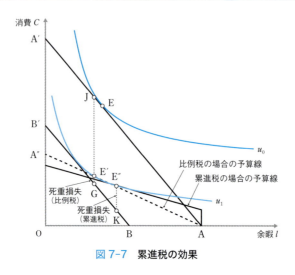

図 7-7 累進税の効果

きは比例税の場合よりも緩やかになる（図 7-7）。

　累進税の場合，最適点は E″ になり，その死重損失は線分 E″K になる。累進税の死重損失を比例税の死重損失（線分 E′G）と比べると，累進税の死重損失の方が大きい。さらに累進度を高めようとすれば，定額給付の増加と限界税率の引上げが必要になるから，死重損失がより大きくなる。一般に，累進税は比例税と比べて資源配分により大きな歪みをもたらす。

## 7.5　非線形労働所得税

　最後に，非線形の労働所得税を考える。非線形の労働所得税 $T(Y)$ とは，税額 $T$ と所得 $Y$ が非線形の関係で結び付けられる税であり，(7.7) 式のような線形の労働所得税とは異なり，各所得階層の限界税率が自由に設定される。非線形の労働所得税の分析は，線形の労働所得税よりも複雑であり，必ずしも明確な結論が得られないこともあるが，現実の所得税は非線形課税として設計されているため，その特徴を把握することは重要である。少なくとも，

非線形課税が線形課税とは異なる政策的含意をもっていることを理解し，現実の政策に対する洞察を深めることは有益である。

### ① 最適課税の考え方

政府が各所得階層の限界税率を設定するとき，垂直的公平性の観点からは，労働所得税は能力の高い人に高い税率を，能力の低い人に低い税率を課すというのが一つの考え方であろう。能力の違いは生産性の違いとして現れ，それが（時間当たり）賃金に反映されるから，能力の高い人とは要するに賃金が高い人のことである。

一般に，賃金の高い人は労働所得（＝賃金×労働時間）も高くなるので，累進的な所得税を課せば，能力の高い人に対してより高い税率を課すことができるはずである。確かに，政府が国民一人ひとりの能力の高さを把握しており，個人が課税されても行動を変えないのであれば，それは正しい。政府が個人の能力を観察できれば，個人の能力に応じて一括税・所得移転を行うことが可能であり，初期時点に一括税・所得移転を行えば，競争市場において再分配を考慮した均衡点を得ることができる（厚生経済学の第2定理）。これが，最善（ファースト・ベスト）の課税である。

しかし，実際には政府は個人の能力を観察できず，観察できるのは個人の労働所得（＝賃金×労働時間）だけである。このため，高い労働所得を得た人に対して高税率を課すと，能力の高い人が労働時間を減らして能力の低い人のふりをして，自ら低税率を選択する可能性がある。能力の高い人は，労働時間減らすことで少ない労働所得を実現することができるからである。政府と納税者の間に納税者の能力に関する情報の非対称性がある限り，納税者のこうした行動を排除することができないため，一般に労働所得に対する累進課税は最善（ファースト・ベスト）にはならない。

労働所得税は個人の労働供給を抑制してしまうため，政府は労働所得税の労働供給に対する悪影響を十分に考慮に入れた上で，労働所得に対する最適な課税を考える必要がある。つまり，政府は課税による超過負担が生じることを前提として，その超過負担をできるだけ小さくすることを考えるしかない。こうした税は，最善（ファースト・ベスト）な課税に対して，次善（セカンド・ベスト）の課税と呼ばれる。様々な状況の下で，次善の課税のあり方

を考えるのが最適課税の理論である。

## ②非線形の最適労働所得税

　最適労働所得税を考えるにあたっては，まず平均税率と限界税率を区別することが大切である。限界税率は，各所得階層における限界的な所得に対して適用される税率である。ある所得に対する税額を計算する際には，その所得までの各所得階層に対する限界税率がそれぞれ用いられ，各所得階層から計算される税額を合計して最終的な税額が計算される。平均税率は，その税額を所得で割ったものである。政府が各所得階層ごとに限界税率を自由に変えることができる点が，非線形累進税が線形累進税と異なる点である。

　非線形労働所得税の労働供給への影響をみる際には，限界税率が重要になる。ある所得階層で限界税率が引き上げられ，他の所得階層の限界税率は変化しないものとしよう。このとき，限界税率が引き上げられた所得階層よりも上の所得階層では，労働意欲が減退することなく税額が増加する。追加的な1単位の所得を得ようとする行動が抑制されるのは，所得がちょうど引き上げられる限界税率に直面している所得階層のみである。このため，ある所得階層における限界税率の引上げは，限界税率が引き上げられる所得階層よりも上に位置する納税者に対しては一括税となる。こうして得られる税収が，税率引上げの便益である。税収は増税の対象となる納税者数に大きく依存するため，税率引上げの便益を考える際には，納税者の所得分布を考慮する必要がある。

　一方で，限界税率の引上げによって，当該所得階層に属する人の勤労意欲が減退し，その分だけ税収が減少する。これが，税率引上げに伴う厚生損失である。限界税率の引上げがどの程度納税者の勤労意欲に悪影響を及ぼすかは，限界的な労働供給の税引き後所得に対する補償弾力性に依存する。同弾力性が小さいほど，限界税率の引上げの経済に対する悪影響は小さい。よって，同弾力性が小さい所得階層ほど限界税率を高く設定し，同弾力性が大きい所得階層ほど限界税率を低く設定するのが望ましいと考えられる。

　ある所得階層における限界税率の引上げは，税収増加という正の厚生をもたらす一方で，増税となる所得階層すなわち限界税率が引き上げられた所得階層よりも上に位置する納税者の厚生を引き下げる。これも，限界税率引上

げの厚生損失の一つである。こうした厚生損失の大きさは，政府が増税となる納税者の効用をどの程度重視しているか，すなわち政府が再分配機能をどの程度重視しているかに依存する。

　以上をまとめると，非線形労働所得税ではある所得階層での限界税率引上げは，社会厚生に対して直接的または税収を通じて間接的に，次の3つの効果をもたらすと考えられる。

① 限界税率が引き上げられる所得階層よりも上の所得階層からの税収が増える（社会厚生に対する正の効果）。
② 限界税率の引上げが当該所得階層の労働供給を減少させ，税収を減少させる（社会厚生に対する負の効果）。
③ 限界税率が引き上げられる所得階層以上の所得階層が増税となり，彼らの厚生が低下する（社会厚生に対する負の効果）。

　このように，非線形労働所得税の最適税率を決める上で重要な点は，ある所得階層の税率引上げによってどれだけの人が増税となるか，労働供給への悪影響がどの程度生じるか，政府がどれだけの再分配機能を追求するかである。つまり，最適な限界税率の水準や限界税率カーブの形状は，能力（または所得）分布，納税者の労働供給の弾力性，各所得階層の社会的厚生ウェイトに依存すると考えられる。

　以上の洞察から，次のようなこともわかる。再分配を重視する政府は，その政策を実施するために，より多くの税収を求めるであろうが，より多くの税収を得るためには，より多くの人から税収を確保しなければならない。この際，一部の高所得層に対して高税率を課しても，その対象者数が少なければ十分な税収を確保することはできないため，比較的低い所得水準から限界税率を引き上げて，（高所得者の低所得部分に対する課税から得られる税収を含めて）より多くの納税者を増税の対象に含めることが必要になる。このように，再分配を重視する政府の姿勢が，必ずしも税の累進性に直結するわけではないという点には注意を要する。

7.5　非線形労働所得税　　123

## ■ Active Learning

《重要事項のチェック》・・・・・・・・・・・・・・・・・・・・・・・・・・・・・・・・・・・・・・・・・・・・・・・・・・・・・・・・・・・・

　　□ 累進所得税　□ 所得控除　□ 税額控除　□ 人的控除（基礎控除，配偶者控除，扶養控除など）　□ 線形課税　□ 非線形課税　□ 最適課税

《調べてみよう》・・・・・・・・・・・・・・・・・・・・・・・・・・・・・・・・・・・・・・・・・・・・・・・・・・・・・・・・・・・・・・・

[1]　日本の個人所得税の税率表を基に，課税所得の増加に伴う税額の変化を調べてみよう。

[2]　日本の個人所得税において，配偶者控除と配偶者特別控除によって，納税者本人の控除額が配偶者の収入とともにどのように変化するかを調べてみよう。

[3]　日本の個人所得税の扶養控除について，対象年齢による控除額の違いを調べてみよう。

《Exercises》・・・・・・・・・・・・・・・・・・・・・・・・・・・・・・・・・・・・・・・・・・・・・・・・・・・・・・・・・・・・・・・・・

[1]　効用関数を $u(C, l)$（$C$：消費，$l$：余暇）とする。税がないときの労働供給の決定を，縦軸を消費，横軸を余暇として図示せよ。ただし，1日24時間全てを労働または余暇に使えるものとし，労働時間を $L$，価格を $P$，時間当たり賃金を $w$ とする。

[2]　労働所得税が課されると，労働供給にどのような影響が生じるか。所得効果と代替効果に分けて説明せよ。また，この様子を図示せよ。

[3]　労働所得税の課税前後で労働供給が変化しなかった。その場合，労働所得税が労働供給を歪めていないと考えられるか。

### 文 献 紹 介

- トマ・ピケティ（山形浩生・守岡　桜・森本正史訳）（2014）『21世紀の資本』みすず書房
- ハル・R・ヴァリアン（佐藤隆三訳）（2015）『入門ミクロ経済学［原著第9版］』勁草書房
- 山崎　昭（2006）『ミクロ経済学』知泉書館

# 第8講
# 資本所得税

■ 本講は，資本所得に対する課税のあり方を取り上げる。個人段階の資本所得税と法人段階の法人税が経済活動に対してどのような影響を及ぼすかを考える。

## 8.1 資本所得に対する課税方法

### ■ 資本所得に対する二段階の課税

個人は企業に資本を供給し，一方で報酬として利子，配当，キャピタル・ゲインを受け取る（図8-1）。個人が受け取る資本所得に対しては，法人段階で**法人税**が，個人段階で**資本所得税**が課される。このため，資本所得に対する課税の影響を捉えるためには，個人段階と法人段階を統合して考える必

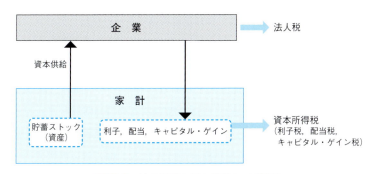

図8-1 法人段階と個人段階の二重課税

表 8-1　**主要各国の利子・配当・株式譲渡益課税**

| | 日　本 | 米　国 | 英　国 | ドイツ | フランス |
|---|---|---|---|---|---|
| **利子所得** | 源泉分離課税（国・地方で20％） | 総合課税（10〜39.6％）＋州・地方税 | 分離課税（0, 20, 40, 45％） | 分離課税（26.375％）総合課税も選択可 | 総合課税（15.5〜60.5％） |
| **配当所得** | 申告分離課税（同20％）または総合課税（同10〜55％） | 分離課税（0, 15, 20％）＋州・地方税 | 分離課税（10, 32.5, 37.5％） | 分離課税（26.375％）総合課税も選択可 | 総合課税（15.5〜60.5％） |
| **法人税との調整** | 総合課税の場合は配当控除（税額控除）が適用 | 調整なし | 部分的インピュテーション方式 | 調整なし | 配当所得一部控除方式 |
| **株式譲渡所得** | 申告分離課税（同20％） | 分離課税（0, 15, 20％）＋州・地方税 | 分離課税（18, 28％） | 分離課税（26.375％）総合課税も選択可 | 総合課税（15.5〜60.5％） |

（注）　2016 年 1 月現在。日本の配当所得は上場株式等の配当を想定。
（出所）　財務省資料より作成

要がある。一般に，法人税は企業の資本調達コストを上昇させて投資活動に悪影響を及ぼすが，統合ベースで考えると，個人段階の資本所得税もまた企業の資本調達コストに影響を及ぼす。資本所得に対する課税の企業行動への影響は，法人段階の課税と個人段階の課税の間でどのような調整が行われるかによっても変化する。

　資本所得に対する課税は，その種類によって異なる。諸外国をみると，個人段階では利子所得・配当所得・株式譲渡所得（キャピタル・ゲイン）に対する課税の仕方及び税率は様々である。日本の税制では，個人段階において利子所得・配当所得・株式譲渡所得に対して全て 20％の分離課税が行われている（表 8-1）。ただし，課税方法をみると，利子所得が源泉分離課税であるのに対して，上場株式等の配当所得の場合には申告分離課税または総合課税の選択制となっている。配当所得については，総合課税を選択した場合には「配当控除」と呼ばれる税額控除が受けられる。株式譲渡所得については，申告分離課税が採用されている。

　一方で，法人段階では法人税が課せられるが，通常の法人税では企業が投

表 8-2　資金調達方法別の税引き後所得

| | 法人段階 | 個人段階 | 法人段階と個人段階の統合 |
|---|---|---|---|
| 株式調達（古典方式） | $1-t_c$ | $1-t_p$ | $(1-t_c)(1-t_p)$ |
| 負債調達 | 1 | $1-t_p$ | $1-t_p$ |
| 内部留保 | $1-t_c$ | $1-t_p$ | $(1-t_c)(1-t_p)$ |

（注）　法人所得 1 に対する税引き後所得。$t_c$ は法人税率，$t_p$ は個人所得税率を表す。

資資金を負債で調達した場合と株式で調達した場合では課税の仕方が異なる。負債調達の場合には，支払利子が控除されるため法人税がかからないが，株式調達の場合には法人税がかかる。よって，個人・法人段階の統合でみると，負債調達の場合には個人段階の利子所得税のみであるのに対して，株式調達の場合には法人・個人の両段階で二重に課税される。株式調達の場合には，個人段階と法人段階の間で何らかの調整がなされない限り，たとえ個人段階の利子所得税率と配当税率を同じに揃えたとしても，株式調達が負債調達よりも税制上不利になる。

　一般に，法人段階と個人段階の間で何ら調整が行われない方式を古典（クラシカル）方式という。法人税率を $t_c$，資本所得に対する一律の個人所得税率を $t_p$ とすれば，古典方式では 1 円の法人所得に対して法人税引き後所得が $(1-t_c)$ となり，そこから行われる配当が個人段階で再び課税されるから，最終的な手取り額は $(1-t_c)(1-t_p)$ になる（表 8-2）。負債調達の場合は，個人段階でのみ課税されるから，統合ベースの税引き後所得は $(1-t_p)$ となる。

　古典方式の採用国として最も有名な国は米国であるが，米国では 2002 年まで法人税率と個人所得税の最高税率がともに約 40％（国・地方の合計）であったため，個人所得税の最高税率に直面している個人投資家にとって，1 ドルの法人所得から生まれる税引き後所得は $(1-0.4)^2 = 0.36$ ドルに過ぎなかった。米国では，こうした資本所得に対する二重課税が問題視され，2003 年に資本所得税改革が行われた。その結果，配当・株式譲渡所得が分離課税とされ，配当・株式譲渡所得税率が個人所得税率の最高税率（及び法人税率）

8.1　資本所得に対する課税方法　　127

よりもはるかに低い水準（最高で 2003 年当時は 15%，現在は 20%）にとどめられた。このため，米国は今や純粋な古典方式からは乖離した状態にある。

　欧州では，少なくとも近年まで法人段階と個人段階での二重課税を避けるために，両段階で何らかの調整を行ってきた国が比較的多かった。二重課税を回避する方法としては，その潜在的な可能性まで含めると，①法人税と配当税のいずれかを廃止する[1]，②法人税に配当控除（配当分を課税ベースから控除）を設ける[2]，③配当税にインピュテーション（または配当税額控除）方式を適用するなどの方法がある。このうち，以前欧州諸国で普及していたのがインピュテーション方式による調整であった。インピュテーション方式とは，法人税を個人が支払う配当税の前段階の課税とみなして調整を行う方法である。具体的には，受取配当に（受取配当に対応する）法人税額を加えて配当所得とし，その所得から計算される配当所得税額から法人税額の一部または全額を控除する。例えば，法人所得を 1，法人税率を $t_c$，個人の配当税率を $t_p$ とすれば，個人の配当税額は法人税額を含めた配当所得に対する配当税 $[t_c+(1-t_c)] \times t_p$ から既に納めている法人税額の $t_c$ の一定割合 $\alpha$ を除いて $t_p - \alpha t_c$ と計算される。完全インピュテーション方式の場合は $\alpha = 1$ となるから，個人の配当税額は $t_p - t_c$ となり，配当の二重課税が完全に排除される。

　EU 加盟国では，2000 年代に入ってインピュテーション方式が次々に廃止された。これは，インピュテーション方式が自国の株主だけに適用されることから，同方式が EU 市場という単一市場での自由な資本移動を求める立場と相容れない制度と判断されたからである。EU 域内では各国の投資家に対して平等な措置を講ずることが要求されているが，インピュテーション方式は自国の株主だけに恩恵を与えるため，この点が問題視された。

　日本では，前述のように，個人段階の配当及び株式譲渡所得に対する税率が一律 20% とされているが，2003 年 1 月〜 2013 年 12 月には上場株式に限って時限的に税率が 10% まで大きく引き下げられる特別措置が実施された。この特別措置は，当初は 2003 年 1 月〜 2007 年 12 月までの時限措置として導入されたが，その後 3 回延長されて 2013 年 12 月まで続いた。

---

1　米国の 2003 年の資本所得税改革では，大統領案の段階では配当税の撤廃が提案されていた。
2　米国財務省（1992）は，この方法を提案している。

## ■ 金融所得課税の一体化

日本では 2009 年に導入された重要な制度として，金融所得課税の一体化がある。これは，上場株式等に関して配当所得と譲渡損失の損益通算が認められる制度である。政府によれば，金融所得課税の一体化の目的は，株式投資が少ない日本の家計において「貯蓄から投資へ」の動きを促すことである。一般に，安全資産と危険資産への投資から得られた損益を通算できれば，危険資産投資で被った損失を安全資産投資から得られた所得で相殺することができ，その分だけ安全資産投資から得られる所得にかかる税額を減らすことができる。このため，一体課税のように損益通算が認められる制度では，分離課税の場合よりも危険資産に対して投資を行いやすくなる。こうした税の働きは，政府による保険機能として知られている[3]。

現在の一体課税では，株式投資に伴う損益の通算が主であることから，安全資産と危険資産への投資で生じる損益の通算が認められているとは言い難いが，2016 年には損益通算の範囲が特定公社債等の利子まで拡大されるなどの新たな動きもみられる。残された主な課題は，損益通算の範囲の預金利子への拡大である。一体課税の範囲の預金利子への拡大は，実務面などで克服しなければならない問題があるため，その実現は容易ではないと思われるが，もしそれが実現すれば，個人によるリスク・テイクが大きく後押しされることとなろう。

## ■ ロックイン効果

ところで，法人段階を無視して個人段階だけを取り上げると，利子所得税・配当税・株式譲渡益（キャピタル・ゲイン）税の税率を一律に整えれば，資本所得の種類による税率の差異はないように思える。株式譲渡益税率を利子所得税率と配当税率と等しく設定するのは，企業が内部留保を利用して投資した場合には，利潤発生によって内部留保が増加し，それが株価を上昇させて株式譲渡益が発生すると考えられるためである。株式譲渡益税率が利子所得税率及び配当税率と同じ水準に設定されれば，資本所得の種類による税

---

[3] 個人の選好が危険回避的だとすれば，税率が高まるほど政府の保険機能が強く働く（常識に反して，税率が高まると危険投資が増える）。

8.1 資本所得に対する課税方法　　129

率の差異は少なくとも表面上は生じない。

　しかし，厳密にいえば，資本所得の種類による税率の差異は完全には解消しない。なぜなら，株式譲渡益税は実現された株式譲渡益に対してしか課されないため，株式譲渡益の場合はその実現を先延ばしして課税を繰り延べることが可能だからである。将来発生する株式譲渡益の価値は，現在の株式譲渡益よりも価値が低い（割り引かれる）ため，課税を将来に繰り延べれば，それだけ実効税率が低下する。このように，株式譲渡益の場合は，利子や配当と異なり課税繰延が可能であるため，株式譲渡益に対する税率を利子所得税率及び配当税率と表面上揃えたところで，株式譲渡益に対する実効税率は利子及び配当所得に対する実効税率と同じにはならない。投資家が税額を減らすために株式譲渡益の実現を意図的に遅らせることは，ロックイン（閉じ込め）効果と呼ばれている。

## 8.2　利子所得税の貯蓄に対する影響------------

### ■2期間モデル

　次に，利子所得税の貯蓄に対する影響をみてみよう。そのために，まず消費と貯蓄に関する2期間モデルを考える。個人が第1期に $W$ の労働所得を得て，第2期には引退しているものとする。個人は，第1期の労働所得の全てを消費に充てるのではなく，第2期の消費も考慮に入れたライフサイクルの観点から最適な第1期と第2期の消費 $C_1$, $C_2$ を決める。個人の効用関数を

$$u(C_1, \ C_2) \tag{8.1}$$

として，無差別曲線が図8-2のように原点に向かって凸に描かれるものとする。予算制約は，各期それぞれ次のようになる。

$$C_1 + S = W \tag{8.2}$$
$$C_2 = (1+r)S \tag{8.3}$$

　ここで，$S$ は貯蓄，$r$ は利子率を表す。この2つの式から $S$ を消去すると，

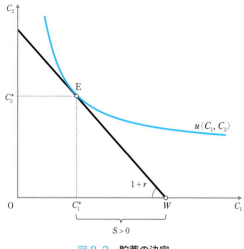

図 8-2　貯蓄の決定

個人の通時的な予算制約式が得られる。

$$C_1 + \frac{C_2}{1+r} = W \tag{8.4}$$

　個人は，労働所得 $W$ を全て第 1 期の消費に充てることも可能だから，通時的な予算制約式は点 $(W, 0)$ を通る。この予算線の傾きは $(1+r)$ になる。これは，第 1 期の消費を 1 単位諦めて貯蓄に回したときに第 2 期に $(1+r)$ 単位の消費が可能になることを示している。

　個人は，通時的な予算制約式 (8.4) 式の下で効用 (8.1) 式を最大化し，均衡消費 $C_1^*$，$C_2^*$ を決める。これは，同時に貯蓄を決めることでもあり，最適点において貯蓄は $S^* = W - C_1^*$ と計算される。

### ■ 利子所得税の効果

　利子所得税の導入は，予算線の傾きを $1+r$ から $1+(1-t)r$ に変化させるから，予算線の傾きは課税前よりも緩やかになる。利子所得税の消費に与える効果は，労働所得税の場合と同様に，代替効果と所得効果に分けられる。

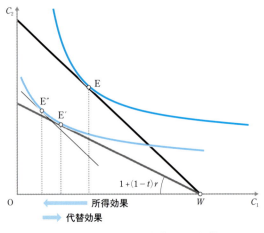

図 8-3 利子所得税の代替効果と所得効果

　代替効果は $C_1$ と $C_2$ の相対価格が変わることによる効果である。利子所得税の導入は，$C_2$ の価格を $1/(1+r)$ から $1/[1+(1-t)r]$ に上昇させるため，$C_2$ が減少して $C_1$ が増加する。つまり，利子所得税の $C_1$ に対する代替効果は正，$C_2$ に対する代替効果は負である。

　所得効果は，利子所得税によって実質的に所得が変化することによる効果である。利子所得税の導入は，$C_2$ の価格を引き上げるため，実質的な所得減の効果を生じさせる。つまり，所得効果は $C_1$ に対しても $C_2$ に対しても負である[4]。

　利子所得税導入の $C_1$ への影響は，代替効果と所得効果の符号が異なるため，両効果の大小関係で決まる。図 8-3 には，代替効果よりも所得効果の方がインパクトが大きい場合が描かれている。利子所得税導入の $C_2$ への影響は，代替効果と所得効果の符号がともに負になるため，両効果の合計も負である。

---

[4]　いまの設定では，労働所得 $W$ が第 1 期のみで得られるとしているので，所得効果は $C_2$ の価格変化によって実質所得が変化する効果に限られる。この場合の所得効果は，所得が一定の下で 2 財消費を選択する単純なケースと同じである。

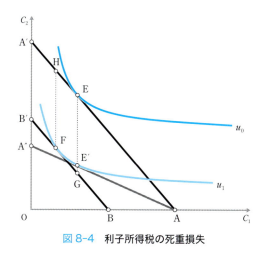

図 8-4　利子所得税の死重損失

　貯蓄 $S$（$= W - C_1$）については，$C_1$ に対する代替効果が正であるので，貯蓄に対する代替効果は負である。また，$C_1$ に対する所得効果が負なので，貯蓄に対する所得効果は正となる。利子所得税の貯蓄に対する全体の効果は確定しない。これは，利子所得税の $C_1$ に対する効果（＝所得効果＋代替効果）の符号が決まらないことに対応している。

■ 利子所得税の死重損失

　利子所得税の死重損失の大きさを考えよう。利子所得税の $C_1$ に対する効果は所得効果が負，代替効果が正であるが，図 8-4 には両効果がちょうどお互いを相殺する状況が描かれている。両効果がたまたま逆方向に同じ大きさで作用するため，利子所得税が $C_1$ に対する影響は表面上みられない。よって，利子所得税が課されても，貯蓄は変化しない。

　しかし，死重損失は代替効果に関するものであるため，利子所得税はやはり $C_1$ と $C_2$ の相対価格を歪め，死重損失をもたらすと考えられる。**第 7 講**の労働所得税の議論と同じように，一括税の場合と比較すれば，一括税では線分 HF（＝線分 EG）だけの税収が得られるのに対して，利子所得税では EE′ の税収しか得られないので，線分 E′G が死重損失になる。

8.2　利子所得税の貯蓄に対する影響　133

## 8.3　法人税とは何か------------------------------

### ■ 法人税の存在理由

　次に，法人税の役割を考えよう。法人税の法的根拠としてしばしばあげられるのは，法人実在説と法人擬制説である。法人実在説は実在している法人そのものが法人税を負担すると考えるものであり，法人擬制説は法人は株主の集合体（すなわち法人は個人のベール）に過ぎず，真の税負担者はあくまで株主であるとするものである。この分類でいえば，経済学的な考え方は法人擬制説である。個人の代わりに法人税を支払ってくれる便利な「法人さん」は存在せず，いかなる形をとろうとも最終的に税負担は個人に帰着する。この点は，シャウプ勧告にも採用された基本的な考え方である。

　では，税負担が最終的に個人によって行われるものであるとするならば，法人税はなぜ存在するのであろうか。株主に対して資本所得税を課せば，それで十分ではないか。わざわざ法人段階で資本所得に対して課税する必要があるのだろうか。

　これに対する1つの答えは，法人税が個人所得税の安全網（バック・ストップ）の役割を果たしているというものである。まず，法人の方が個人よりも数が少ないことから課税が容易であるという実務上の観点がある。個人所得税を実施するには十分な税務・管理体制を整える必要がある。途上国のように徴税インフラが整っていない国では，個人所得税を適切に実施することが難しい。また，日本を含む先進国においても，個人と比べて数の少ない法人に対する課税は，徴税の観点からみてやはり魅力がある。

　また，法人税には所得を法人の内部留保として蓄積し，課税を繰り延べる行為を防ぐ役割もある。繰り返すが，理論的には内部留保の蓄積が進むと，それを反映して株価が上昇して株式譲渡益が増加するから，個人段階で株式譲渡益税が存在すれば，資本所得に対する課税は十分といえるかもしれない。しかし，前述のように，キャピタル・ゲイン税には株式を売却してキャピタル・ゲインが実現しない限り，課税することはできないという技術的な制約がある。このため，法人税がなければ，法人の内部留保を利用した課税の繰

延が可能になってしまう。法人税は，こうした課税繰延を防ぐ役割を果たす
と考えられる。

いずれにしても，法人税は個人所得税を補完するものとして存在している
と解釈できる。法人が個人のベールとして存在しているだけであっても，法
人税には存在理由がある。

## ■ 法人税の課税ベース

ところで，法人税の課税ベースをみると，それは企業会計の法人利益とは
少し異なる。法人税は，税務会計上の益金から損金を除いた法人所得に対し
て課される（図8-5）。益金及び損金は，企業会計の収益及び費用にそれぞれ
相当する概念であるが，益金と収益，損金と費用の間にはそれぞれ概念上の
違いがある。益金は，収益を基に計算されるが，新たに益金に算入される項
目（益金算入項目）があり，逆に収益には含まれていても益金には不算入と
なる項目（益金不算入項目）もある。損金と費用の関係についても同様であ
り，費用には含まれなくとも損金に含まれる項目（損金算入項目）と費用に
含まれるものの損金には含まれない項目（損金不算入項目）がある。

益金不算入項目の例としては，「法人からの受取配当」がある。法人が他
の法人から受け取る配当の全額または一部が益金不算入となっているのは，
法人間の配当に対して課税すると，法人段階で何度も課税され，資本所得に
対する多重課税になってしまうためである。益金算入項目の例としては貸倒
引当金などがあり，損金不算入項目の例としては一定の役員給与や交際費な
どがある。

損金算入項目の重要なものとしては，過去からの繰越欠損金がある。欠損
金の繰越制度は，その内容変更により，法人税の課税ベースに比較的大きな
影響を及ぼす。欠損金の繰越が認められる理由は，企業活動自体が永続的な
ものであり，1年ごとに会計を区切って損益を確定することに本質的な意味
がないからである。法人税には，基本的に黒字になれば課税されるが，赤字
になっても負の課税すなわち税の還付が行われないという非対称性がある。
一般に，法人税は対称的であるときに法人のリスク・テイクに対して中立的
になり，非対称な法人税は企業のリスク・テイクを阻害すると考えられる[5]。

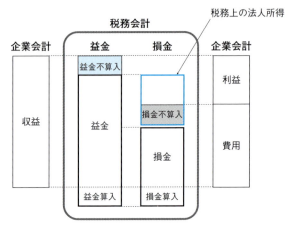

(注) 益金算入と損金算入は同額と仮定する。

図 8-5　税務上の法人所得

　欠損金の繰越制度は，一時期の赤字の影響を後年度の黒字で相殺することで，こうした法人税の非対称性を緩和する役割を果たす。

　欠損金の繰越制度が法人税の非対称性を緩和して，企業のリスク・テイクを促すのであれば，本来，繰越欠損金が認められる期間は長ければ長い方が望ましいはずである。実際に，英国など多くの欧州諸国では，その繰越期間が無期限とされている。これに対して，日本の繰越期間は 10 年（平成 29 年度，大企業の場合）と限定的である。また，近年の法人税改革によって，繰越欠損金が相殺できる法人所得の割合に制限がかけられるようになった。こうした所得に関する制限は，欧州諸国のいくつかの国でもみられる措置であるが，欧州諸国では繰越期間が無期限である国が多い点が日本とは異なる。日本の欠損金の繰越制度は，先進国のなかで厳しい部類に入るといえる。

---

5　法人は多様な株主の集合体と考えられるため，また複数の事業によってリスクを相殺することができるため，リスク中立的と考えられることが多い。この場合，対称的な法人税の下でも個人課税のような保険機能は働かず，税率が上昇するとともに法人のリスク・テイクが増えるということはない。

## 8.4 法人税の帰着

　個人が法人税の真の負担者であるとしても，その負担者は必ずしも株主とは限らない。法人税が課された企業は，税負担を製品価格に転嫁するか，従業員の賃金を切り下げるか，株主への配当を減らすかのいずれかの対応をとるはずである。どの対応をとるかによって，法人税の一次的な帰着先が変わる。しかし，たとえ法人税が製品価格に100％転嫁されたとしても，価格が変化すると経済主体の行動が変化するため，法人税の最終的な帰着先は二次的な（一般均衡的な）効果を考慮したものでなければならない。

　法人税の転嫁を表8-3に示される簡単な数値例で考えてみよう。いま法人部門と非法人部門があるものとし，各々の部門に資本ストックが6,000だけ存在し，法人部門に対して50％の法人税が課されるものとする。また，課税される前の法人部門と非法人部門の収益率がともに9％であるとする。このとき，課税前には法人部門も非法人部門も資本収益は540（＝6,000×9％）となる。

　法人税が課されると，その直後には法人部門の税引き後収益率のみ4.5％に低下する。税引き後収益率の低下は，そのまま株主の収益率低下につながるため，この時点では法人税は株主が負担する。しかし，法人税が課税されてしばらく時間が経過すると，収益率の低い法人部門から収益率の高い非法人部門に資本移動が生じる。これは，両部門の収益率が等しくなるまで続く（図8-6）。いまの例では，法人部門から非法人部門に2,000だけ資本が移動し，これによって両部門の税引き後収益率がともに6％になる。法人部門では，投資家から6％の税引き後収益率を要求されるから，課税前の段階で求められる収益率は12％に上昇する。

　ここで重要なことは，時間の経過とともに，部門間の資本移動が大きくなり，法人税負担が法人部門の資本保有者（株主）から非法人部門の資本保有者（住宅保有者等）に資本収益率の低下という形で転嫁されることである。法人税が法人部門のみに賦課されたにもかかわらず，非法人部門の資本保有者も同様にそれを負担する。今の例では，法人部門と非法人部門それぞれの

8.4　法人税の帰着　　137

表 8-3 法人税の課税前後における法人部門と非法人部門の変化

|  | 法人部門 | 非法人部門 | 全 体 |
|---|---|---|---|
| 課税前 |  |  |  |
| 　資本ストック | 6,000 | 6,000 | 12,000 |
| 　資本収益率 | 9% | 9% | — |
| 　資本収益 | 540 | 540 | 1,080 |
| 課税直後 |  |  |  |
| 　資本ストック | 6,000 | 6,000 | 12,000 |
| 　資本収益率 | 4.5% | 9% | — |
| 　資本収益 | 270 | 540 | 810 |
| 課税後，時間経過 |  |  |  |
| 　資本ストック | 4,000 | 8,000 | 12,000 |
| 　税引き前の資本収益率 | 12% | 6% | — |
| 　税引き後の資本収益率 | 6% | 6% | — |
| 　税収 | 240 | — | 240 |
| 　税引き後の資本収益 | 240 | 480 | 720 |

（注）　法人税率は50%とする。
（出所）　Harberger（1995）より作成

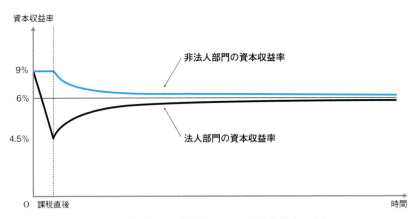

図 8-6　法人税の課税前後における資本収益率の変化

課税前の資本収益540が，収益率低下によって法人部門が240に，非法人部門が480にそれぞれ減少する。

しかし，話は必ずしもここで終わらない。上記の例では資本ストックが固定されているという制約がある。こうした制約がなく，資本ストックの量が

変化する場合には，法人税は最終的に資本全体に転嫁されるだけでなく，労働者にも転嫁される可能性がある。なぜなら，法人税が課されて資本ストックが減少すると，結果として生産性が低下し，労働者の実質賃金が低下するからである。同様に，開放経済を前提に議論する場合には，法人税を課すと可動性の高い資本が海外に流出することも考慮に入れなければならないが，この場合にも法人税が国内資本ストックを減少させ，最終的に法人税の多くを労働者が負担することになると考えられる。

このように，法人税の帰着先はその企業の置かれた経済状況によって様々であり，時間の経過によってもその帰着先は変化するため，最終的に誰がどれだけ法人税を負担しているかについて明確なことはいえない。しかし，以上の議論から，法人税がその所有者すなわち富裕な株主によって全て負担されるといった単純な見方が当てはまるわけではないことは理解できよう。

## 8.5 　法人税が投資に及ぼす効果----------------

　法人税は，投資に悪影響を及ぼすと考えられている。産業界から法人税減税が強く要望され，政府が経済活性化策として法人税減税を実施するのはこのためである。では，法人税は投資に対してどのようにして影響を及ぼすと考えられるであろうか。以下，詳しくみていこう。

　まず，法人税が存在しない場合を考える。インフレ等のない単純なケースでは，企業の資本コストは機会費用（$r + \delta$）に等しい。機会費用とは，他の運用手段ならば得られたであろう利潤のことである。国債で運用すれば$r$の利子率が得られるので，企業を通じて実物資産に投資した場合には少なくともそれと同じ収益率が確保されなければならず，さらに実物資産の場合はその減耗分も考慮しなければならない。このため，投資家は企業に対して利子率$r$に資本減耗率$\delta$を加えた収益率を要求するはずである。

　法人利潤は，収入から資本コストを除いたものとして，次のように表される。

8.5　法人税が投資に及ぼす効果　　139

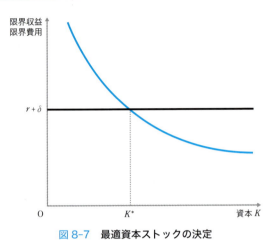

図 8-7　最適資本ストックの決定

$$\Pi = pF(K) - (r+\delta)K \tag{8.5}$$

ここで，$p$ は製品価格，$F(\cdot)$ は生産関数（$F'>0$, $F''<0$），$K$ は資本，$r$ は利子率，$\delta$ は資本減耗率（経済的な減価償却率）を表す。

法人利潤を最大にする資本ストック $K^*$ は，1 階条件 $d\Pi/dK=0$ より，次の条件を満たす。

$$pF'(K^*) = r+\delta \tag{8.6}$$

(8.6) 式の左辺は限界収益，右辺は限界費用（資本コスト）を表すから，この条件は限界収益と限界費用が等しくなるところで最適な資本ストックが決まることを示している。

限界収益と限界費用を描くと，図 8-7 のようになる。限界収益は，資本ストックが大きくなるにつれて逓減するから，右下がりの曲線として描かれる。限界費用は，利子率と資本減耗率が一定のとき，水平の直線となる。限界収益が限界費用よりも大きいときには，生産を増やすことで利潤を高めることができるから，企業は資本ストックを増加させる。逆に，限界収益が限界費用よりも小さいときには，生産を減らすことで利潤が増えるから，企業

は資本ストックを減少させる。そして，限界収益曲線と限界費用曲線の交点で，最適な資本ストック $K^*$ が決まる。

　古典的な投資理論によれば，投資は最適な資本ストックと前期末の資本ストックの差を埋める形で行われる。例えば，今期の投資で最適な資本ストックと前期末の資本ストックの差の一定割合（$\theta$）だけ埋めるとき，投資量は次のように表される。

$$I = \theta[K^* - (1-\delta)K_{-1}],\ 0 < \theta < 1 \qquad (8.7)$$

　資本コストが変わると最適な資本ストックが変化し，ひいては投資水準が変わる。

　したがって，法人税が投資に影響するかどうかは，法人税が資本コストを引き上げるかどうかに依存する。法人税が資本コストを引き上げれば，企業の投資は悪影響を受けると考えられる。

　では，以上の考え方を基に，法人税の投資への影響をみていこう。(8.5)式で表される利潤に税率 $\tau$ の法人税を課すと，税引き後利潤は (8.8) 式のようになる。

$$\Pi = (1-\tau)[pF(K) - (r+\delta)K] \qquad (8.8)$$

　このとき $K$ に関する1階条件を求めると，やはり (8.6) 式が得られる。つまり，ここからは法人税が投資に全く影響を与えないという結論が得られることになる。しかし，法人税を課しても資本コストが課税前と変わらず，それゆえに投資が増加しないのならば，そもそも政策として法人税減税を実施することにあまり意味はない。これは，多くの人にとって感覚に合わない結論であろう。

　実は，法人税が投資に全く影響を及ぼさないとの結論は，課税ベースから利子が全て控除されるという法人利潤の定式化からもたらされている。(8.8) 式をみると，課税ベースから利子（$rK$）が控除されている。通常，法人税は必ずしもこのような形にはなっていないので，現実の法人税は投資に影響しないと拙速に結論付けるわけにはいかない。

　次に，利子が控除されない場合を考えよう。資本減耗分は，引き続き控除

8.5　法人税が投資に及ぼす効果　　141

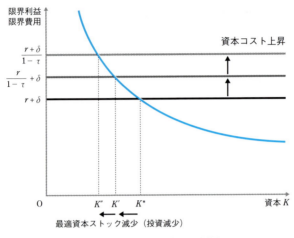

**図 8-8　法人税の投資への影響**

されるものとする．この場合には，法人利潤は次のように表されるから，

$$\Pi = (1-\tau)[pF(K) - \delta K] - rK \tag{8.9}$$

$K$ に関する 1 階条件として，次式が得られる．

$$pF'(K^*) = \frac{r}{1-\tau} + \delta \tag{8.10}$$

　(8.6) 式と (8.10) 式を比べると，(8.10) 式の右辺の限界費用（資本コスト）が部分的に法人税によって押し上げられることがわかる．これは，利子が控除されない場合には，法人税によって企業の投資が抑制されることを意味する（図 8-8）．

　日本の現行の法人税を含む通常の法人税では，負債調達を行った場合の支払利子が課税ベースから控除される一方で，株式調達を行った場合の支払配当は控除されない．このため，（資本減耗分が全て控除されるものとすれば）法人税は負債調達によって行われる投資に対して中立的であり，株式調達や内部留保によって行われる投資に対しては抑制的であると考えることができる．

142　第 8 講　資本所得税

## ■ 経済的な減価償却率と税務上の減価償却率

しかし，以上の議論は資本減耗率（経済的な減価償却率）が税務上の減価償却率に等しいことが想定されている。(8.9) 式において，資本減耗率 $\delta$ は控除されるものとされていたが，実際には法人税の課税ベースから控除されるのは真の経済的な減価償却ではなく，税務上認められている減価償却である。税務上の減価償却率が資本減耗率と異なる場合には，法人税の資本コストへの影響に関する上記の議論は修正が必要となる。

税務上の減価償却方法には，未償却額に対して毎期一定率の減価償却が認められる定率法と毎期一定額の減価償却が認められる定額法がある。諸外国の例をみると，機械設備に対しては定率法が，建物に対しては定額法が用いられることが多い。どのような設備に対して税務上どのような減価償却が認められるかは，国によって異なる。

税務上の減価償却方法の具体例をあげると，次のようになる。減価償却率が25％の定率法で，償却後に残る価値（残存価額）が10％の場合を考える[6]。この場合，表8-4 のように未償却額に対して毎期25％の償却が認められて，8期間で減価償却を終える。減価償却率が25％よりも大きい場合には，減価償却の現在価値が大きくなり，その分法人税の課税ベースが小さくなる。

では，利子が控除されず，かつ税務上の減価償却率がゼロである場合の法人税の資本コストに対する影響はどうなるであろうか。この場合には，法人利潤は次のようになる。

$$\Pi = (1 - \tau)pF(K) - (r + \delta)K \tag{8.11}$$

このとき，$K$ に関する1階条件は次のように表される。

$$pF'(K^*) = \frac{r + \delta}{1 - \tau} \tag{8.12}$$

(8.10) 式と (8.12) 式を比べると，(8.12) 式は税務上の減価償却率がゼロであることを反映して，(8.10) 式よりも法人税が資本コストを押し上げる程度が大きくなっている。投資は資本コストが上昇した分だけさらに抑制

---

6　現在の日本の税制では，定率法による減価償却は途中から定額法への切り替えが行われ，残存価額はほぼゼロである（備忘価額として1円だけ計上される）。

8.5　法人税が投資に及ぼす効果　　143

表 8-4　税務上の減価償却（定率法の例）

|  | 減価償却額 | 未償却額 |
|---|---|---|
| 0 期 | ― | 100 |
| 1 期 | 100×25% | 75 |
| 2 期 | 75×25% | 56.3 |
| 3 期 | 56.3×25% | 42.2 |
| 4 期 | 42.2×25% | 31.6 |
| 5 期 | 31.6×25% | 23.7 |
| 6 期 | 23.7×25% | 17.8 |
| 7 期 | 17.8×25% | 13.3 |
| 8 期 | 13.3×25% | 10.0 |

（注）　減価償却率 25%，残存価額 10% の場合。

される（図 8-8）。現実の制度にみられるように，税務上の減価償却率が一定程度認められるのであれば，資本コストは（8.12）式で表されるものよりも小さくなる。つまり，法人税が資本コストにどの程度の影響を及ぼすかは，利子がどの程度控除されるかに加えて，税務上の減価償却率がどの程度認められるかに依存する。

　一般的には，法人税と資本コストの関係は次のようになる。支払利子の控除割合を $\alpha$（$\geq 0$），経済的な減価償却に対して税務上減価償却できる割合を $\beta$（$\geq 0$）とすれば，法人利潤は次のように表され，

$$\Pi = pF(K) - (r+\delta)K - \tau[pF(K) - (\alpha r + \beta \delta)K]$$
$$= (1-\tau)pF(K) - [(1-\tau)(r+\delta) + (1-\alpha)\tau r + (1-\beta)\tau\delta]K$$

$K$ に関する 1 階条件より，次式が得られる。

$$pF'(K^*) = r + \delta + \frac{(1-\alpha)\tau r + (1-\beta)\tau\delta}{1-\tau} \tag{8.13}$$

（8.13）式からまずわかることは，利子が完全控除され，かつ税務上の減価償却率が経済的な減価償却率に一致するとき，すなわち $\alpha = \beta = 1$ である

144　第 8 講　資本所得税

とき，法人税は資本コストに影響を与えないことである。$\alpha$と$\beta$が1から乖離するほど，法人税の資本コストへの影響が大きくなる。

通常の法人税では，$\alpha=1$になるのは負債調達の場合のみである。このとき，税務上の減価償却率が経済的な減価償却率よりも小さい（$\beta<1$）ときには，資本コストは$r+\delta$よりも大きくなるから，法人税が投資を抑制する。一方で，税務上の減価償却率が経済的な減価償却率よりも大きい（$\beta>1$）ときは，資本コストは$r+\delta$よりも小さくなるから，法人税によって投資が促進される。

$\alpha=0$となる株式調達の場合には，税務上の減価償却率が経済的な減価償却率に等しい（$\beta=1$）ときでも，資本コストは$r+\delta$よりも大きくなる。税務上の減価償却率が経済的な減価償却率よりも小さい（$\beta<1$）ときには，法人税の資本コストへの影響がさらに大きくなる。一方で，税務上の減価償却率が経済的な減価償却率よりも大きい（$\beta>1$）ときは，法人税の投資への悪影響がその分だけ緩和される。

## ■ Active Learning

《重要事項のチェック》・・・・・・・・・・・・・・・・・・・・・・・・・・・・・・・・・・・・・・・・・・・・・・・・・・
　　□利子所得　□配当所得　□譲渡所得　□古典方式　□インピュテーション方式
　　□金融所得課税の一体化　□ロックイン効果　□益金と損金　□法人税の帰着
　　□法人税の投資に対する影響

《調べてみよう》・・・・・・・・・・・・・・・・・・・・・・・・・・・・・・・・・・・・・・・・・・・・・・・・・・・・・・・
　[1]　OECD諸国における利子・配当・株式譲渡益に対する課税を調べてみよう。
　[2]　金融所得課税の一体化の内容について，その導入時から現在までの変化を調べてみよう。
　[3]　日本の法人税率及び法人税収の推移を調べてみよう。
　[4]　OECD諸国及びアジア諸国の法人税率を調べてみよう。

Active Learning　　145

《Exercises》·······················································

[1] 2期間モデルを考える。第1期及び第2期の消費がそれぞれ $C_1$, $C_2$, 第1期の所得が $W$, 第2期の所得がゼロであるものとする。貯蓄を $S$, 利子率を $r$ として，個人の通時的な予算制約式を求めよ。

[2] 利子所得税がない場合と利子所得税がある場合について，上のモデルにおける最適な消費（$C_1^*$, $C_2^*$）と貯蓄（$S^*$）を図示せよ（横軸を $C_1$, 縦軸 $C_2$ とする）。また，利子所得税の $C_1$ に対する所得効果と代替効果を図示し，利子所得税の貯蓄に対する所得効果と代替効果を説明せよ。

[3] 法人税の存在意義を述べよ。

[4] 現行の法人税は，負債調達を優遇しているといわれる。それはなぜか。

[5] 法人税において，資本減耗分は控除されるものとする。利子が控除される場合には投資が抑制されず，利子が全く控除されない場合には投資が抑制されると考えられる。このことを説明せよ。

## 文献紹介

● Harberger, A. C. (1995), "The ABCs of Corporation Tax Incidence: Insights into the Open-Economy Case," in American Council for Capital Formation (ed.), *Tax Policy and Economic Growth*, Washington: American Council for Capital Formation, pp.51-73.

● U.S. Department of the Treasury (1992), *Integration of the Individual and Corporate Tax Systems: Taxing Business Income Once*, Washington, DC: Government Printing Office.（米国財務省）

# 第 9 講
# 間 接 税

■ 本講は，間接税として個別消費税（物品税）と一般消費税（VAT）を取り上げる。単一市場での物品税の効果を把握するとともに，複数市場における税率設定の問題を考える。また，VAT の 3 つの課税方法を取り上げ，各方法の長所と短所について解説する。

## 9.1　物品税の帰着と価格弾力性 ----------------

**第 6 講**でみたように，物品税は表面的に誰に課税されるかに関係なく，消費者と生産者が税負担を分け合い，消費者と生産者のどちらがより多くの税を負担するかは，需要曲線と供給曲線の傾きによって決まる。図 9-1 のように課税前に需要曲線 $D$ と供給曲線 $S$ が E 点で交わっているとき，課税後に消費者と生産者がどれだけ税を負担するかは，需要と供給の価格弾力性に依存する。価格弾力性が低い方がより多くの税を負担することになる。

需要（または供給）の価格弾力性は，価格が 1% 変化したときに需要（または供給）が何% 変化するかを表したものである。$Q$ を需要量（または供給量），$P$ を価格とすれば，価格弾力性は $\varepsilon = (dQ/Q)/(dP/P) = (dQ/dP) \cdot (P/Q)$ と表される。

図 9-1 の左側は，供給曲線の方が需要曲線よりも傾きが急に描かれている。価格が上がると，生産者はあまり生産量を変えないが，消費者は需要量を大きく変化させる。このように，供給の方が価格に対してより非弾力的な場合には，生産者がより多く税を負担する。逆に，図 9-1 の右側のように需要の方が価格に対してより非弾力的な場合には，消費者がより多く税を負

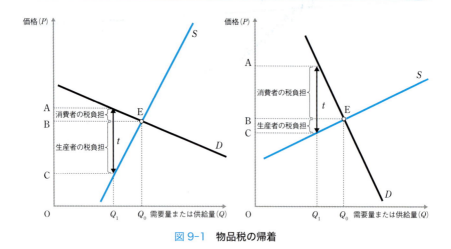

図 9-1　物品税の帰着

担する。これは，価格弾力性が高い経済主体が課税に対して柔軟に行動を変えることができ，行動を変えにくい経済主体に税負担を押し付けることができるからである。反対に，価格弾力性が低い経済主体はより多くの税負担を甘受するしかない。

　この点は，次のような極端な場合を考えるとより明確になる。生産者に従量税が課せられるとき，図9-2のように4つの極端な場合が考えられる。第1に，需要が完全に弾力的な場合である（図9-2①）。価格が少し低下すると需要が無限大になり，価格が少し上昇すると需要がゼロになる。オレンジ・ジュースとリンゴ・ジュースなど密接な代替財がある場合がこれに近い。この場合，生産者に物品税が課されると，価格が少しでも上昇すれば需要がゼロになるため，生産者は税を価格に全く転嫁させることができない。よって，生産者が税を100％負担する。

　第2に，供給が完全に弾力的であるときであり，今度は供給曲線が水平になる（図9-2②）。生産量が拡大しても限界費用が増えないときには，価格が少し上がると生産者は無限に供給量を増やすから，供給曲線が水平になる。この財に物品税が課されると，税は消費者に100％転嫁されて，消費者の支払価格だけが税額分だけ上昇する。

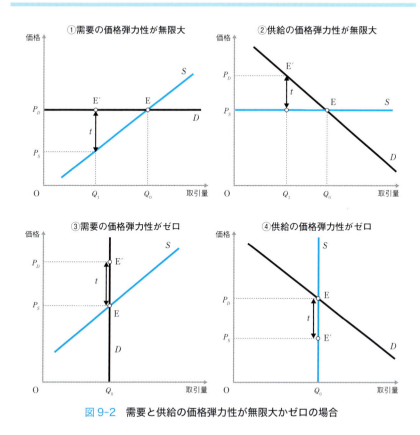

図 9-2　需要と供給の価格弾力性が無限大かゼロの場合

　第 3 に，需要が完全に非弾力的な場合である（図 9-2 ③）。基礎食料，衣服，最低限の住居などの生活必需品は，需要の価格弾力性がきわめて低い。需要が完全に非弾力的な財では，その需要は価格にかかわらず一定になるから，需要曲線が垂直になる。課税が行われると，消費者価格が税額分だけ上昇し，税は消費者によって 100％負担される。

　最後は，供給が完全に非弾力的な場合である（図 9-2 ④）。土地や天然資源などは供給量が一定であるため，生産者はその価格にかかわらず一定の供給を行うことになり，供給曲線が垂直になる。物品税が課されると，消費者価格は変化せず，生産者価格が税額分だけ低下する。税は生産者が 100％負

担する。

## 9.2 物品税による超過負担----------------------

### ■ 死重損失の計算

物品税の死重損失（DWL）を計算しよう。単純化のため，供給曲線が水平であるケースを考える（図9-3）。物品税は従量税とし，課税前の価格を $P_0$，課税前の需要量を $Q_0$，課税後の価格を $P_1$，課税後の需要量を $Q_1$ とする。死重損失は，三角形 FEG の面積であるから，

$$\mathrm{DWL} = \frac{1}{2}\Delta P \cdot (-\Delta Q) \tag{9.1}$$

ここで，$\Delta P = P_1 - P_0$，$\Delta Q = Q_1 - Q_0$ である。

いま従量税を考えているから，(9.1) 式に $\Delta P = t$ を代入して，

$$\mathrm{DWL} = \frac{1}{2}t \cdot (-\Delta Q)$$

となる。さらに，需要の価格弾力性（$\varepsilon = -(P_0/Q_0) \cdot (\Delta Q/\Delta P)$）を利用すれば，上式は

$$\mathrm{DWL} = \frac{1}{2}t^2 \varepsilon \left( \frac{Q_0}{P_0} \right) \tag{9.2}$$

と変形される。(9.2) 式より，死重損失の大きさが①税率の2乗に比例すること，②需要の価格弾力性に比例することがわかる[1]。

死重損失が税率の2乗に比例するので，10%の物品税の死重損失は5%の物品税の死重損失の4倍になる。よって，特定の財に高税率をかけて税収を確保するよりも，幅広い財に対して低率で課税する方が死重損失が小さい。これより，日本の消費税のような一般消費税は，できるだけ幅広い財に対して課税すべきであることがわかる。

従価税の場合は，(9.1) 式において $\Delta P = tP_0$ であるから，死重損失の大き

---

1　(9.2) 式からは，死重損失が取引量の大きさにも依存することがわかる。

150　第9講　間接税

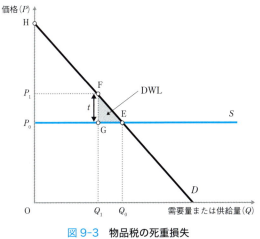

図 9-3 物品税の死重損失

さは

$$\mathrm{DWL} = \frac{1}{2} t P_0 \cdot \varepsilon \Delta P \left( \frac{Q_0}{P_0} \right) = \frac{1}{2} t^2 \varepsilon P_0 Q_0 \tag{9.3}$$

となる。

ここで，従価税の死重損失の大きさを税収と比較してみよう。供給曲線が水平であり，かつ税率が小さいため課税によって需要量があまり変化しないと仮定すれば，税収は $tP_0Q_0$ となるから，死重損失 DWL と税収 $T$ の比は

$$\frac{\mathrm{DWL}}{T} \cong \frac{\left( \frac{1}{2} \right) t^2 \varepsilon P_0 Q_0}{t P_0 Q_0} = \frac{1}{2} t \varepsilon \tag{9.4}$$

となる。死重損失と税収の比率は税率と需要の価格弾力性に比例する。例えば，$t=0.1$，$\varepsilon=1$ とすれば，死重損失は税収の 5% と簡便的に計算される。

## 9.3 ラムゼイ・ルール

　次に，複数の財市場に物品税を課す場合を考えよう。単純なケースとして$x$財市場と$y$市場という2つの市場を取り上げ，引き続き供給曲線が水平であるものとする。また，各市場間で生じる相互の影響は無視する。例えば，$x$財の税率がそのままで$y$財の税率が低下すれば，$x$財から$y$財に需要がある程度は移ると考えられるが，そうした市場相互間の影響は以下の分析では無視される。

　2つの市場において，需要の価格弾力性が異なるものとし，物品税は従価税であるとする。税率が同じとき，これまでの議論からわかるとおり，価格弾力性が大きい市場の方が死重損失が大きくなる。しかし，もし2つの市場で異なる税率を用いることにすれば，同じ税収を確保しつつ，各市場における死重損失の合計を一律税率の場合よりも小さくすることができるかもしれない。以下では，こうした2つの市場における税率設定の問題を考える。

　では，2つの市場でどのような税率の組み合わせを用いれば，死重損失の合計を最も小さくすることができるであろうか。従価税による死重損失の公式（9.3）を利用すれば，$x$財市場と$y$財市場の死重損失の合計は

$$\frac{1}{2}t_x^2 \varepsilon_x P_x Q_x + \frac{1}{2}t_y^2 \varepsilon_y P_y Q_y \tag{9.5}$$

となる。ここで，$t_i$は税率，$\varepsilon_i$は需要の価格弾力性，$P_i$は価格，$Q_i$は需要量（いずれも$i=x,\ y$）を表す。物品税によって各財の需要が大きく変わらないと仮定すれば，税収制約は次のように表される。

$$t_x P_x Q_x + t_y P_y Q_y = R \tag{9.6}$$

　我々が直面している問題は，税収制約（9.6）の下で死重損失（9.5）を最小化するような税率$t_x$と$t_y$を選択することである。

　ラグランジュ関数（$\lambda$はラグランジュ乗数）[2] を次のように設定すれば，

---

2　ラグランジュ関数を用いた等号制約の下での最適化は，多くの経済数学の教科書で解説されている。チャンとウエインライト（2010）等を参照されたい。

$$L = \frac{1}{2} t_x^2 \varepsilon_x P_x Q_x + \frac{1}{2} t_y^2 \varepsilon_y P_y Q_y - \lambda \left[ t_x P_x Q_x + t_y P_y Q_y - R \right]$$

$t_x$ 及び $t_y$ に関する 1 階条件より,

$$t_x : t_x \varepsilon_x = \lambda$$

$$t_y : t_y \varepsilon_y = \lambda$$

が得られる。これらより

$$\frac{t_x}{t_y} = \frac{\varepsilon_y}{\varepsilon_x} \tag{9.7}$$

が成り立つ。(9.7) 式は, 逆弾力性ルール (ラムゼイ・ルール) として知られているものである。逆弾力性ルールは, 2 つの市場の死重損失を最も小さくするためには, 各財に対する税率がその需要の価格弾力性に反比例するように設定することが望ましいことを示している。つまり, 需要の価格弾力性が大きい財ほど低税率で, 需要の価格弾力性が小さい財ほど高税率で課税すべきと考えられる。こうした政策的含意は, 価格弾力性が高いほど税を逃れやすいというこれまでの議論から理解することができよう。

　しかし, 一般に価格弾力性が小さい財は基礎食料などの生活必需品であり, 価格弾力性が大きい財は高級車や宝飾品であるから, 逆弾力性ルールは食料品などに対して重課し, ぜいたく品に対して軽課することを要求する。こうしたルールは, 公平性の観点から問題はないのだろうか。現実の税制をみると, 欧州諸国の付加価値税 (VAT) のように食料品などに対して軽減税率が適用され, 高級品には標準税率が適用されることが多い。各国でみられるVAT 改革の議論でも, 高級品ほど低い税率を課すべきとの主張はほとんど聞かれない。では, 逆弾力性ルールを現実に適用することは望ましくないのであろうか。それとも, 本来は生活必需品には標準税率を, 高級品には軽減税率を適用すべきなのであろうか。

　この問題を考える際には, 逆弾力性ルールがその導出から明らかなように, 公平性については何も語っていないことに注意する必要がある。逆弾力性ルールは, ある 1 人の個人または同一の性質をもつ多数の個人を想定して, 複数の財に対してどのような税率を課すのが最も効率的であるかを検討した

9.3　ラムゼイ・ルール　　153

結果得られたルールである。そこでは，所得分配は一切考慮されていない。このため，公平性の観点から高級品に対しては高税率を，生活必需品に対しては低税率を課すのが望ましいと判断されるのであれば，現実の税率はその分だけ逆弾力性ルールから乖離したものに設定すべきである。現実の税制が逆弾力性ルールからどの程度乖離するかは，我々が望ましいと考える公平性に依存する。つまり，効率性と公平性の間にトレード・オフが生じ，公平性を重視すればするほど逆弾力性ルールから乖離し，その分だけ効率性が犠牲になる。

　また，逆弾力性ルールの現実への適用には，実務的な観点からの問題もある。逆弾力性ルールは価格弾力性によって各財に対する税率を細かく調整することを要求するが，現実には実務上の理由からそれを行うことは困難である。非常に多くの財に対して，一つひとつ VAT の税率を変化させるためには，少なくとも膨大な税務管理と法令順守費用の発生を覚悟しなければならない。これによって，実質的な税収は管理・法令順守費用を考慮しない場合よりも小さくなるが，逆弾力性ルールはそうした実務的な費用を考慮に入れたものでもない。このため，現実の世界では，VAT の税率は一律に設定することが望ましいとされることが多い。

## 9.4　付加価値税（VAT）の仕組み----------------

### ■ VAT の計算

　付加価値税（VAT）は，他の税目と比べると歴史が浅く，最初に不完全な形ながら導入されたのは 1954 年のフランスである。その後，1960 年代により広い範囲を課税ベースとする VAT がフランスやデンマークをはじめとする欧州諸国で導入され始め，1970 年代には欧州諸国のみならずラテンアメリカ諸国でも広まった。VAT は，1980 年代以降にはニュージーランド，日本（消費税），オーストラリア，カナダ，スイスなどでも導入されるようになり，今ではアジア及びアフリカ諸国にも広まっている。現在，VAT は 160 カ国以上で導入されており，現在世界で最も重要な税目の 1 つとなっている。

154　第 9 講　間 接 税

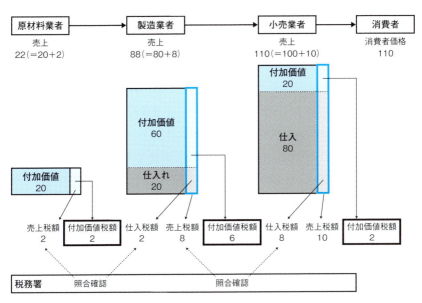

(注) 付加価値税率は10％とする。

図 9-4 消費税の計算方法

　VATの課税ベースは，企業の付加価値である。各段階で企業の付加価値に対して課された税が製品価格に順次転嫁されることで，最終的に消費者が税を負担する。VATの税額は，売上に対する税額（売上税額）から仕入に含まれた税額（仕入税額）を引いて計算される。税抜き表示の場合は「税額＝税抜き売上×税率－税抜き仕入×税率」であり，税込み表示の場合は「税額＝（税込み売上/(1＋税率)）×税率－（税込み仕入/(1＋税率)）×税率」である。

　VATの計算を具体的な数値例でみてみよう（図9-4）。付加価値が100である1つの財を想定し，それが原材料業者（付加価値20），製造業者（付加価値60），小売業者（付加価値20）の3段階を通じて生産・販売されるものとする。消費者の購入価格は課税前に100，VATの税率は10％とする。製造業者を例にとれば，売上が80，仕入が20だから，税抜き表示の場合，税額は「80×10％－20×10％＝6」と計算される。税込み表示の場合，税額は

9.4　付加価値税（VAT）の仕組み　　155

「$(88/(1+10\%))\times10\% - (22/(1+10\%))\times10\% = 6$」と計算される。

VAT には，仕入税額が控除されることから，税の累積（tax cascading, tax on tax）が生じないという利点がある。売上高を課税ベースとする取引高税では取引回数が増えるだけで税額が増加するが，VAT では仕入税額が控除されることから税の累積が生じない。この点は，VAT の大きな魅力である。また，VAT と同じ課税ベースのものとして，小売段階でのみ課税される小売売上税（Retail Sales Tax, RTS）があり，これは米国の州税などで実施されている。VAT と RTS の課税ベースはいずれも消費であり，両者の間で課税ベースの違いはない。両者の異なる点は，徴税が小売段階のみで行われるか，それとも多段階で行われるかという点である。両者には一長一短があるが，VAT は多段階課税であるため，脱税の影響が相対的に小さいなどの特長をもつ。

## ■ VAT の課税ベース

**第6講**でみたように，閉鎖経済において家計が労働所得と資本所得を得て，消費と貯蓄に回す状況を想定すれば，家計の消費は労働所得と資本所得から貯蓄を引いたものとして，次のように表される。

$$C = W + R - S \tag{9.8}$$

ここで，$C$ は消費，$W$ は労働所得，$R$ は資本所得（法人の粗利潤），$S$ は貯蓄を表す。また，消費課税は法人段階と個人段階の統合で考えると，閉鎖経済を仮定すると（9.8）式において $S = I$（$I$ は投資）が成り立つから，（9.9）式が成り立つ。

$$C = W + R - I \tag{9.9}$$

消費課税ベースの VAT は，基本的には（9.9）式の右辺に課税するものである。VAT は，各段階における資本財購入を除く付加価値（$W + R - I$），すなわち賃金（$W$）と法人利潤（$R - I$）の合計を課税ベースとして，各段階で生じる VAT が製品価格に順次転嫁され，最終的には消費者が税を負担する。

一般的には，消費税は消費者が負担するものであり，法人税は法人が負担

するものであるとの印象が持たれているかもしれないが，これは表面的な理解であり，実際には消費税と法人税のいずれの場合も納税者は企業であり，真の税負担者は個人である。両税の課税ベースを比較すると，消費税が法人利潤のみならず賃金にも課税する分だけ課税ベースが広い。また，消費税の課税ベースでは，法人税に相当する部分において法人利潤から投資（資本財購入）が全て控除されており，通常みられる法人税の課税ベースとは異なる[3]。

法人税と消費税の真の負担者が誰であるかを具体的に特定することは容易ではないが，法人税を課された企業がその税額を価格に転嫁する割合が高ければ高いほど，法人税と消費税の距離は近くなる。法人税が価格に100％転嫁されるとは限らないのに対して，消費税の場合は価格に100％転嫁されることが制度上想定されている。ただし，消費税では税の価格への転嫁が想定されているとはいっても，現実には完全な税の転嫁が常にできるとは限らない。既にみたように，経済学的に考えれば，消費税率の引上げ時に企業が消費税を価格に転嫁できるか否かは，市場における需要と供給の価格弾力性に依存する。

### ■ VAT の 3 つの類型

付加価値税（VAT）には，その課税方法に関して3つの類型がある（表9-1）。まず，課税ベースである付加価値を売上から仕入を引いて求めるか，それとも賃金と法人利潤の積み上げによって求めるかという点で，2つの方法に分けられる。前者については，さらにインボイスを用いる方法とそうでない方法に分けられる。では，インボイス方式，減法方式，加法方式という3つの VAT の課税方法を，順にみていこう。

#### ①インボイス方式

第1に，欧州諸国を中心に多くの国で採用されているのが，インボイス方式（Credit Invoice Method）の VAT である。インボイスとは，販売企業が購入企業に対して渡す請求書のことであり，そこには課税事業者番号や税

---

3　第10講でみるように，VAT の法人税部分はキャッシュフロー法人税である。

9.4　付加価値税（VAT）の仕組み　157

表9-1　3種類のVAT

| | インボイス方式 | 減法方式 | 加法方式 |
|---|---|---|---|
| 付加価値の特定方法 | 減法 | 減法 | 加法 |
| 課税単位 | 取引ベース | 企業ベース | 企業ベース |
| 具体例 | 欧州のVAT<br>（消費課税ベース） | 日本の消費税<br>（消費課税ベース） | 日本の外形標準課税<br>（所得課税ベース） |

率・税額などが記載されている。

　インボイス方式のVATの原理は，次のようになる。生産・流通の各段階で事業者がそれぞれ納税するとともに，税務当局にインボイスが提出される。購入企業は，販売企業が発行したインボイスを税務当局に提出することによって，税務当局に対して自らが申告した仕入税額が正しいことを証明する。税務当局は，購入企業が申告する仕入税額と販売企業が発行したインボイスに記載された売上税額とを照らし合わせて，購入企業の仕入税額が販売企業の売上税額に等しいことを照合確認（クロスチェック）する。

　インボイス方式のVATの利点は，インボイスによって課税の適正化が自己制御的（self-enforcing）に行われることにある。例えば，販売企業が売上税額を過小に申告したいとき，インボイスに記載する売上税額を実際よりも小さく書かなければならないが，そうすると購入企業の仕入税額が小さくなるので購入企業はそれを容認しないはずである。逆に，購入企業が仕入税額を過大に申告したいとき，それをインボイスで裏付けるためにインボイスに記載される売上税額を実際よりも大きく書かなければならないが，これでは販売企業の税額が増えるので，販売企業はそうした要求を呑むことはないはずである。このように，インボイスの存在によって，販売企業と購入企業による税額を小さくみせようとする企ては，一般的には成功しない。インボイス方式のVATでは，税務当局が企業に正確な申告を行うように逐一指導することなく，インボイスによる牽制効果によって適正な課税が行われる。

　税務当局が販売企業の売上税額と購入企業の仕入税額を照合確認することができる仕組みは，しばしばVATの鎖（VAT Chain）と呼ばれる。図9-4

158　第9講　間接税

の例でいえば，原材料業者の売上税額は製造業者の仕入税額と照合確認され，製造業者の売上税額は小売業者の仕入税額と照合確認され，というようにインボイスを用いた税額の照合確認が全ての企業間取引に関して行われる。これによって，企業がインボイスの鎖でつながれたような形になる。

　もっとも，各国の運用をみると，インボイスの提出が必ずしも義務付けられているわけではないため，全ての取引について実際に照合確認が行われているわけではない。そうなると，一見 VAT の鎖の効果も消えてしまいそうにも思えるが，課税事業者番号が記載されたインボイスの存在によって税務調査が容易になるため，やはり企業はインボイスによって適正な課税を促されると考えられる。

### ②減法方式

　VAT の第 2 の類型は，インボイスのない減法方式（Subtraction Method）の VAT である。日本の消費税は，その導入時から現在までこの方式をとっている[4]。減法方式の VAT では，課税ベースとなる付加価値の計算はインボイス方式の VAT と同じである。税額は，売上税額から仕入税額を除いて計算される。インボイス方式との大きな違いは，税額計算が取引（transaction）単位ではなく，企業（entity）単位で行われることである。例えば，日本の消費税のように，税率が一本であれば，どのような仕入であっても税率が同じなので，企業単位で売上と仕入を特定できれば，企業単位の税額を計算することができる。一つひとつの取引をインボイスで紐付けするよりも，企業単位で税額を計算した方が効率的である。減法方式には，インボイスを用いるという煩わしさがなく，事務費用が小さいという長所がある。

　しかし，こうした課税方法は適正な課税という観点からは問題がある。インボイス方式では税務当局による販売企業の売上税額と購入企業の仕入税額の照合確認ができたが，減法方式ではインボイスがないので照合確認ができ

---

4　日本の消費税は，一般に帳簿方式と呼ばれている。日本の消費税は，創設時に「仕入の事実を記載した帳簿又は仕入先から交付を受けた請求書等の保存を税額控除の要件とする」帳簿方式として導入され，1997 年 4 月からは「仕入の事実を記載した帳簿の保存に加え，請求書，領収書，納品書その他取引の事実を証する書類のいずれかの保存を税額控除の要件とする」請求書等保存方式に移行した。これによって，形式的には日本の消費税はインボイス方式に近づいたといえるが，請求書等保存方式では課税事業者番号付きのインボイスが用いられているわけではないので，消費税の性格は本質的には変わっていない。

9.4　付加価値税（VAT）の仕組み　　159

ない。また，インボイス方式では，インボイスの存在が仕入税額控除の要件とされており，インボイスを発行できない免税事業者からの仕入については課税ベースから控除することができないのに対して，日本の消費税では免税事業者からの仕入についても課税ベースからの控除が可能となっている。欧州諸国等のインボイス方式では，課税事業者が仕入にかかる税額を控除できないことを嫌がり，結果として免税事業者が取引の輪から外されることを懸念する声が聞かれる[5]が，日本の消費税ではこうした懸念が生じない一方で，益税の発生という大きな問題が生じる。益税の発生とは，事業者が預かった消費税が納税されずに，事業者の懐に入ってしまうことを指す。日本の消費税では，仕入先が課税事業者であるか免税事業者であるかにかかわらず仕入税額控除を使用できるため，免税事業者が消費税を納めることなくそれを上乗せした価格で販売でき，そこから益税が生じる。ただし，免税事業者は仕入税額を控除することができないため，益税額は売上税額そのものではなく，そこから仕入税額を除いたものである。

　ところで，減法方式で課税するには，税率が一律であることが大前提である。税率が複数になると一つひとつの仕入にかかる税率が異なるため，インボイスを用いて取引単位で税額を計算する必要がある。複数税率では，事業者が自分に有利な仕入税率を選ぶことを防ぐために，仕入にかかる税率及び税額を記載したインボイスを用いて，取引単位の管理を行わなければならない。日本では，平成28年度税制改正において，消費税率が10％に引き上げられる時点で軽減税率が導入されることが決まったが，同時にインボイスが段階的に導入されることも決まった。軽減税率を導入する際に課税方式をインボイス方式に切り替えることは，新たな益税の機会を排除するための当然の措置である。

### ③加法方式

　VATの第3の類型は，加法方式（Addition Method）のVATである。これは，VATの課税ベースである付加価値を，それを構成する要素を加えることによって計算する方法である。インボイス方式や減法方式のVATでは，

---

5　これは，一方では免税の資格のある事業者に課税事業者を選択させる誘因にもなり得るため，課税ベースを広げるという観点からみれば，むしろ肯定的に評価される。

消費ベースの付加価値が売上から（資本財購入を含む）仕入を除くことによって計算されるが，加法方式の VAT では同じ付加価値の計算が付加価値を構成する要素の積み上げによって行われる。

　加法方式の VAT は，国税よりも地方税として用いられることが多く，日本の地方税でも法人事業税における外形標準課税の付加価値割（以下，単に外形標準課税）で用いられている。外形標準課税の課税ベースは，賃金，純支払利子，純賃貸料，法人利潤といった付加価値の要素を積み上げて計算される。この意味で，外形標準課税は加法方式の付加価値税である。しかし，外形標準課税の課税ベースにある法人利潤は設備の即時償却が認められたものではなく，通常の減価償却制度に基づいた法人税の課税ベースであるため，外形標準課税の課税ベースは消費にはならない。この点で，外形標準課税は欧州の VAT や日本の消費税のような消費課税ベースの課税とは異なる。外形標準課税は，所得ベースの付加価値税と呼ばれている。

## ■ 日本の消費税

　日本の消費税は，1989 年 4 月に 3％の税率で導入されたが，その導入までには 1970 年代から始まる「一般消費税」と「売上税」という二度にわたる導入失敗があった。このため，消費税は欧州諸国の VAT をモデルにしながらも，政治的な理由により，制度設計に制約が課せられたままの門出となった。インボイスが導入されなかったことがその代表例であるが，そのほかにも次のような零細事業者を優遇するいくつかの措置が設けられた。

　第 1 に，免税点（課税対象となる年間課税売上高）が 3,000 万円と高めに設定された。これは，当時の欧州諸国の VAT に比べて数倍の水準であり，多くの益税をもたらした。

　第 2 に，簡易課税制度が年間課税売上高 5 億円以下の事業者に適用された。簡易課税制度は，一定水準以下の課税売上高をもつ事業者が，みなし仕入率を使って納税額を計算できる制度である。これによって，事業者は納税事務を簡素化することができるが，一方でみなし仕入率が実際の仕入率よりも高く設定されたため，益税が発生した。

　第 3 に，年間課税売上高 6,000 万円以下の事業者に対しては，限界控除制

9.4　付加価値税（VAT）の仕組み　　**161**

表 9-2　消費税の主な制度改正

| | 1989 年度<br>（「消費税」創設時） | 1991 年度 | 1997 年度 | 2004 年度 | 2015 年度 |
|---|---|---|---|---|---|
| **①免税点制度** | | | | | |
| ・適用上限 | 3,000 万円 →→ | | | 1,000 万円 → | 同左 |
| **②簡易課税制度** | | | | | |
| ・適用上限 | 5 億円 → | 4 億円 → | 2 億円 → | 5,000 万円 → | 同左 |
| ・みなし仕入率 | 90%, 80%<br>の 2 区分 | 90%, 80%,<br>70%, 60%<br>の 4 区分 | 90%, 80%,<br>70%, 60%,<br>50%の 5 区分 | | 90%, 80%, 70%,<br>90%, 50%, 40%<br>の 6 区分 |
| **③限界控除制度** | | | | | |
| ・適用上限 | 6,000 万円 → | 5,000 万円 → | 制度の廃止 | | |

（出所）　財務省資料より作成

度が導入された。同制度は，売上高が免税点の 3,000 万円を超えると納税額が一気にゼロから跳ね上がることを防ぐために，納税額に対して売上高に応じて一定の控除が認められるものであった。同制度では，利用事業者の本来の税額と納税額との間に差が生じて，それがそのまま益税になっていた。

　こうした制度とそれらがもたらす益税が，消費税導入当初から強い批判を浴びたことから，政府は早い段階から消費税制度の見直しを図った。表 9-2 に示されるように，1991 年 10 月，1997 年 4 月など数回にわたって消費税改革が行われ，限界控除制度が 1997 年に廃止されたほか，2004 年 4 月には免税点が 1,000 万円まで引き下げられた。また，1991 年から現在までの間に簡易課税制度の適用対象となる事業者の範囲が幾度にもわたって狭められ，2004 年 4 月には簡易課税制度の適用上限売上高が 5,000 万円まで引き下げられた。こうした改正によって，消費税の益税はその導入当初と比べて大きく減少したと考えられる。

　その結果，日本の消費税はインボイスの欠如や簡易課税制度による益税の発生という構造的な問題を抱えながらも，課税ベースの広い VAT として世界的に一定の評価がなされるようになった。OECD（2014）によれば，日本の消費税は OECD 諸国の中で 5 番目に課税ベースが広い。この背景には，非課税品目が最小限度に抑えられてきたことや，これまで単一税率で運営されてきたことがある。単一税率であるという点は，世界の VAT の中でも珍

しい性質であり，これは食料品等に対する軽減税率を多用している欧州諸国のVATとは異なる日本の消費税の長所と考えられてきた。しかし，残念なことに，平成28年度税制改正において消費税率が10%に引き上げられる際に，酒類・外食を除く飲食料品及び新聞に対して，8%の軽減税率が適用されることが決まった。この税制改正は，VATは広い課税ベースが望ましいという近年のVATの考え方に逆行するものである。日本の消費税は，軽減税率の導入によって，税率が10%に引き上げられる時点でその性格を大きく変えることになる。

### ■ VATにおける逆進性対策

VATには，逆進性があるといわれる。所得階層別の税負担率（税額/所得）を計算すると，低所得層ほど税負担率が高くなる。これをもって，一般的にVATは逆進性をもつといわれている。しかし，「生涯所得＝生涯消費」と考えると，VATは生涯所得に対する比例税であるから，それ自体は逆進的であるわけではない。それでも，現実には遺産相続があり，必ずしも「生涯所得＝生涯消費」が成り立つとも限らないため，VATの逆進性に対して何らかの対応をとることは，多くの人が納得するところかもしれない。

問題は，VATの逆進性に対してどのような方法で対応すべきかである。日本の消費税では軽減税率を導入することが決まったが，これは欧州諸国やその他の国のVATを参考にしたものである。諸外国での経験を基に税制改正を行うということはしばしばみられることであるから，軽減税率の効果を諸外国に学ぶという姿勢は理解できる。しかし，軽減税率については，欧州諸国の経験からVATの逆進性対策としてあまり望ましい手法ではないとの評価が定着しており，日本での軽減税率導入はそうした中で行われることになったため，多くの税の専門家がその動きに対して首を傾げることとなった。税の専門家の間で軽減税率がVATの逆進性対策として望ましくないとされている理由は，次のとおりである。

第1に，軽減税率を導入しても，その逆進性緩和効果が小さいことである。食料品に軽減税率が適用されると，消費に占める食費の割合が高い（すなわちエンゲル係数が高い）低所得者ほど税負担率（税額/所得）が大きく低下し，

9.4　付加価値税（VAT）の仕組み　　163

一般的にはこれをもって VAT の逆進性が緩和されると考えられている。しかし，税負担を絶対額でみると，軽減税率の恩恵の多くは食料品消費の絶対水準が高い高所得者に向かってしまう。VAT の軽減税率は低所得者に対してのみ適用されるわけではないので，軽減税率の恩恵は消費の絶対額に比例する。よって，軽減税率によって絶対額でみて得をするのは富裕層である。

第2に，軽減税率の導入によって，その対象品目と非対象品目の間の線引きという実務的に困難な問題に直面することである。例えば，「子牛→成牛→枝肉→精肉」という段階を経る牛はどの段階から食料品とするのか，お菓子と玩具が一体である場合や花とお菓子の入った母の日ギフトはどう扱うのかなど，線引きが難しい案件には枚挙にいとまがない。税務当局は，こうした様々な線引きの問題について，一つひとつ明確な基準を設けなければならず，それには膨大な税務費用が発生する。また，軽減税率の線引きが政治的に決められ，必ずしも納得できるものにはならない可能性もある。欧州諸国では，各業界団体が自らの製品に対して軽減税率の適用を求め，その結果として国内生産者が多い製品には軽減税率が導入される傾向がみられる。

第3に，軽減税率の導入が税収不足を招くか，もしくは VAT の税率をその分だけ引き上げざるを得なくなることである。軽減税率の導入は，VATの課税ベースを狭くするものであるため，同じ税収を得るためには税率を高く設定しなければならない。税率を高く設定すると，その分だけ価格が歪められ，死重損失が大きくなる。

以上の理由から，軽減税率は VAT の逆進性対策として望ましいものとはいえない。それでは，VAT の逆進性に対してどのような措置で対応すればよいのだろうか。1つの方法は，低所得者のみを対象として所得税減税を行うことである。低所得者のみを対象とした支援策であれば，富裕層にその恩恵が流れることもないため，その分だけ効率的な政策となる。そもそもVAT において逆進性が生じるのは，VAT が無記名の消費に対する一律課税であることに起因する。同様の理由で，VAT では軽減税率を導入しても，低所得者の消費も高所得者の消費も等しく扱われるため，効率的な逆進性緩和策にはならない。低所得者のみを対象とした措置の方が，より効率的な政策となる。

軽減税率によって VAT の逆進性を緩和しようという考え方は，VAT の逆進性緩和を VAT の中だけで対応しようとする視野の狭さから発している。税負担は必ずしも VAT 負担だけではなく，他の税目もあることに気がつけば，個人の経済的事情を勘案して課税できる個人所得税の減税によって VAT の逆進性を効率的に緩和し，税負担全体としての累進構造を維持するという発想が生まれる。所得税を納めていない課税最低限以下の低所得者に対しては減税を行うことはできないが，その場合には税還付という手段によって実質的な減税を行うこともできる。実際に，給付付き税額控除によって，課税最低限以下の者に対する税制上の支援を行っている国は少なくない。カナダのように，（Goods and Services Tax，GST と呼ばれる）VAT の逆進性緩和を目的として給付付き税額控除が用いられている国もある。さらに広い視野に立てば，VAT の逆進性に対して低所得者の社会保険料の減免や社会保障給付の増加で対応することもできる。こうした社会保障関連の措置は，税制の枠組みを超え，政策の所管官庁も異なるものの，VAT の逆進性を緩和する機能としては所得税減税や税の還付と変わらない。

　VAT 改革を含む英国の抜本的税制改革を検討したマーリーズ報告（2011）では，税制の構築に関して，個別の税ではなく税制全体の効果を考えることの大切さが指摘されている。税の累進性を重視する場合でも，全ての税目で累進性が確保される必要はなく，ある税目が逆進的になれば他の税目でそれを相殺し，税制全体として累進的になればよいとされている。こうした考え方を VAT に適用すれば，VAT 単独で逆進性の緩和を考えるのではなく，個人所得税のような累進構造を作りやすい税目で累進性を実現し，税制全体としてまたは社会保障制度及び税制全体として累進構造が確保されることが重要であると考えられる。税の世界も適材適所が大切だということである。

## ■ Active Learning

《重要事項のチェック》・・・・・・・・・・・・・・・・・・・・・・・・・・・・・・・・・・・・・・・・・・・・・・・・
　　□物品税の帰着　□ラムゼイ（逆弾力性）ルール　□付加価値税（VAT）

□インボイス方式　□減法方式　□加法方式　□益税　□ VAT の逆進性
□軽減税率

《調べてみよう》‥‥‥‥‥‥‥‥‥‥‥‥‥‥‥‥‥‥‥‥‥‥‥‥‥‥‥

[1]　日本の消費税と欧州諸国の付加価値税について，その税率・非課税品目・軽減税率品目を比較してみよう。

[2]　社会保障・税一体改革で決められた日本の消費税収の使途について調べてみよう。

[3]　酒税・たばこ税の税率と税収について，それぞれ調べてみよう。

《Exercises》‥‥‥‥‥‥‥‥‥‥‥‥‥‥‥‥‥‥‥‥‥‥‥‥‥‥‥‥‥‥

[1]　需要の価格弾力性が無限大で，供給の価格弾力性がゼロではないとき，物品税は誰がどのくらい負担するか。逆に，供給の弾力性がゼロで，需要の価格弾力性がゼロではないとき，物品税は誰がどのくらい負担するか。また，両ケースにおいて死重損失は発生するか。

[2]　ラムゼイ（逆弾力性）ルールとは，どのようなルールか。また，ラムゼイ・ルールの観点から日本の消費税を評価するとどうなるか。

[3]　インボイス方式の VAT と減法方式の VAT の長所と短所を述べよ。

[4]　消費税に軽減税率を導入することの問題点をあげよ。

### 文 献 紹 介

● A. C. チャン / K. ウエインライト（小田正雄・高森　寛・森崎初男・森平爽一郎訳）（2010）『現代経済学の数学基礎［第 4 版］（下）』シーエーピー出版

● OECD（2014）, *Consumption Tax Trends 2014*, OECD.

● Mirrlees, J., S. Adam, T. Besley, R. Blundell, S. Bond, R. Chote, M. Gammie, P. Johnson, G. Myles and J. Poterba（2011）, *Tax by Design: The Mirrlees Review*, Oxford University Press.（マーリーズ報告）

# 第10講
# 税制改革の方向性

■本講は，抜本的な税制改革の議論と経済のグローバル化の下で生じる税制の諸問題を検討する。所得課税から消費課税への移行を求める伝統的な議論を踏まえた後，近年重要性が高まっている経済のグローバル化に対応した税制のあり方を考える。

## 10.1 所得課税から消費課税へ------------------

　諸外国では，抜本的な税制改革を検討する際に，しばしば税制改革に関する委員会が形成される。税制のあるべき姿を提言するには税制に関する専門知が必要であるため，財政学者や税法学者を中心とする専門家が一堂に集まり，あるべき税制に関する議論を繰り返し，最終的な税制改革案が作成される。有名な抜本的制改革案としては，1966年のカナダのカーター報告，1977年の米国財務省のブループリント，1978年の英国のミード報告，2005年の米国大統領税制改革諮問委員会報告，2011年の英国のマーリーズ報告などがある。日本で戦後税制の基本的構図を提供したシャウプ勧告も，戦後初期の抜本的な税制改革案である。

　近年の抜本的税制改革案の大きな論点の一つが，課税ベースを所得から消費に移行するか否かである。抜本的な税制改革案をみると，所得課税から消費課税への移行を提言しているものが多い。所得課税から消費課税への移行に伴って大きな変化が生じる部分は，勤労所得税ではなく資本所得税であるため，こうした提案ではしばしば法人税に関する大胆な改革案が含まれる。

　現在の日本の税制は，他の多くの国と同様に，所得課税と消費課税のハイ

167

ブリッドである。日本の税制は，シャウプ勧告に従って所得課税を基本にしつつも，早い段階から理想的な所得課税からは大きく乖離した変革が行われてきた。そして，1989年の消費税の導入以後は消費課税の比重が高まっており，今後も長期的に増大する社会保障費に対して消費税収が充てられることが決まっているため，日本の税制は長期的に消費課税の性格をより強く帯びるようになる。今後，付加価値税（VAT）ではなく個人所得税の比率を高めていくこともできないわけではないから，どの程度税制が消費課税に近づいていくかは国民の選択によるところとなるが，少なくとも現時点では日本の税制はこの先消費課税の色彩を強めていく公算が高いと判断される。

しかし，理論的な観点からみれば，消費課税は必ずしもVATで実現しなければならないわけではない。消費に対する課税は，VATのような間接税ではなく，直接税として実現することも可能である。伝統的な抜本的な税制改革の議論でしばしば登場するのが，直接税としての消費課税案である。とりわけ，伝統的な消費課税案として，支出税とフラット・タックスの2つが重要である。

**第9講**の（9.8）式のように，家計の消費（$C$）は労働所得（$W$）と資本所得（$R$）から貯蓄（$S$）を引いたものとして，次のように表される。

$$C = W + R - S \tag{10.1}$$

消費が労働所得と資本所得の合計から貯蓄を差し引いたものに等しいということは，政府が各個人の所得のみならず貯蓄を把握して，所得から貯蓄を差し引いたものを課税ベースとすれば，直接税の形で消費課税を実現することができるはずである。形式としては個人所得税であるが，課税ベースから貯蓄が除かれているので消費課税となる。こうした課税は昔から考えられており，支出税と呼ばれている。支出税は，消費課税に関する議論の中でしばしば登場する課税であり，本格的な提案は少なくとも1955年のニコラス・カルドア（N. Kaldor）の著作（Kaldor, 1955）まで遡る。

支出税がVATと比べて優位な点は，支出税が直接税であることから，個人の事情を考慮した設計が可能な点である。個人の所得をベースに公平性に十分に配慮した課税を実現することができる。逆に，その欠点は，個人の貯

168　第10講　税制改革の方向性

蓄を把握するために資産記録などが必要で，実務的なハードルが高いことである。支出税は，これまでその実務的な問題から主要国において完全な形で実施されたことはないが，個人の事情を考慮した消費課税という魅力は大きい。このため，支出税は抜本的な税制改革案の中で，過去に何度も提案されている（ミード報告（1978）等）。

## ■ フラット・タックスとは何か

**第9講**の（9.9）式でみたように，閉鎖経済の下では（10.1）式において$S=I$（$I$は投資）となるから，（10.2）式が成り立つ。（10.2）式の右辺に対して一律に課税するのがVATであった。

$$C=W+R-I \tag{10.2}$$

ここで，（10.2）式を利用して，VATと同じことを直接税として実現することを考えよう。消費ベースの付加価値が労働所得（$W$）と資本所得（$R-I$）に分けられることに着目すれば，前者に労働所得税を，後者に法人税を課すことで，直接税の形でVATと同じ課税を行うことができる。こうした発想から，米国のロバート・ホール（R. Hall）とアルビン・ラブシュカ（A. Rabushka）は1980年代初頭に直接税型の消費課税を提案した[1]。これが，フ**ラット・タックス**（Flat Tax）と呼ばれる税制である。フラット・タックスという言葉は，単純に個人所得税率と法人税率を一律税率とした税制一般にも用いられることがあるが，ここではホールとラブシュカが提案した税制をフラット・タックスと呼ぶ。

フラット・タックスの最大の特徴は，その簡素性にある。フラット・タックスでは，労働所得税は一律税率の簡素なものとされ，一定の所得控除が設けられることにより累進構造が実現される。そして，労働所得税の一律税率は，法人税にも使用される。労働所得と資本（法人）所得に対する税率を一本にすることによって，フラット・タックスでは個人所得税と法人税の税率差を利用した租税回避行動が防止される。また，簡素な税制によって，納税

---

1　詳しい内容は，Hall and Rabushka（1995）を参照されたい。

10.1　所得課税から消費課税へ　　169

費用も小さくて済む。

　フラット・タックスは，米国では根強い人気があり，政治家による提案もしばしばみられる。1996 年には，大統領選においてもスティーブ・フォーブス氏がフラット・タックスを掲げて選挙戦を戦い，フラット・タックスの知名度が上がった。フラット・タックスは，労働所得と資本所得に対する一律課税という面が強調されることが多く，単純な比例税のような印象を持たれることもあるが，その労働所得税部分が累進税になっていることは見逃されるべきではない。フラット・タックスの労働所得税は線形累進税であり，それによって一律課税という簡素性を維持しつつ，累進的な課税が実現される。これは，同じ消費課税でも間接税の VAT にはない性質である。

## ■ キャッシュフロー法人税

　フラット・タックスの法人税部分は，VAT において資本財購入が全て控除されることに対応して，設備の即時償却が認められるキャッシュフロー法人税（Cash Flow Tax, CFT）になっている。キャッシュフロー法人税は，フラット・タックスに限らず様々な税制改革案に取り入れられている法人税であり，抜本的な税制改革案における法人税として基本となるものである。

　キャッシュフロー法人税の性質を理解するためには，まず正常利潤と超過利潤を区別する必要がある。正常利潤とは，時間の経過とともに通常得られる利潤のことを指し，これは機会費用に等しい。企業の側からみれば，これは投資家が要求する収益率であり，資本コストということになる。企業は，これに加えて，ブランド力や立地的な優位性から生じる利潤，または突発的に生じた利潤などから，正常利潤を超える利潤を生み出す。これは超過利潤と呼ばれる。概念的には，法人利潤は正常利潤と超過利潤の合計から成ると考えられる（図 10-1）。企業は，均衡点では（超過利潤が逓減するものとして）超過利潤がゼロになる水準まで投資を行う。

　企業の投資判断に関係するのは，正常利潤に対する課税であり，超過利潤に対する課税ではない。その理由は，超過利潤に対する課税が行われる場合，課税によって確かに超過利潤が減少するかもしれないが，それでも投資をすることによって正常利潤を超える超過利潤が得られることには変わりないか

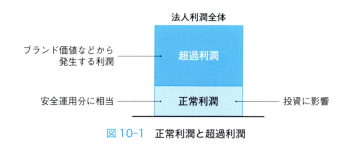

図 10-1　正常利潤と超過利潤

らである。このため，企業としてはたとえ超過利潤が課税されたとしても，やはり投資を行う方がよい。

　キャッシュフロー法人税の重要な特徴は，設備の即時償却が認められることで，正常利潤に対する課税が実質的に回避されることである。通常の法人税では，新たな投資を行った場合，その投資額に対して税務上の減価償却に相当する部分だけが控除される。これに対して，キャッシュフロー法人税では投資額がそのまま控除される。これによって，キャッシュフロー法人税ではたとえ株式調達であっても正常利潤に対する課税が回避される[2]。つまり，キャッシュフロー法人税は投資に対して中立的な法人税と考えられる。

　また，キャッシュフロー法人税では支払利子が控除されないので，株式調達と負債調達の扱いが同じになる。いずれの調達方法によっても支払配当または支払利子が控除されないため，キャッシュフロー法人税では負債調達のコストが低いことからくる企業の負債バイアスが生じない。このため，キャッシュフロー法人税は，資金調達方法に対しても中立的な課税方法であるといえる。つまり，キャッシュフロー法人税は，通常の法人税が抱える「投資に対する悪影響」と「負債優遇」という2つの欠点を克服する法人税である。ちなみに，VATでは仕入として資本財が全て控除されるため，その法人税部分はキャッシュフロー法人税である。よって，VATは投資に悪

---

[2] キャッシュフロー法人税の下で正常利潤が課税されない理由を明らかにすることは本書の内容を超える。キャッシュフロー法人税及び後述するACEの詳細は，鈴木（2014）を参照されたい。

影響を及ぼさない。

投資に対して中立的な法人税は，キャッシュフロー法人税のほかにもある。近年，ACE（Allowance for Corporate Equity）と呼ばれる法人税がベルギーやイタリアなどで導入されるようになった。ACEとは，設備の即時償却を認める代わりに，ACE控除（株式控除）という新たな控除を設ける法人税のことである。ACEでは，ACE控除の存在によって株式調達の際にも正常利潤に対する課税が回避される。また，ACEでは負債調達の場合に支払利子が控除されるのと対称的に株式調達に対してACE控除が認められることから，資金調達の選択が歪められることもない。つまり，ACEはキャッシュフロー法人税と同様に，資金調達方法に対しても中立的な法人税である。

## ■ 個人段階の資本所得に対する課税をどうするか

フラット・タックスでは，法人段階でキャッシュフロー法人税が用いられるため正常利潤が課税されず，一方で個人段階では利子，配当，キャピタル・ゲインといった資本所得に対する課税が行われない。このため，貯蓄が生み出す正常利潤が法人段階と個人段階を通じて一度も課税されないことになる。富裕層ほど多くの資本所得を得ていることを考えると，フラット・タックスにおける個人資本所得税の廃止は，垂直的公平性の観点から批判が生じるであろう。フラット・タックスが長い間米国において繰り返し提案されつつも，それがあまり現実味を帯びなかった背景には，資本所得に対する課税が欠如しており，それゆえ金持ち優遇税制との批判が払拭できないことがあったものと思われる。

しかし，法人段階でも個人段階でも正常利潤に対しては課税しないという性質はフラット・タックス特有のものではなく，消費課税の性質である。消費課税が望ましいとの立場からは資本に対する課税がないことは当然である。これに対して，公平性の観点から資本所得に対して一度は課税すべきとの国民的合意がある場合には，資本所得に対する課税が法人段階または個人段階で行われてもよかろう。フラット・タックスの場合には，法人段階ではキャッシュフロー法人税によって正常利潤が課税されないため，個人段階で資本所得税を課すというのが1つの考え方である。一般的には，法人段階と

表 10-1 株式投資利潤に対する課税（法人段階＋個人段階）

| | 法人段階で課税 | | 個人段階で課税 | |
|---|---|---|---|---|
| | 正常利潤 | 超過利潤 | 正常利潤 | 超過利潤 |
| ①古典方式<br>（通常の法人税＋個人資本所得税） | ○ | ○ | ○ | ○ |
| ②フラット・タックス（CFT のみ） | × | ○ | × | × |
| ③CFT（または ACE）＋個人資本所得税 | × | ○ | ○ | ○ |
| ④通常の法人税（個人段階は課税なし，<br>　または完全インピュテーション） | ○ | ○ | × | × |
| ⑤通常の法人税＋ASE | ○ | ○ | × | ○ |
| ⑥CFT（または ACE）＋ASE | × | ○ | × | ○ |

(注)　○は課税，×は非課税。CFT は，キャッシュフロー法人税を表す。

個人段階における資本所得に対する課税の仕方は様々であり，表10-1のように整理される。

まず，通常の法人税の下で古典方式が採用されている場合，正常利潤と超過利潤が法人段階と個人段階においてそれぞれ二度課税される（表10-1の①）。これに対して，フラット・タックスでは正常利潤が法人段階でも個人段階でも課税されない（表10-1の②）。これに対して，資本の正常利潤に対して一度きりの課税を行うのが望ましいと考える場合，法人段階か個人段階のどちらか一方で正常利潤に対して課税すればよい。法人段階でキャッシュフロー法人税を課し，個人段階で資本所得税を課す（表10-1の③）か，現行の法人税を維持しつつ，個人段階での課税を行わない（もしくはインピュテーション方式などで完全な調整を行う，表10-1の④）方法がある。

しかし，資本所得に対する二重課税とは正常利潤に関するものであり，超過利潤に関するものではない。企業は，正常利潤さえ確保すれば，課税がない場合と同じように投資家から資金を調達することができる。このため，投資に対する影響という観点からは，正常利潤にさえ課税しなければよく，超過利潤には二度課税してもよいということになる。そう考えると，正常利潤に対して法人・個人段階を通じて一度きりの課税を行う方法として，通常の法人税を前提にして，個人段階で超過利潤に対してのみ課税することも考え

10.1　所得課税から消費課税へ　173

られる（表10-1の⑤）。これを実現するものとして，ASE（Allowance for Shareholder Equity）と呼ばれる課税方法がある。ASE は，個人資本所得税において正常利潤に相当する控除を設けることで，ACE と同じようなことを個人段階で行う課税方法である。ASE を用いた個人資本所得税は，実際に2006年からノルウェーで株主所得税（Shareholder Income Tax, SIT）として導入されている。さらに，ASE を用いると，消費課税を実現する場合にも法人段階でキャッシュフロー法人税（またはACE）を，個人段階でASE を用いるという課税方法が考えられる（表10-1の⑥）。

　このように，法人段階と個人段階における資本所得に対する課税には様々な方法がある。諸外国の抜本的な税制改革の議論では，こうした様々な課税方法が比較され，どのような課税が理論的に望ましく，かつ実務的にも実現可能であるかの検討が行われる。わが国では，あまりどの段階で資本所得のどの部分に対して課税を行うべきかという議論は少ないように思われる。単純に税率を上げ下げし，それとの関係で課税ベースを調整するといった議論から脱却して，効率性と公平性の観点から法人段階と個人段階でそれぞれどのような課税ベースを設定するべきかという抜本的な税制改革の議論が求められよう。

## 10.2　国 際 課 税------------------------------------

### ■ 開放経済における課税の考え方

　さて，これまでの議論は基本的に閉鎖経済を念頭に置いた議論であった。しかし，現実の世界では企業のグローバルな活動が増え，開放経済を想定した課税のあり方を考える必要があることも事実である。目下，法人税の重要課題としてあげられる事柄には，経済のグローバル化に起因するものが多い。

　開放経済では，資本がグローバルに移動できることから，資本は税率の低い国を求めて移動する。このため，各国政府は資本を海外から国内に呼び込むために法人税率の引下げ競争を行うようになる。こうした動きは，国際的な租税競争と呼ばれている。国際的な租税競争が繰り広げられる世界では，

174　第10講　税制改革の方向性

企業活動のグローバル化が進展すればするほど，他国の法人税率の影響を受けざるを得なくなり，法人税によって税収を確保することが難しくなる。この点は，法人税率が公共財や再分配の水準，他の税目との関係など国内要因によって決められる閉鎖経済と大きく異なる。

　開放経済における課税を考える上で重要な点は，主に次の2つである。第1に，開放経済では企業の投資に影響を及ぼす課税が法人税であり，個人資本所得税ではなくなることである。閉鎖経済の場合には，法人段階と個人段階の課税が統合的に捉えられ，法人税減税と個人資本所得税減税のいずれであっても，それが企業の資本コストを軽減するものである限り，企業の投資を刺激することができた。これに対して，開放経済では企業が投資資金を世界利子率で海外から調達することが想定されるため，個人段階の資本所得税減税では企業の資本コストを低下させることはできない。国内投資を刺激するためには，法人税減税を行う必要がある。

　第2に，閉鎖経済では投資インセンティヴの影響を避けるためには正常利潤にさえ課税しなければよく，超過利潤に対する課税は問題にならなかったが，開放経済では超過利潤に対する課税も企業行動に影響を及ぼすことである。超過利潤に対する課税は，投資量には影響を及ぼさないと考えられるものの，企業の国際的な立地判断に対しては影響を及ぼす。多国籍企業が一旦立地先を決めてしまえば，超過利潤に対する課税は企業の（連続的な）投資判断に影響を及ぼさないが，その企業がA国に立地すべきか，それともB国に立地すべきかを検討する際には，超過利潤に対する課税がその（離散的な）立地判断に影響を及ぼす。これは，立地先を決める際には，超過利潤を含めた税引き後の利潤全体の大きさが問題になるからである。もし超過利潤が天然資源やインフラ等の立地的な要因から生じているのであれば，課税による資本の海外流出は起こらないが，超過利潤が製品ブランドや経営手法等の企業要因から生じている場合には，超過利潤に対する課税が企業の海外流出につながる。

　グローバル経済下の法人税のあり方を考える際には，こうした点を考慮に入れる必要がある。その際，どの程度開放経済の影響を考慮すべきかは，それぞれの国が置かれた経済のグローバル化の程度による。企業によるグロー

10.2　国際課税　　175

バルな経済活動が年々拡大しているのは事実であるが，企業が事業展開や資金調達を全て海外で行っているわけでもない。現実は，閉鎖経済と開放経済の中間にある。国によって経済のグローバル化の程度が異なるため，税制によるグローバル化への対応もそれを反映したものにする必要がある。

## ■ 国際課税方式

次に，国内のみならず海外でも活動する多国籍企業に対して行われる課税方法をみてみよう。基本となるのは，法人税の国際課税主義である。通常は，居住地主義と源泉地主義のいずれかの主義に則して，海外子会社の利潤に対する課税が行われる。

居住地主義課税とは，居住者の全世界所得に対して課税する方法である。全世界所得課税方式と呼ばれる課税方式の下で，海外に事業展開している自国企業は，その所得が国内で発生したにせよ，海外で発生したにせよ，全て国内政府によって課税される。ただし，このままでは自国と外国で二重課税が生じてしまうため，自国企業が外国で納付した外国税額を自国の法人税額から差し引くことが認められる。これを外国税額控除という。一方で，源泉地主義は企業の国籍にかかわらず，所得の源泉地で課税を行うものである。海外に事業展開している自国企業は，その国内源泉所得のみが課税され，国外源泉所得は課税されない。この課税方式は，領土内課税（テリトリアル）方式と呼ばれる。

全世界所得課税方式と領土内課税方式の違いを簡単な例で考えてみよう（図10-2）。ある企業が外国に100％子会社をもっていて，国内親会社の所得が200，外国子会社の所得が100であるものとする。国内税率は30％，外国税率が20％とし，外国子会社の所得は全て配当として国内に送金されるものとする。

このとき，全世界所得課税方式の下での課税を考えると，多国籍企業の全世界所得300が課税ベースとなるため，外国税額控除を考慮して，国内税額が「$300 \times 30\% - 100 \times 20\% = 70$」となる。これに外国での税負担分20を加えると，この多国籍企業は世界で90の税負担となる。これに対して，領土内課税方式の下では，国外所得は課税ベースに含まれないため，国内税額が

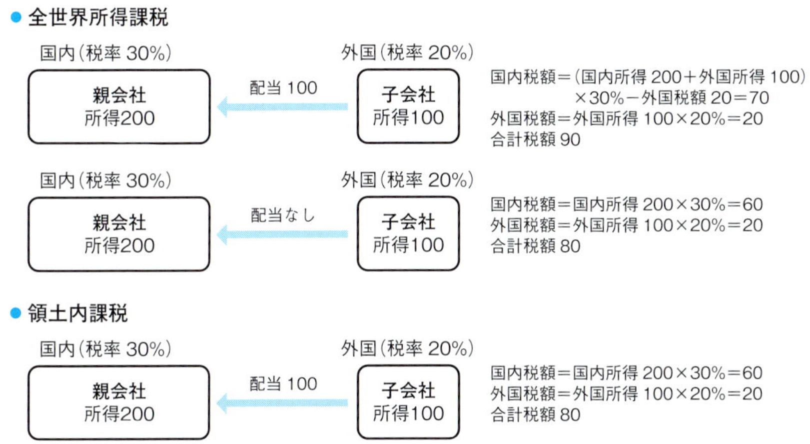

● 全世界所得課税

国内（税率30%）　　　　　　　外国（税率20%）

```
┌─────────────┐  配当100  ┌─────────────┐
│   親会社    │ ◀─────── │   子会社    │
│  所得200    │          │  所得100    │
└─────────────┘          └─────────────┘
```

国内税額＝（国内所得200＋外国所得100）
　　　　　　×30％－外国税額20＝70
外国税額＝外国所得100×20％＝20
合計税額90

国内（税率30%）　　　　　　　外国（税率20%）

```
┌─────────────┐  配当なし  ┌─────────────┐
│   親会社    │ ◀─────── │   子会社    │
│  所得200    │          │  所得100    │
└─────────────┘          └─────────────┘
```

国内税額＝国内所得200×30％＝60
外国税額＝外国所得100×20％＝20
合計税額80

● 領土内課税

国内（税率30%）　　　　　　　外国（税率20%）

```
┌─────────────┐  配当100  ┌─────────────┐
│   親会社    │ ◀─────── │   子会社    │
│  所得200    │          │  所得100    │
└─────────────┘          └─────────────┘
```

国内税額＝国内所得200×30％＝60
外国税額＝外国所得100×20％＝20
合計税額80

図 10-2　　全世界所得課税と領土内課税

「200×30％＝60」となる。世界での税負担は，これに外国での税負担分20を加えて80となる。このように，両課税方式の下では国内税額に10だけ違いが生じる。これは，全世界所得課税では外国子会社の所得100が国内でも課税されるからである。国内税率の方が外国税率よりも10％だけ税率が高いため，外国税額控除を考慮しても「100×10％＝10」だけ両課税方式の間で税額に違いが生じる。

■ 国際課税の効率性基準

① CEN と CIN

　こうした国際課税方式は，伝統的に効率性の基準で評価されてきた。基本となる効率性基準は，資本輸出中立性（Capital Export Neutrality, CEN）と資本輸入中立性（Capital Import Neutrality, CIN）である。CEN は，資本収益がその発生場所にかかわらず同じ税率で課税されるという原則であり，CIN は同じ国で発生した資本収益はその居住国にかかわらず同じ税率で課税されるという原則である。資本輸出国については，CEN を満たすような国際課税方式が望ましいとされ，戦後長い間米国や日本では CEN を実現する全世

10.2　国際課税　　177

界所得課税方式（＋外国税額控除）が採用されてきた。しかし，近年は領土内課税方式（国外所得免除方式）を採用する国が増えている。欧州諸国は，以前から領土内課税の国が多かったが，残りの国でも2000年代半ばに領土内課税に移行する動きが相次いだ。2009年には，英国も領土内課税方式に移行した。また，日本も2009年に外国子会社配当益金不算入制度を導入し，配当に関しては領土内課税方式に移行した。

### ②領土内課税方式への移行が盛んな理由

なぜ，近年全世界所得課税方式（居住地主義課税）から領土内課税方式（源泉地主義課税）への切り換えが盛んになっているのであろうか。本来ならば，経済のグローバル化が進めば進むほど，源泉地主義よりも居住地主義の国際課税主義としての妥当性が高まるはずである。居住地主義課税では，自国企業が世界のどこで活動してもそこで生じた利潤に対しては，自国政府が課税することになるため，企業活動のグローバル化に適した課税方式と考えられる。源泉地主義課税では，自国よりも外国の税率が低い場合には，海外への資本流出が促されることになる。このため，経済のグローバル化が進むと領土内課税方式から全世界所得課税方式への移行が生じるのではないかと思われるが，現実にはその逆のことが生じている。

この謎を解くカギは，上記のような国際課税方式の文字通りの性質と現実の課税方式とのギャップにある。最も重要な点は，全世界所得課税方式の下でも，自国企業の国外所得が国内に還流した時点でしか課税されないことである（図10-2中段）。基本的に，自国政府が外国子会社に対して，現地の税務当局の協力なしに課税することはできないため，国外所得は自国に還流されるまでは自国政府による課税が繰り延べられる。自国の税率が外国の税率よりも低い場合には，課税繰延が可能になることで対外投資の実効税率がその分だけ低くなるから，多国籍企業には国外所得を海外に滞留させる誘因が生まれる。実際に，全世界所得課税方式の代表国であり，かつ国内税率が高い米国では，多国籍企業の国外所得が積み上がり，その金額は2.5兆ドルに達していると言われている[3]。全世界所得課税方式を採用していても，国外所

---

3　本書執筆時点では，米国は2018年度に領土内課税方式に移行するとともに，国外所得の国内還流に対する一度きりの低率課税を行うことを検討している。

178　第10講　税制改革の方向性

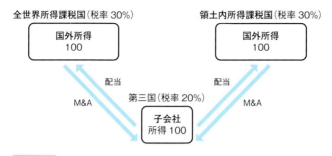

図 10-3　第三国（低税率国）に対する M&A

得が国内に還流しない限りは課税されないので，多くの国の全世界所得課税方式は居住地主義課税というよりも源泉地主義課税に近い性格をもっていると考えられる。

　このように，現実の世界において領土内課税方式，全世界所得課税方式ともに，実態としては源泉地主義の性質をもっている点は重要である。そもそも国際的な租税競争，すなわち税率引下げによる企業の誘致合戦が繰り広げられるのは，現行の法人税がいずれの課税方式をとるにせよ，実質的に源泉地主義課税になっているからである。後述する多国籍企業の国際的な租税回避についても同じことがいえる。にもかかわらず，経済のグローバル化とともに領土内課税方式から全世界所得課税方式への移行が活発にならないのは，両方式ともに実態として源泉地主義課税になっているからである。その意味で，近年みられる全世界所得課税方式から領土内課税方式への移行という動きは，実質的には居住地主義課税から源泉地主義課税への移行ではなく，源泉地主義課税の中での制度改正と捉えることができる。

　しかし，領土内課税方式と全世界所得課税方式がともに実質的な源泉地主義課税であるならば，必ずしも全世界所得課税方式から領土内課税方式への移行が進むとは限らない。なぜこうした動きが一つの傾向として生じているのであろうか。この点を理解するために，次のような簡単な合併・買収

10.2　国際課税　　179

（M&A）の例を考えよう（図 10-3）。全世界所得課税方式を採用している国の企業と領土内課税方式を採用している国の企業が，法人税率20％の第三国で M&A を行い，その子会社では 100 の利潤が生じるものとする。全世界所得課税国と領土内課税国の国内税率はともに 30％とする。

このとき，本国が全世界所得課税方式を採用している企業の支払税額を考えると，第三国に 20 だけ税を納め，本国で 10 の税を納めることになる。一方で，本国が領土内課税方式を採用している企業は，本国に追加的に税を納める必要がないため，最終税額は第三国に納めた 20 のままである。よって，全世界所得課税国の企業と領土内課税国の企業を比べると，全世界所得課税国の企業が領土内課税国の企業よりも税制上不利を被ることになる。つまり，全世界所得課税国の企業は，国際的な合併・買収（M&A）競争において，領土内課税国の企業にその技術力・経営力がたとえ同じであったとしても，税制上の理由だけで負けてしまう可能性がある。このような自国企業の海外活動への悪影響を避けようという意図が，各国が全世界所得課税方式から領土内課税方式に移行している背景にあると考えられる。

### ③ CON

近年，領土内所得課税方式への移行を支持する新しい国際課税の効率性基準も登場してきた。それは，資本所有中立性（Capital Ownership Neutrality，CON）と呼ばれる概念である。これは，現代の企業活動の中で M&A が重要になってきたことから考え出された効率性概念である。CEN や CIN などの伝統的な効率性基準が資本移動を想定していたのに対して，CON は資本保有を基準として，誰が資本を保有するのが最も効率的かという観点から国際課税を捉える。

上記の例でみたように，たとえ全世界所得課税国の企業が領土内所得課税の企業よりも優れた技術をもっていたとしても，税制上の理由だけで領土内所得課税国の企業が第三国への M&A に成功する可能性がある。CON の観点からは，こうした事態は最適な企業が資本を保有していないという理由で望ましくないとされる。もし全世界所得課税国が領土内課税方式に移行すれば，全世界所得課税国の企業と領土内所得課税の企業の競争条件は等しくなり，生産性の観点からみて最適な企業が第三国の資本を所有するため，

CON が成立する。この意味で，CON の観点からは領土内所得課税が支持される。

# 10.3 二元的所得税

## ■ 二元的所得税

資本がグローバル化してくると，足の速い資本に対する課税が難しくなるため，移動性の高い資本に対して移動性の小さい労働よりも低税率を課すことが考えられるようになった。所得課税の基本は，所得の種類にかかわらず同様に課税することであるから，これまで多くの国では包括的所得税の考え方に従って，所得税をできるだけ総合課税で行うべきとされてきた。しかし，資本がグローバルに移動するようになり，足の速い資本に対しては労働とは異なる課税が必要ではないかとの認識が高まってきた。

1990 年代初頭に北欧諸国で導入された二元的所得税は，こうした現実を背景に導入されたものである。二元的所得税とは，所得を労働所得と資本所得の 2 つに分け，労働所得については累進性を維持しつつ，足の速い資本所得に対しては一律の低税率を課すという課税方式である。北欧諸国で二元的所得税が導入された理由には，足の速い資本への対応といった要素に加えて，それまで採用されていた総合課税の下では租税回避行動が活発になり，資本所得に対する適切な課税が困難になったという事情もあった。労働所得と資本所得が特に制約もなく合算されて課税されていた当時の北欧諸国では，セカンド・ハウス投資などで多額の借金をして負の資本所得を生み出せば，それを正の労働所得と合算することで富裕層が高い税率の所得税を減らすことができた。こうした租税回避行動を防ぐためにも，労働所得と資本所得を分離して課税しようということになった。

二元的所得税の仕組みは，図 10-4 のように表される。二元的所得税では，労働所得と資本所得に対して異なる税率が適用されるが，2 種類の所得の間での租税裁定を防ぐために，労働所得に対する最低税率と資本所得に対する税率が等しく設定される。北欧諸国の中で二元的所得税が導入されているノ

10.3 二元的所得税 181

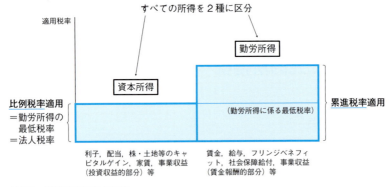

(出所) 政府税制調査会資料

図 10-4　二元的所得税の概念図

ルウェー，スウェーデン，フィンランドでは制度の詳細が異なるが，純粋な二元的所得税に近いと言われるノルウェーの税制をみると，賃金や利子所得，配当所得等が全て合算され，そこから各種控除を差し引くことによって（通常所得と呼ばれる）労働所得が計算される。控除の内容としては，人的控除に加えて負債利子やキャピタル・ロス等が含まれる。労働所得に対しては28％の一律税率が課され，一定限度を超える労働所得に対しては付加的に累進税率が適用される。

　労働所得に対して資本所得よりも高い税率の累進税が維持されるのは，それによって社会保障のための税収を確保することと，垂直的公平性を維持するためである。二元的所得税では，社会保障費増大への対応，公平性の確保，資本のグローバル化への対応を同時に達成することが目標とされている。

　二元的所得税に関する評価は分かれるが，近年では二元的所得税は経済のグローバル化に対する課税の対応の一つの形と考えられることが多くなってきた。形式的に二元的所得税を採用していなくても，既に二元的所得税に近い税制が行われている国もある。日本も，そうした国の一つと解釈される。日本では，利子，配当，キャピタル・ゲインといった資本所得が一律の分離課税とされており，それらに対しては労働所得の最高税率よりも低い税率が

適用されている。また，資本所得は金融所得課税の一体化として損益通算が部分的に可能になっており，また損益通算の範囲は近年拡大される傾向にある。このため，日本の税制は意識するしないにかかわらず，既に二元的所得税の特徴を部分的に有していると考えられる。今後金融所得課税の一体化の範囲が拡大されれば，日本の税制は，二元的所得税の性質をより強めることとなろう。

北欧諸国が直面している二元的所得税の問題は，所得分割に関するものである。二元的所得税では所得を2つに分けなければならないが，個人事業主やオーナー企業経営者の場合，その所得を資本所得と労働所得に明確に線引きすることができない。恣意的な所得分類が可能であれば，納税者は本来労働所得と捉えられるべき所得をより税率の低い資本所得として受け取ろうとする。これを避けるために，二元的所得税では通常一定の計算手法に基づく所得分割制度が用いられる。例えば，ノルウェーでは2005年まで個人事業主や能動的オーナーのいる同族非公開企業（closely held companies）の経営者に対して「スプリットモデル」と呼ばれる所得分割法が適用されていた。ここで，能動的オーナーとは株式の3分の2を保有しているか，配当の3分の2を受け取っている経営者を指す。この所得分割制度では，資本ストックに帰属利子率を乗じることによって資本所得が計算され，それを所得全体から引くことによって労働所得が計算されていた。

しかし，こうした所得分割法は能動的オーナーのいる同族非公開企業には機能しなかった。能動的オーナーのいる同族非公開企業では，縁故者間の株式保有率を変えることなどによって能動的オーナーが受動的オーナー化し，実質的に「スプリットモデル」が回避されるという事態が生じた。こうした経験から，ノルウェーでは2006年に税制改革が行われ，所得分割制度が廃止された。

このように，二元的所得税は所得全体を2つに分けることで，納税者に新たな租税回避の手段を提供することになってしまった。二元的所得税では，労働所得と資本所得を分けて，資本所得を軽課することで足の速い資本に対応しようとしたが，それによってまた新たな問題が浮上した。所得分割に関わる問題は，二元的所得税では避けられない頭の痛い問題である。

10.3　二元的所得税　　183

## 10.4 国際的な租税回避への対応

最後に，近年注目されている多国籍企業による国際的な租税回避の問題について簡単に触れたい。国際的な租税回避とは，企業が税負担を軽減するために，各国の制度的な差を利用して，本来の事業活動から大きく逸脱したタックス・プランニングを図ることである。租税回避は，何ら問題とされない節税を超えた行為であり，また違法行為である脱税とも異なるものである。

伝統的な租税回避方法の1つは，移転価格操作である。多国籍企業は，世界中に子会社をもっており，グループ企業間で様々な取引を行っているが，グループ企業間で貿易するときの移転価格を操作することで，グループ企業間で所得の付け替えを行い，税率の低い国でより多くの所得を積み上げることができる。

例えば，本国の親会社がある製品を第三者企業から100万円で仕入れて，それに付加価値を付けて150万円で販売しているものとする（図10-5）。この取引から生じる親会社の所得は50万円である。この親会社が，同じ製品を低税率の外国子会社からは120万円で輸入することができれば，実質的に

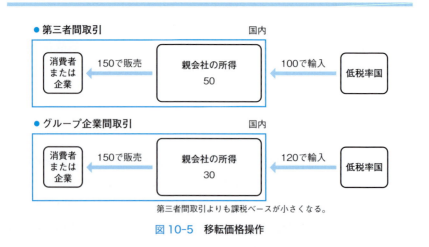

図10-5　移転価格操作

同じ取引から生じる親会社の所得を 30 万円に減らし，その分低税率国の外国子会社の所得を増やすことができる。つまり，同じグループ内企業であれば，輸出入価格（移転価格）を操作することで，低税率の外国子会社に所得を集めて，多国籍企業グループ全体として税額を減らすことができる。

負債を利用した租税回避もある。多国籍企業ではグループ内で資金の融通を行うことが多いが，負債の支払利子は法人税の課税ベースから控除されるため，低税率国のグループ企業が高税率国のグループ企業に必要以上の貸し付けを行うことによって，高税率国の課税ベースを縮小させることができる。また，無形固定資産を利用した租税回避もある。無形固定資産を低税国に移転し，グループ企業が低税国の外国子会社にライセンス料を支払って低税率国に所得を集めることで，国際的な租税回避が可能となる。近年は，無形固定資産を用いた所得移転が増える傾向にある。

このような国際的な租税回避に対しては，これまでも各国で移転価格税制や過少資本税制などの防止策が講じられてきたが，技術的な限界から多国籍企業による所得移転を完全に防ぐことはできていない。それどころか，近年欧米の多国籍企業が様々な租税回避スキームを用いて，外国での税負担を極端に減らす行為を行っていることが判明し，それらが国際的に問題視されるようになった。特に，欧米の多国籍企業が途上国でも活動しているにもかかわらず，途上国には全く税を納めていない事例もあったことから，欧米の多国籍企業は国際的に強い非難を浴びた。

これへの対応として，OECD（経済協力開発機構）は 2012 年に BEPS（税源浸食と利益移転）プロジェクトを立ち上げ，国際的な租税制度の不備をついた租税回避を防止する取り組みを始めた。各国の制度がお互いに不整合である状況では，制度の隙間を利用した国際的な「二重非課税」が生じる可能性があるため，BEPS プロジェクトは各国に制度の透明性を高めるとともに，制度間の国際的な整合性を向上させることを求めた。そして，各国が多国籍企業に対して，その活動に応じた税負担を求めることができるようになることを目指した。BEPS プロジェクトの取り組みは，2013 年のサミットや G20 での承認を得て，15 分野の行動計画について精力的な議論が行われ，2015 年までに順次報告書が公表された（表 10-2）。その後，各国は BEPS プロ

10.4　国際的な租税回避への対応　185

表 10-2　BEPS プロジェクトの行動計画

| | |
|---|---|
| 行動 1 | 電子経済の課税上の課題への対処 |
| 行動 2 | ハイブリッド・ミスマッチの無効化 |
| 行動 3 | 外国子会社合算税制の強化 |
| 行動 4 | 利子控除制限ルール |
| 行動 5 | 有害税制への対抗 |
| 行動 6 | 租税条約の乱用防止 |
| 行動 7 | 恒久的施設（PE）認定の人為的回避の防止 |
| 行動 8 | 無形資産取引に係る移転価格ルール |
| 行動 9 | リスクと資本に係る移転価格ルール |
| 行動 10 | 他の租税回避の可能性の高い取引に係る移転価格ルール |
| 行動 11 | BEPS の規模・経済的効果の分析方法の策定 |
| 行動 12 | 義務的開示制度 |
| 行動 13 | 多国籍企業の企業情報の文書化 |
| 行動 14 | 相互協議の効果的実施 |
| 行動 15 | 多数国間協定の策定 |

（出所）　OECD "BFPS Actions"

ジェクトで提示された国際課税に関わる様々な措置に関するガイドラインを念頭に，国内制度改革を進めている。

## ■ Active Learning

《重要事項のチェック》・・・・・・・・・・・・・・・・・・・・・・・・・・・・・・・・・・・・・・・・・・・・・・・・・・・・・・・・・

□支出税　□フラット・タックス　□キャッシュフロー法人税　□国際的な租税競争　□居住地主義課税　□源泉地主義課税　□全世界所得課税方式　□領土内課税方式　□外国税額控除　□二元的所得税　□国際的な租税回避　□BEPS プロジェクト

《調べてみよう》・・・・・・・・・・・・・・・・・・・・・・・・・・・・・・・・・・・・・・・・・・・・・・・・・・・・・・・・・・・・・・・・・・・

[1]　日本の外国税額控除制度の仕組みを調べてみよう。

[2]　日本の外国子会社配当益金不算入制度の仕組みを調べてみよう。

[3]　「ダブル・アイリッシュ＆ダッチ・サンドイッチ」と呼ばれる国際的な租

税回避方法を調べてみよう。

《Exercises》...........................................................................

[1] フラット・タックスとはどのような課税方法か。また，それはどのような点で優れているか。

[2] キャッシュフロー法人税とはどのような法人税か。また，それはどのような点で優れているか。

[3] 資本所得に対する課税の企業への影響について，開放経済ケースが閉鎖経済ケースと異なる点を2つ述べよ。

[4] 国際課税方式として全世界所得課税方式を採用している場合でも，法人税の国際的な租税競争は生じ得る。この理由を述べよ。

[5] 二元的所得税とはどのような税か。また，それはどのような点で優れているか。

### 文献紹介

- 鈴木将覚（2014）『グローバル経済下の法人税改革』京都大学学術出版会
- Hall, R. E. and A. Rabushka（1995）, *The Flat Tax, 2^{nd} edition*, Hoover Institution Press.
- Kaldor, N.（1995）, *An Expenditure Tax*, Allen and Unwin.
- Meade, J.（1978）, *The Structure and Reform of Direct Taxation, Report of a Committee chaired by Professor J. E. Meade for the Institute for Fiscal Studies*, Allen and Unwin.（ミード報告）

# 第11講
# 財政政策の効果

■財政は経済を安定化する役割も担っているが，この講では，裁量的な財政政策の効果の分析に利用されることが多い，所得・支出モデルや乗数理論を紹介する。その上で，このモデルやケインズ理論に対する批判のほか，課税平準化と財政赤字の関係なども紹介する。

## 11.1　45度線分析と乗数理論------------------

　この講では，ケインズ派のマクロ経済モデルを用いて，財政政策の効果を考察する。そもそも，民間部門とは大きく異なる性格をもつ政府が必要となる最大の理由は，市場メカニズムのみでは我々の経済的な利益が十分に確保できない場合があるからであり，政府の財政活動である財政の役割としては，**第1講**で説明したように，①資源配分機能，②所得再分配機能，③経済安定化機能という3つが期待されるのが一般的である。この機能のうち，この講のテーマと関係するものは経済安定化機能であるが，古典派経済学とケインズ経済学では本質的に異なる立場をとる。

　まず，古典派経済学では，価格メカニズムが十分に機能することによって需要と供給が一致し，効率的な資源配分が実現すると考える。すなわち，供給が需要を決定するという「セイの法則」が成り立つ世界を想定し，例えば，何らかの理由で失業が発生しても賃金が減少し，企業の労働需要が増加することで失業は自動的に解消すると考えるため，財政が担う経済安定化機能は重視しない。

　これに対し，ケインズ経済学では，名目賃金の硬直性などで需要（有効需

要）が不足している状況では，価格メカニズムで需要不足を解消できず，失業が継続すると考える。失業を解消し完全雇用に近づくためには，需要と供給を一致させるため，政府支出の増加や減税によって需要不足を穴埋めし，総需要を刺激することが必要だと考える。このような政策は，総需要管理政策（あるいは有効需要政策）と呼ばれており，ケインズ派は財政が担う経済安定化機能を重視する。

## ■ 45°線分析

さて，このケインズ派の政策的な主張を理解するため，次のような単純なマクロ経済モデル（所得・支出モデル）で財政政策の効果を考えてみよう。

まず，外国との貿易や資本取引を無視する閉鎖経済では，自国の財市場における総需要 $Y^d$ は，民間部門の消費 $C$ と投資 $I(r)$，政府支出 $G$ の合計となり，以下のように表せる。

$$Y^d = C + I(r) + G \tag{11.1}$$

この式のうち，民間部門の投資 $I(r)$ は利子率 $r$ の減少関数と考えるのが一般的であるが，所得・支出モデルでは，利子率 $r$ は一定とする。また，ケインズ派のモデルでは，民間部門の消費 $C$ は可処分所得（$Y-T$）の増加関数であるとして，以下のように表すことができると想定する。

$$C = C_0 + c(Y-T) \tag{11.2}$$

このように，民間部門を構成する家計の消費と国民所得の関係を表す関数を「消費関数」と呼ぶが，これは最も単純なケインズ派の消費関数であり，家計の消費 $C$ は「人々が生活する上で最低限必要な基礎的消費（$C_0$）」と「可処分所得（$Y-T$）に比例的な部分（$cY$）」の2つの要素から構成されることを意味する。この可処分所得のうち，$Y$ は国民所得，$T$ は税負担を表す。

この消費関数のうち，記号 $c$ は，可処分所得が限界的に1単位増えたとき，何単位を消費に回すかを示すもので，限界消費性向と呼ばれるものである。例えば，可処分所得が限界的に1,000円増えたときに800円を消費に回すならば，限界消費性向は0.8となり，通常の $c$ の値はゼロと1の間をとる。す

11.1　45度線分析と乗数理論　　189

なわち，$0<c<1$ である。

　消費関数の（11.2）式を（11.1）式に代入して，$C$ を消去すると，財市場における総需要は以下のように表現でき，この式は，財市場における総需要 $Y^d$ は可処分所得（$Y-T$）の増加関数であることを意味する。

$$Y^d = C_0 + c(Y-T) + I(r) + G \tag{11.3}$$

　一方で，この経済の総供給 $Y^s$ はどう表現できるのか。まず，この経済では，外国との貿易や資本取引は無視しているから，国民は $Y$ だけの財・サービスを生産し，その報酬として $Y$ だけの所得を獲得している。つまり，財市場における総供給 $Y^s$ は国民所得 $Y$ に一致し，「$Y^s = Y$」となる。また，ケインズ派では，短期的な産出量水準を決めるのは総需要の大きさであり，総需要が総供給を決めると想定する。このため，財市場の均衡条件（$Y^s = Y^d$）は，

$$Y = Y^d \tag{11.4}$$

のように表現できる。この（11.4）式を（11.3）式に代入して，$Y^d$ を消去すると，以下の関係式を導くことができる。

$$Y = C_0 + c(Y-T) + I(r) + G$$

　すなわち，総需要と総供給を均衡させる国民所得の水準 $Y$ は，

$$Y = \frac{1}{1-c}(C_0 + I(r) + G) - \frac{c}{1-c}T \tag{11.5}$$

と表すことができ，この $Y$ を均衡国民所得という。

　では，以上のモデルを視覚的に表すと，どうなるか。図11-1 は，横軸に国民所得 $Y$，縦軸に総需要 $Y^d$ をとって，（11.3）式・（11.4）式の関係を描いたものである。

　このうち，（11.3）式の総需要は，傾きが $c$（$0<c<1$），縦軸の切片が $C_0 + c(Y-T) + I(r) + G$ の直線で表すことできる。また，総需要と総供給が均衡する条件である（11.4）式は，原点を通る傾き $45°$ の直線で表すことができる。

　均衡国民所得は（11.3）式と（11.4）式を同時に満たす $Y$ であるが，それ

190　第 11 講　財政政策の効果

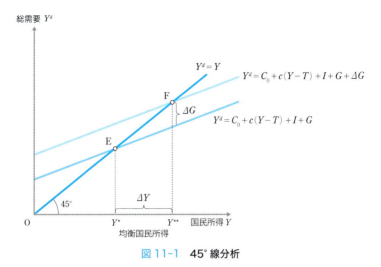

図 11-1　45°線分析

は図の直線 $Y^d = Y$ と直線 $Y^d = C_0 + c(Y-T) + I(r) + G$ の交点で表すことができる。すなわち，均衡条件を表す点は 45°の直線上にあり，その座標の横軸と縦軸の値が（11.5）式の均衡国民所得となる。このため，このようなマクロ経済の分析方法を **45°線分析** といい，（11.3）式と（11.4）式で構成されるモデルを **所得・支出モデル** と呼ぶ。

なお，（11.5）式の均衡国民所得は $c$, $C_0$, $I(r)$, $G$, $T$ の値に依存する。例えば，$c = 0.8$, $C_0 = 5$, $I(r) = 5$, $G = 10$, $T = 10$ であれば，均衡国民所得は交点 E の $Y^* = 60$ と求めることができる。ここで，$G$ が 11 となり，政府支出が 1 単位増加すると，直線 $Y^d = C_0 + c(Y-T) + I(r) + G$ は直線 $Y^d = C_0 + c(Y-T) + I(r) + G + \Delta G$ に上方シフトするから，均衡国民所得は交点 F の $Y^{**} = 65$ に増加する。

■ 乗 数 理 論

この議論からわかるように，このモデルでは，政府支出の拡大は均衡国民所得を増加させる効果がある。そこで，まずは（11.5）式を基に政府支出の拡大や減税の効果を考察してみよう。

まず，（11.5）式から，政府支出が$\Delta G$だけ増加すると，均衡国民所得は

$$\Delta Y = \frac{1}{1-c}\Delta G \tag{11.6}$$

だけ増加することがわかる。$0 < c < 1$であるから，政府支出の増加分$\Delta G$よりも，均衡国民所得の増加分$\Delta Y$の方が大きくなる。このため，政府が政府支出を1兆円増やすと，均衡国民所得は1兆円以上増加する。

これは，図11-1で，政府支出の増加分$\Delta G$よりも，均衡国民所得の増加分$\Delta Y$の方が大きくなっていることからも直感的に把握できようが，なぜこのような効果が発生するのか。

このような効果を政府支出の乗数効果というが，図11-2を利用して，乗数効果の意味を確認してみよう。まず，例えば政府が公共事業を行い，政府支出$G$を$\Delta G$だけ増加させたとする。このとき，（11.3）式から，総需要はE点から$D_1$点になって$\Delta G$だけ増加する。総需要が$D_1$点になると，国民所得もE点から$E_1$点になって$\Delta G$だけ増加する。政府が追加で支出した$\Delta G$は公共事業に携わった人々の所得を増やすためである。

次に，国民所得が$\Delta G$だけ増加すると，（11.3）式の消費部分も増加する。具体的には，消費は可処分所得の増加関数であるから，増加した所得$\Delta G$のうち$c\Delta G$を消費に回す。すると，総需要が$D_1$点から$D_2$点になって$c\Delta G$だけ増加する。総需要が$D_2$点になると，国民所得も$E_1$点から$E_2$点になって$c\Delta G$だけ増加する。国民所得が$c\Delta G$だけ増加すると，その増加した所得のうち$c^2\Delta G$を消費に回す。すると，総需要が$c^2\Delta G$だけ増加する。

以上のように，政府支出の増加は次々に派生需要を生み出し，国民所得を増加させていく。図11-2から，国民所得の増加分$\Delta Y$を求めると以下のようになる。

$$\Delta Y = \Delta G + c\Delta G + c^2\Delta G + c^3\Delta G + \cdots = \frac{1}{1-c}\Delta G$$

同様に，政府支出を一定に維持した下での減税の乗数効果を求めることもできる。（11.5）式から，政府が$\Delta B$だけ減税すると，均衡国民所得は

$$\Delta Y = \frac{c}{1-c}\Delta B \tag{11.7}$$

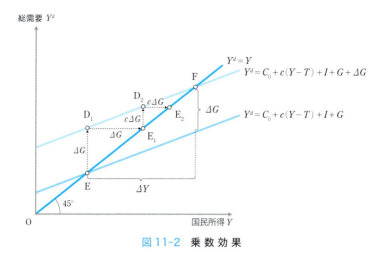

図 11-2　乗 数 効 果

だけ増加することがわかる。つまり，政府支出を 1 単位増加すると均衡国民所得は $1/(1-c)$ 単位増加し，1 単位の減税を行うと均衡国民所得は $c/(1-c)$ 単位増加する。$1/(1-c)$ や $c/(1-c)$ のことを**乗数**（multiplier）という。例えば，$c=0.8$ のとき，政府支出乗数は 5 で，減税乗数は 4 である。一般的に，$0<c<1$ で，$1/(1-c)-c/(1-c)=1$ であるから，減税乗数は政府支出乗数より 1 の値だけ小さい。

　この理由は，(11.3) 式において，1 単位の減税は，消費に回って初めて総需要が $c\times 1$ 単位だけ増加する一方で，1 単位の政府支出の増加は，その増加分そのものがすぐに総需要を 1 単位だけ増加させるからである。すなわち，減税そのものは政府から家計に減税分のお金がわたっても，それだけで (11.3) 式の総需要が増加することはなく，1 単位の減税を受けた家計がそのうちの $c\times 1$ 単位を消費に回して初めて総需要が $c\times 1$ 単位だけ増加する。これ以降は政府支出乗数と同様のメカニズムが働き，総需要が増加すると，国民所得も $c\times 1$ 単位だけ増加する。国民所得が $c\times 1$ 単位だけ増加すると，その増加した所得のうち $c^2\times 1$ 単位を消費に回す。すると，総需要が $c^2\times 1$ 単位だけ増加する。このような派生需要の結果，減税乗数は $\Delta Y=c+c^2+c^3+$

11.1　45 度線分析と乗数理論　　193

$\cdots = c/(1-c)$ となる。つまり，政府支出乗数と減税乗数の違いは，政府支出はすぐに需要を刺激するが，減税は消費に回って初めて需要を刺激するという違いを示すものである。

それでは，上記の応用として，均衡予算乗数を求めてみよう。当初，政府予算が $G = T$ で均衡財政であっても，政府支出を拡大あるいは減税をすれば，財政赤字を発生させる。そこで，$\Delta G$ だけ政府支出を増加させる一方，均衡財政を守るために税負担も $\Delta G$ だけ増加させることも考えられる。このとき，政府支出の乗数効果は $\Delta G/(1-c)$ で，増税の乗数効果は $-c\Delta G/(1-c)$ であるから，全体の乗数効果は，

$$\Delta Y = \frac{1}{1-c}\Delta G - \frac{c}{1-c}\Delta G = \Delta G$$

となる。これは，政府支出と増税を同時に行うと，政府支出の増加と等しい分だけ国民所得が増加することを表し，これを「均衡予算乗数」と呼ぶ。

政府支出の増加が生み出す派生的な需要のうちの一部は，増税で打ち消され，両者の効果を合わせると，均衡予算乗数は結局 1 となり，国民所得は政府支出の増加と等しい分しか増加しないという興味深い結果を意味する。

なお，以上は「所得・支出モデル」に基づく単純な乗数の説明であるが，モデルを現実的な方向に修正する場合，乗数は小さくなる。

まず，税の構造を考慮する場合である。(11.3) 式では税負担 $T$ は一定の値として，(11.6) 式や (11.7) 式の乗数を求めたが，個人所得税・法人税の存在を考慮すると，税負担は所得に比例すると考えた方が現実的である。このため，例えば，税は「$T = T_0 + tY$」の形で課税されるものとする。ここで，$T_0$ は税負担のうちの定額部分，$tY$ は比例部分，$t$ は比例税率を表す。これを (11.3) 式に代入し，(11.5) 式と同じものを求めると，以下を得る。

$$Y = \frac{1}{1-(1-t)c}(C_0 + I(r) + G) - \frac{c}{1-(1-t)c}T_0$$

このとき，政府支出乗数は $1/[1-(1-t)c]$，減税乗数（定額部分 $T_0$ の減税の場合）は $c/[1-(1-t)c]$ となり，税負担が一定の場合と比べて乗数は小さくなる。これは，比例税率 $t$ が一定であれば，国民所得が増加（減少）すると自動的に税負担の絶対額が増加（減少）するからで，財政の仕組みそのもの

194　第11講　財政政策の効果

が経済を自動的に安定化する機能，すなわち自動安定化装置（ビルトイン・スタビライザー）の機能をもつことを示す。

　次に，貨幣市場の均衡を考慮する場合である。政府支出の拡大は国民所得を増やす。だが，国民所得の増加は貨幣の取引需要を増やすから，貨幣供給が一定の場合，貨幣市場の均衡のために利子率が上昇する。利子率の上昇は，(11.3) 式における民間投資の減少をもたらす（いわゆる民間投資のクラウド・アウト）。民間投資が減少しなければ，そのときの総需要は政府支出の増加分だけ増加するはずであるが，民間投資が減少することで，そのときの総需要の増加は政府支出の増加分よりも小さくなってしまう。

　最後に，国際貿易や国際間の資本移動が存在する場合である。まず，国際貿易が存在する経済では，所得増加分の一部は国内消費以外の輸入品の購入にも向かうが，輸入品の購入は国内需要の増加につながらないので乗数は小さくなる。また，国際間の資本移動が存在する場合も同様の議論が成立する。まず，政府支出が拡大すると金利が上昇するが，国内金利が国外の利子率よりも高くなると，自国通貨の価値は増加する（日本が自国ならば円高になる）。すると，国内の輸出産業の国際競争力は低下して輸出は減少するが，これは政府支出拡大による国民所得の増加を抑制する。

# 11.2 ケインズ理論に対する批判 （例：古典派，合理的期待形成の理論）-------

　以上のモデルからわかるように，ケインズ派は財政が担う経済安定化機能を重視するが，このモデルの本質や課題を浮き彫りにするためには，ケインズ派とは異なる考え方をする古典派の考え方や，モデルの前提の妥当性などを理解することも重要である。

## ■ 古典派モデルでの財政政策

　まず，ケインズ派と古典派の考え方における大きな違いは，価格メカニズムの調整スピードである。古典派は，価格メカニズムが十分に機能することによって需要と供給が一致し，効率的な資源配分が実現すると考える。例え

ば，総需要が総供給を下回り，労働市場で失業が存在しても，価格や賃金が伸縮的に変化し，需給が自動的に調整されると考える。つまり，失業が発生しても，賃金がすぐに低下し，市場の力で自動的に完全雇用が達成される。

これに対し，ケインズ派は，市場の機能不全を前提とし，価格や賃金はすぐに調整されるとは限らず，需給の不均衡が継続する場合があると考える。例えば，賃金は容易に引き上げることはできるが，賃金の引下げに対して人々はなかなか合意しないと想定する。これを賃金の下方硬直性というが，このような市場の機能不全が存在する場合，市場の力で自動的に需給が均衡するとは限らず，労働市場では失業が解消されない。このため，例えば，総需要が総供給を下回っているときは，政府は裁量的な財政政策（例：政府支出の拡大や減税）を実施するべきという結論が導かれる。

では，ケインズ派でなく，古典派のモデルで，政府が裁量的な財政政策（例：政府支出の拡大や減税）を実施すると，何が起こるだろうか。前節の「所得・支出モデル」と同様，外国との貿易や資本取引を無視した閉鎖経済モデルで考えてみよう。国民所得は経済全体の産出量と一致するが，古典派のモデルでは完全雇用が達成されており，その産出量は完全雇用での生産に対応した水準に一致しなければならない。この産出量の水準を $Y_f$ と表記すると，まず，(11.3) 式は「$Y^d = C_0 + c(Y_f - T) + I(r) + G$」(11.8) 式に修正される。また，財市場の均衡条件（$Y^s = Y^d$）を意味する (11.4) 式は，$Y_f = Y^s$ から，「$Y_f = Y^d$」(11.9) 式に修正される。この (11.9) 式を (11.8) 式に代入して，$Y^d$ を消去すると，以下の関係式を導くことができる。

$$Y_f = C_0 + c(Y_f - T) + I(r) + G \tag{11.10}$$

この (11.10) 式を利用して，古典派のモデルにおける財政政策の効果を考えてみよう。ケインズ派のモデルの最も大きな前提は，供給制約が存在しないというものである。このため，政府支出拡大で総需要が増加すれば必ず産出量が増加したが，古典派のモデルでは供給制約が存在するために総需要は増加しない。国民所得の水準は $Y_f$（完全雇用に対応した産出量水準）に固定されており，政府支出 $G$ が増加しても，国民所得の水準は変化しない。この結果，(11.10) 式の左辺の値は変化しない。むしろ，政府支出の増加は，

その増加分だけ民間の投資を引き下げる。これは（11.10）式から，次のように読み取れる。まず，（11.10）式の左辺の値は変化しないから，（11.10）式の右辺において，政府支出 $G$ が増加すると，消費 $C(=C_0+c(Y_f-T)$ か民間の投資 $I(r)$ が減少しなければならない。しかし，消費は可処分所得 $(Y_f-T)$ が変化しないから，消費も変化しない。

したがって，古典派のモデルでは，政府支出の増加は，均衡国民所得を全く増やさず，むしろ，政府支出の増加分だけ民間の投資を減少させる。すなわち，もし現実の経済が完全雇用状態にある場合，ケインズ派が期待する財政政策（例：政府支出の拡大や減税）の有効性は否定されてしまう。

## ■ 金融政策も無効とする古典派

また，古典派のモデルでは，金融政策も無効となる。まず，金融政策の効果を考察するためには，貨幣市場の役割を理解する必要がある。中央銀行は，経済状況に応じて政策目標とする利子率に誘導するため，世の中に流通する貨幣の供給量（マネーストック）を操作する役割を担う。他方，貨幣需要は，取引需要（$L_1$）と資産需要（$L_2$）の2つから構成されるが，このうち，取引需要は経済取引の際に決済目的などで高まる貨幣需要をいい，それは国民所得 $Y$ の増加関数で，例えば $L_1=bY$ と表すことができる（$b>0$）。また，資産需要は金融資産としての貨幣に対する需要をいい，利子率が上昇すると，債券などの利子を生む金融資産に対する需要が増すので，貨幣に対する資産需要は利子率の減少関数となり，例えば $L_1=a-kr$ と表すことができる（$k>0$）。つまり，物価水準が $P$，マネーストックが $M$ であるとき，貨幣市場の均衡は以下のように表現できる。

$$\frac{M}{P}=a+bY-kr \quad (b>0 \text{ かつ } k>0) \tag{11.11}$$

このとき，ケインズ派モデルで，金融政策によってマネーストック（$M$）を増加させると，何が起こるか，簡単な数値例で確認してみよう。まず，（11.5）式において，$I(r)=25-10r$，$c=0.8$，$C_0=5$，$I(r)=5$，$G=10$，$T=10$ とすると，財市場の均衡を表す（11.5）式は「$Y=160-50r$」となり，この $Y$ と $r$ の関係を示す曲線を一般的に *IS* 曲線という。また，（11.11）式にお

いて，$a = 240$，$b = 1$，$k = 50$ とすると，貨幣市場の均衡を表す（11.11）式は「$m = 240 + Y - 50r$」となり，この $Y$ と $r$ の関係を示す曲線を一般的に *LM 曲線* という。IS 曲線と LM 曲線を表す連立方程式から，$m = M/P$ として，国民所得は $Y = m/2 - 40$，利子率 $r = 4 - m/100$ が導かれる。このとき，金融政策でマネーストック（$M$）を増やすと，ケインズ派モデルでは短期的に価格は伸縮的に調整されずに物価水準 $P$ はすぐに上昇しないと想定するため，実質マネーストック（$m = M/P$）が増加し，国民所得が増加することになる。すなわち，ケインズ派モデルでは金融政策は有効となる。

　他方，古典派のモデルでは，国民所得は $Y_f$（完全雇用に対応した産出量水準）に固定されており，利子率の水準は，財市場の均衡を示す（11.10）式で自動的に決定されてしまう。この利子率を*自然利子率*というが，これは完全雇用が達成されているときに成立する利子率を意味する。したがって，古典派モデルでは，国民所得は $Y_f$，利子率は自然利子率に決まっているため，中央銀行が金融政策でマネーストック（$M$）を増加させても，（11.11）式・右辺の貨幣需要は増加しない。これは，実質マネーストック（$M/P$）が常に一定の値をとることを意味し，貨幣市場が均衡するためには，マネーストックの水準（$M$）が増加しても，物価水準 $P$ が上昇するだけとなる。すなわち，中央銀行が金融政策でマネーストック（$M$）を $x$％増やしても，貨幣市場の均衡を表す（11.11）式から，名目の値である物価水準 $P$ が $x$％上昇するだけで，実質の値である国民所得や利子率には何も影響を及ぼさないということが古典派モデルの結論となる。なお，これは，貨幣市場と財市場などの実物部門には互いに影響せず，名目と実質は各々独立に分析可能とする*古典派の二分法*が成立することを意味する。

　以上のとおり，ケインズ派では裁量的な財政政策や金融政策の効果を期待するが，古典派は無効であるとし，ケインズ派と古典派では，財政政策や金融政策の有効性に対する考え方が完全に異なる。もっとも，ケインズ派と古典派の考え方における大きな違いは，価格メカニズムの調整スピードであり，ケインズ派においても，短期的には価格や賃金が伸縮的に変化しないために，財政政策や金融政策といった裁量的な経済政策が一時的に効果をもつと想定するが，長期的には価格や賃金の調整が進み，古典派的な世界が実現し，裁

198　第 11 講　財政政策の効果

量的な経済政策は無効になると考える。すなわち，ケインズ派と古典派の本質的な違いは短期と長期の区別にある。したがって，価格や賃金の調整に時間がかかるとするならば，短期的にはケインズ派が期待するような裁量的な経済政策が有効となるが，長期的には無効となる。

## ■ 合理的期待形成の理論

しかし，長期的だけでなく，短期的にも裁量的な経済政策が無に帰すとする理論もある。その代表が合理的期待形成仮説と呼ばれる理論で，これは1970 年代にルーカス（R. Lucas）やバロー（J. Barro），サージェント（T. Sargent）らによって提唱され発展した理論である。

合理的期待（Rational expectation）とは，家計や企業などの様々な経済主体が経済モデルの構造を完全に理解した上で，入手可能な全ての情報を効率的に利用して形成される期待（将来予測）をいい，そのような期待形成に基づいて各経済主体は合理的に行動するものとする仮説をいう。

そこで，裁量的な経済政策のうち，拡張的な財政政策を考えてみよう。合理的期待形成理論では，政府支出の増加による有効需要政策は無効となる。裁量的な経済政策が一時的な効果をもつのは，家計や企業の錯誤によるもので，現在の意思決定において，将来の予想が重要となる。

ケインズ派のモデルでは，民間部門の消費水準は今期の可処分所得のみに依存すると想定するが，それは家計の近視眼的な行動を前提にしている。しかし，これは単純な前提で，例えば，合理的期待仮説の理論で利用されることが多い「ライフサイクル・モデル」では，家計の消費は今期の可処所得だけでなく，将来の可処分所得にも依存する。ライフサイクル・モデルとは，合理的期待の下，一生涯を通じて得られる可処分所得の総額の範囲内で，家計は自らの効用を最大化するように，今期や将来の消費を含む，生涯消費の経路を決定するモデルをいい，このモデルでは拡張的な財政政策の効果が短期的にも無効となる可能性がある。

例えば，いま政府が政府支出を増加させたとする。その際，政府支出拡大に財源の裏付けがないとき，家計は，将来，政府は増税を実行すると予想する可能性がある。ケインズ派のモデルでは，政府支出の拡大は国民所得を増

やすため，家計消費は必ず増加するが，ライフサイクル・モデルで家計が将来の可処分所得も考慮して生涯消費の経路を決定するとき，家計は今期の消費をそれほど増やさないかもしれない。政府支出の拡大で今期の可処分所得が増加しても，将来の増税は将来の可処分所得を減少させるため，一生涯を通じて得られる可処分所得の総額は増えないためである。

すなわち，合理的期待形成に基づいて，今期の政府文出拡大は将来の増税とセットで実施されるものと家計が認識する場合，合理的な家計は消費をあまり拡大しない可能性があり，それは企業も同様となる。なお，合理的期待仮説では，家計や企業などの経済主体は完全に合理的に行動することを前提とするが，合理的に行動しようとしても，認識能力の限界もあることから，経済主体は限定的な合理性しか持ちえないとする限定合理性（bounded rationality）という概念もある。よって，家計や企業がどのくらい合理的に行動しているかという問題は，経済政策の効果を予測するときに大きな違いをもたらすことになる。

## 11.3　課税平準化と財政赤字----------------------

ところで，財政はその仕組みそのものが経済を自動的に安定化する「自動安定化装置」（ビルトイン・スタビライザー）の機能をもつが，それは政府支出と税収に一定の乖離，すなわち財政赤字を発生させ，政府債務の累積をもたらしてしまう。政府債務の累増は，将来の増税についての懸念を生じさせるから，合理的な家計の消費決定や経済成長などにマイナスの影響を及ぼすかもしれず，財政赤字の削減が課題となる可能性がある。

他方，政府支出と税収の一時的な乖離を公債発行で穴埋めするという意味での財政赤字には，このようなマイナスの側面のみでなく，経済に生じたショックを吸収するというプラスの側面もあり，そうした観点から，公債発行を一時的に正当化する考え方を課税平準化（tax smoothing）という。課税平準化は，バロー（R. Barro）が提唱した理論であり，課税による超過負担は税率の2乗に比例することから，一定の政府支出の下で，課税コストを最

200　第11講　財政政策の効果

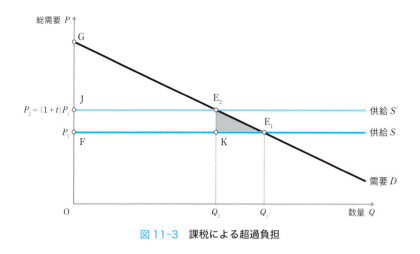

図 11-3　課税による超過負担

小化するためには、なるべく税率を一定にした方が望ましいとする理論である。

詳細は**第 12 講**（リカード=バローの中立命題）で説明するが、租税として一括税（所得効果だけを持ち、経済活動を歪めない租税）が利用できれば、税負担のタイミングの変化は消費の決定に影響を及ぼさない。しかし、現実の税制では、一括税のみの財源調達は不可能であり、経済の資源配分を歪め、課税による超過負担（excess burden）を発生させる。

そこで、課税平準化の理論を理解するため、次のような財市場で消費税を導入した場合の超過負担を考えてみよう。

図 11-3 には、財の需要曲線 $D$、財の供給曲線 $S$ が描かれており、簡略化のため、需要曲線 $D$ は右下がりの直線、供給曲線 $S$ は水平な直線とする。消費税が存在しない場合、財市場では $E_1$ 点で需要と供給が均衡し、均衡価格は $P_1$、均衡数量は $Q_2$ となる。しかし、$t$%の消費税を導入すると、供給曲線 $S$ の価格と需要曲線 $D$ の価格の間に、$t \times P_1$ に相当する税の「くさび」が打ち込まれる。すなわち、消費者が直面する価格（税込みの支払価格）と企業が直面する価格（税引き後の受取価格）とが乖離する。消費税導入後において、企業の受取価格は $P_1$ であり、消費者の支払価格は $P_2$ になる。その際、

11.3　課税平準化と財政赤字　　201

消費者の支払基準にすると，供給曲線はあたかも $S$ から $S'$ にシフトしたように振る舞い，財市場の均衡は $E_1$ 点から $E_2$ 点となり，均衡価格は $P_2$，均衡数量は $Q_2$ に変化する。なお，図の線分 $E_2K$ の長さが消費税の「くさび」を表す。

このとき，消費者余剰は，消費税の導入により，供給曲線 $S$ と需要曲線 $D$ で囲まれた三角形 $E_1FG$ から，供給曲線 $S'$ と需要曲線 $D$ で囲まれた三角形 $E_2JG$ に減少してしまう。すなわち，台形 $E_1E_2JF$ の面積の分だけ消費者余剰は減少するが，消費税の導入で社会に還元する新たな税収が増える。消費税導入後の均衡点 $E_2$ での均衡数量は $Q_2$（線分 FK），1 数量当たりの消費税収は $t \times P_1$（線分 $E_2K$）なので，新たな税収は長方形 $E_2KFJ$ の面積となる。よって，最終的な余剰の減少は，台形 $E_1E_2JF$ から長方形 $E_2KFJ$ を差し引いた部分，つまり図11-3 の灰色部分である三角形 $E_1E_2K$ の面積になり，この余剰の減少分が消費税導入による「超過負担」となる。

一般的に，課税による資源配分上の損失を死重損失（DWL）と呼ぶこともあるが，この超過負担は次のように計算できる。まず，需要曲線 $D$ の傾きを $M$（＝線分 $E_1K$÷線分 $E_2K$）とすると，線分 $E_1K$ は「$M \times$線分 $E_2K$」と表現でき，線分 $E_2K$ は $t \times P_1$ であるから，超過負担（三角形 $E_1E_2K$ の面積）は以下となる。

$$超過負担 = 1/2 \times 線分\ E_1K \times 線分\ E_2K = 1/2 \times M \times (線分\ E_2K)^2$$
$$= 1/2 \times P_1^2 \times M \times t^2$$

すなわち，比例定数を $1/2 \times P_1^2 \times M$ とすると，課税はその税率 $t$ の 2 乗に比例する超過負担（比例定数$\times t^2$）を発生させることを意味し，これは賃金税などの場合も同様の議論が成立する。例えば，消費税が 10％のときは比例定数$\times$10％$\times$10％の超過負担が発生し，消費税が 30％のときは比例定数$\times$30％$\times$30％の超過負担が発生する。消費税 10％と 30％の超過負担を比較すると，消費税 30％の方が超過負担は大きい。直感的にも，消費税 30％の方が消費税 10％よりも資源配分の歪みが大きいはずで，理解しやすいのであろう。

では，課税による超過負担と税率に関する関係式を用いて，課税平準化の

表11-1　各ケースの超過負担の比較

| | ケース1 | ケース2 |
|---|---|---|
| 第1期 | 比例定数×0.01 | 比例定数×0.04 |
| 第2期 | 比例定数×0.09 | 比例定数×0.04 |
| 合　計 | 比例定数×0.1 | 比例定数×0.08 |

理論を考えてみよう。このため，例えば，第1期（5年間）と第2期（5年間）で合計500兆円の政府支出を賄うため，第1期で10%の消費税を導入し，第2期で税率を30%に引き上げるケース1と，第1期と第2期で一律20%の消費税を課すケース2を考える。単純化のために利子率をゼロとし，消費税1%の税収を年間2.5兆円とすると，どちらのケースも，第1期・第2期で500兆円の消費税収を確保できるが，ケース1とケース2のどちらの方が超過負担は小さく済むであろうか。

　まず，第1期の超過負担は，ケース1で比例定数×$0.1^2$，ケース2で比例定数×$0.2^2$になる。また，第2期の超過負担は，ケース1で比例定数×$0.3^2$，ケース2で比例定数×$0.2^2$になり，第1期と第2期を合計した超過負担は，表11-1のようになる。

　この表11-1より，ケース1の超過負担の合計は比例定数×0.1であるが，これはケース2の超過負担の合計である比例定数×0.08よりも大きい。一括税が利用でき，課税による超過負担が存在しない場合，どちらのケースも等価となるが，課税による超過負担が存在する場合，その損失は税率の2乗に比例するから，課税コストを最小にするためには，なるべく税率を一定にした方が望ましいということを意味し，これを課税平準化と呼ぶ。

　この理論に基づけば，戦争や突然の災害などの経済的なショックに対応するため，一時的に政府支出を拡大しなければならない場合，資源配分の効率性の観点からみて，その財源を全て課税で賄うのは望ましくない。税収と政府支出の一時的な乖離が発生するとき，一部を課税で賄い，残りの部分は財政赤字（公債発行）で賄うのが望ましい。すなわち，財政赤字（公債発行）

を経済に発生した一時的なショックを吸収するクッションとして利用し，財政赤字で発生した債務の増加分については将来の税収で賄い，償還することができるよう，あらかじめ税率を平準化しておくことが，課税による超過負担を最小化できるという理論である。


## ■ Active Learning

《重要事項のチェック》・・・・・・・・・・・・・・・・・・・・・・・・・・・・・・・・・・・・・・・・・・・・・・・・・・・・・・・・・・・・・・

□ケインズ派　□45°線分析　□所得・支出モデル　□乗数理論　□自動安定化装置　□古典派　□合理的期待形成の理論　□$IS$ 曲線　□$LM$ 曲線　□自然利子率　□古典派の二分法　□合理的期待　□限定合理性　□課税平準化

《調べてみよう》・・・・・・・・・・・・・・・・・・・・・・・・・・・・・・・・・・・・・・・・・・・・・・・・・・・・・・・・・・・・・・・・・・・・

[1]　内閣府「年次経済財政報告」等を読み，日本の限界消費性向の値を調べてみよう。

[2]　内閣府「短期日本経済マクロ計量モデル」に関する公表資料等を読み，政府支出乗数や減税乗数の値を調べてみよう。

[3]　「復興債」（東日本大震災復興基本法 8 条）を調べてみよう。

《Exercises》・・・・・・・・・・・・・・・・・・・・・・・・・・・・・・・・・・・・・・・・・・・・・・・・・・・・・・・・・・・・・・・・・・・・・・

[1]　限界消費性向が 0.75 のとき，政府支出乗数と減税乗数を求めなさい。また，両者の乗数の違いが発生する理由を説明しなさい。

[2]　古典派モデルでは，ケインズ派が期待する財政政策の有効性が否定されてしまう理由を説明しなさい。

[3]　課税平準化の理論とは何か，説明しなさい。


## 文 献 紹 介

● 麻生良文（2009）『マクロ経済学入門』ミネルヴァ書房
● Barro, Robert（1979）,"On the Determination of the Public Debt," *Journal of Political Economy*, 87, pp.940-971.
● チャールズ・I・ジョーンズ（宮川　努・荒井信幸・大久保正勝・釣　雅雄・徳井丞次・細谷　圭訳）（2011）『ジョーンズ マクロ経済学 I ──長期成長編』

東洋経済新報社
- チャールズ・I・ジョーンズ（宮川　努・荒井信幸・大久保正勝・釣　雅雄・徳井丞次・細谷　圭訳）（2011）『ジョーンズ マクロ経済学II──短期変動編』東洋経済新報社
- N・グレゴリー・マンキュー（足立英之・地主敏樹・中谷　武・柳川　隆訳）（2011）『マクロ経済学I──入門篇［第3版］』東洋経済新報社
- N・グレゴリー・マンキュー（足立英之・地主敏樹・中谷　武・柳川　隆訳）（2012）『マクロ経済学II──応用篇［第3版］』東洋経済新報社

# 第12講
# 財政赤字と公債の負担

■この講では，まず，財政の持続可能性や，公債の負担などを扱い，政府の借金は誰が負担するのか，公債の発行はどのような場合に問題になるのかを説明する。その上で，財政政策のあり方を世代ごとに評価する仕組みである「世代会計」や，欧州を中心に議論が盛り上がっている「独立財政機関」などを説明する。

## 12.1 政府の予算制約と財政の持続可能性-----

　日本の財政は，バブル崩壊後の1990年代以降，財政収支が赤字基調にある。財政赤字が長期に継続すると，債務残高の累増をもたらす。図12-1が示すとおり，財政収支が赤字基調にある状況は，多くの先進国でも同様である。このため，債務残高の累増は，日本のみでなく，欧米先進国にとっても深刻な問題となっている。

　多くの先進国に共通する債務累増の背景には，金融危機など経済情勢の悪化に伴う大規模な経済対策，経済成長率の低下による税収の減少，人口の高齢化による社会保障関係費の増加圧力など，いくつかの要因がある。

　しかし，図12-2のとおり，日本の場合，他の先進国と比較して高齢化のスピードが急速であり，グロスの政府総債務のみでなく，ネットの政府純債務も急増している。1996年には対GDP比で28%であったものが，2009年には106%に達し，近年では150%に近づく勢いである。

　そこで，この講では，政府の予算制約式や財政の持続可能性，公債の負担などを議論する。このため，まず，政府の予算制約式を考えよう。

206

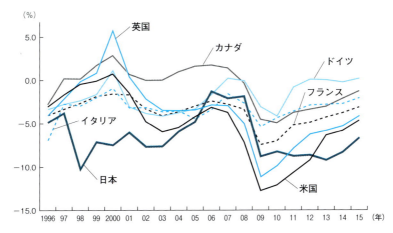

（出所） OECD, *Economic Outlook 95 database*

図 12-1　財政収支の国際比較

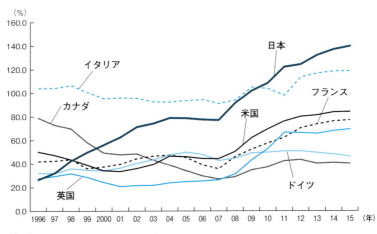

（出所） OECD, *Economic Outlook 95 database*

図 12-2　政府純債務の国際比較

いま，$D_t$ を $t$ 期の債務残高とし，$t$ 期の税収を $T_t$，利払い費を除いた政府支出を $G_t$ とする。また，単純化のため，債務の利子率（国債金利）を一定の $r$ とする。このとき，$t$ 期の利払い費は $rD_{t-1}$ であり，利払い費を含む政府支出は「$rD_{t-1}+G_t$」となる。財政赤字は，利払い費を含む政府支出と税収との差額，すなわち「$(rD_{t-1}+G_t)-T_t$」であり，それは公債残高の純増「$D_t-D_{t-1}$」に等しい。このため，$t$ 期における政府の予算制約式として，以下の関係が成立する。

$$D_t - D_{t-1} = rD_{t-1} + G_t - T_t \tag{12.1}$$

この式は，「$(D_t-D_{t-1})+T_t=rD_{t-1}+G_t$」とも変形でき，左辺・第1項（$D_t-D_{t-1}$）は公債金収入，第2項 $T_t$ は税収であるから，左辺・全体は歳入に相当する。また，右辺・第1項 $rD_{t-1}$ は債務償還費，第2項 $G_t$ は利払い費を除いた政府支出であるから，右辺・全体は歳出に相当し，(12.1) 式は，政府予算の歳入と歳出の合計が一致することを意味する。

**第2講**で説明したとおり，税収から利払い費を含まない政府支出を引いたものを，基礎的財政収支（プライマリー収支）というが，それは「$T_t-G_t$」と表現できる。また，財政収支は，税収から利払い費を含む政府支出を引いたものをいうが，それは「$T_t-(rD_{t-1}+G_t)$」となる。

財政赤字が長期に継続すると債務残高が累増し，財政破綻のリスクが高まる。しかし，経済成長すればそれに伴って税収も増加するから，債務残高が累増しても，財政が破綻するとは限らない。このため，財政の持続可能性を判断する一つの目安として，債務残高の対 GDP 比を考察することが多い。

そこで，いま $t$ 期の GDP を $Y_t$，その成長率を一定の $g$ として，(12.1) 式の政府の予算制約式を GDP との比で表現してみよう。(12.1) 式の両辺を $Y_t=(1+g)Y_{t-1}$ で割って整理すると，

$$\frac{D_t}{Y_t} = \frac{(1+r)D_{t-1}}{(1+g)Y_{t-1}} - \frac{T_t-G_t}{Y_t}$$

となる。債務残高（対 GDP）を $d_t=D_t/Y_t$，プライマリー収支（対 GDP）を $s_t=(T_t-G_t)/Y_t$ と表すことにすれば，以下の式となる。

$$d_t = \frac{1+r}{1+g} d_{t-1} - s_t \tag{12.2}$$

この式は，$(t-1)$ 期の債務残高（対 GDP）の値 $(d_{t-1})$ とプライマリー収支（対 GDP）の値 $(s_t)$ が，次の $t$ 期の債務残高（対 GDP）の値 $(d_t)$ を決める動学式となるが，利子率 $r$ と経済成長率 $g$ の大小関係が，債務残高（対 GDP）の収束する将来的な方向性に決定的な影響を及ぼす。このことを確認するため，プライマリー収支（対 GDP）が赤字で一定値 $s_t = -\sigma$ のケースを考えよう。このとき，(12.2) 式は以下となる。

$$d_t = \frac{1+r}{1+g} d_{t-1} + \sigma \tag{12.3}$$

いま，$\bar{d}$ を「$\bar{d} = (1+r)\bar{d}/(1+g) + \sigma$」(12.A) を満たすものとして定義し，(12.3) 式から (12.A) 式を引くと，以下を得る。なお，(12.A) 式から，$\bar{d} = \sigma(1+g)/(g-r)$ である。

$$(d_t - \bar{d}) = \frac{1+r}{1+g} (d_{t-1} - \bar{d})$$

この式は，$|d_t - \bar{d}|$ が公比 $(1+r)(1+g)$ の等比数列であることを意味する。すなわち，0 期の債務残高（対 GDP）を $d_0$ とすると，$t$ 期の債務残高（対 GDP）は以下となる。

$$d_t = \frac{1+g}{g-r} \sigma + \left(\frac{1+r}{1+g}\right)^t \left(d_0 - \frac{1+g}{g-r} \sigma\right) \tag{12.4}$$

経済成長率の方が利子率よりも大きい，$g > r$ のケースでは，時間の経過に伴って $((1+r)/(1+g))^t$ の部分はゼロの値に近づくため，債務残高（対 GDP）の値は $\bar{d} = \sigma(1+g)/(g-r)$ に収束する。しかし，利子率の方が経済成長率よりも大きい，$r > g$ のケースでは，時間の経過に伴って $((1+r)/(1+g))^t$ の部分は無限に大きくなっていくので，債務残高（対 GDP）の値は発散する。債務残高（対 GDP）が発散していけば，財政は歳出削減や増税などでは制御できないほど膨らみ，いずれか将来の時点で財政は破綻してしまうであろう。これは，利子率と経済成長率の大小関係は，債務残高（対 GDP）が収束する将来の値，すなわち，財政の持続可能性に決定的な影響を及ぼすことを意味する。

12.1　政府の予算制約と財政の持続可能性　209

## 12.2 ドーマー命題----------------------------

　ところで，ドーマー（E. Domar）は，経済成長率がプラスの値（$g>0$）の
とき，財政赤字を出し続けても，それが一定の範囲内であれば，財政は持続
可能であることを示した。これをドーマーの命題と呼ぶが，この命題も確認
しておこう。

　まず，（12.2）式において，財政赤字（対 GDP）は「$(rD_{t-1}+G_t-T_t)/Y_t$」
であるから，これを$\delta_t$と表すことにすると，（12.2）式は以下のように表現
できる。

$$d_t = \frac{1}{1+g}d_{t-1} + \delta_t \tag{12.5}$$

　いま，議論を簡単にするため，財政赤字（対 GDP）が一定値（$\delta_t=\delta$）の
状況を考えよう。また，$d$を「$d=d/(1+g)+\delta$」（12.B）を満たすものとし
て定義し，（12.5）式から（12.B）式を引くと，以下を得る。なお，（12.B）
式から，$d=\delta(1+g)/g$である。

$$(d_t - d) = \frac{1}{1+g}(d_{t-1} - d)$$

　この式は，$|d_t-d|$が公比$1/(1+g)$の等比数列であることを意味する。す
なわち，0期の債務残高（対 GDP）を$d_0$とすると，$t$期の債務残高（対
GDP）は以下となる。

$$d_t = \frac{(1+g)}{g}\delta + \left(\frac{1}{1+g}\right)^t \left(d_0 - \frac{(1+g)}{g}\delta\right)$$

　経済成長率がプラスの値，$g>0$のケースでは，時間の経過に伴って（$1/(1+g))^t$の部分はゼロの値に近づくため，債務残高（対 GDP）の値は$d=\delta(1+g)/g$に収束する。すなわち，$g>0$であれば，以下が成立する。

$$d = \lim_{t \to \infty} d_t = \frac{1+g}{g}\delta \tag{12.6}$$

　この（12.6）式をドーマーの命題というが，この式は，最終的に到達する

債務残高（対 GDP）は，初期値の債務残高（対 GDP）に依存せず，財政赤字（対 GDP）の値 $\delta$ と経済成長率 $g$ の値のみで決まることを意味する。例えば，財政赤字（対 GDP）が $\delta = 3\%$ で，経済成長率が $g = 1\%$ のとき，$d \fallingdotseq 3$，すなわち最終的に到達する債務残高は対 GDP 比で300％になる。財政赤字（対 GDP）が $\delta = 4\%$ で，経済成長率が $g = 2\%$ であれば，$d \fallingdotseq 2$ となる。

また，(12.6) 式は利子率にも依存しないため，財政赤字（対 GDP）が一定値 $\delta$ に留まっている限り，債務残高（対 GDP）の収束値は，利子率と経済成長率の大小関係にも依存しない。しかし，プライマリー収支でみると，厳しい財政運営を強いられている可能性がある。例えば，利子率が $r = 3\%$ で，経済成長率が $g = 1\%$ のとき，財政赤字（対 GDP）が $\delta = 3\%$ であれば，債務残高（対 GDP）の収束値は $d \fallingdotseq 3$ であるが，そのときの利払い費（対 GDP）は9％（$= rd$）である。このとき，財政赤字（対 GDP）を $\delta = 3\%$ に留めるためには，プライマリー収支（対 GDP）で6％の黒字が必要になる。同様の計算で，財政赤字（対 GDP）$\delta$ が，4％，5％であれば，プライマリー収支（対 GDP）で8％，10％の黒字が要請される。

つまり，ドーマー命題を利用すれば，財政赤字（対 GDP）$\delta$ と経済成長率 $g$ の値のみから，債務残高（対 GDP）の収束値が計算できるが，それが一定値に収束するからといって，財政運営を楽観視することはできない。$r > g$ のケースでは，プライマリー収支を黒字化しない限り，財政赤字（対 GDP）を一定値に抑制することはできないからである。もし，プライマリー収支が赤字となれば，(12.4) 式で説明したように，債務残高（対 GDP）の値は発散してしまい，財政は持続不可能となる。

### コラム　金利・成長率論争

利子率と経済成長率の大小関係は，最終的に到達する債務残高（対 GDP）の方向性に決定的な影響を及ぼす。利子率は国債利回り，すなわち長期金利，経済成長率は GDP 成長率を指すが，この金利と成長率の見通しについて，2006 年頃における小泉政権の経済財政諮問会議において大きな議題となった。

経済財政諮問会議とは，内閣総理大臣の諮問を受けて，経済財政政策の重要事項を調査審議するため，2001 年 1 月の中央省庁再編に伴い，内閣府に設置された合議制機関をいう。2005 年の第 31 回会議や 2006 年の第 2 回・第 6 回の会議等において，いわゆる「金利・成長率論争」が，竹中平蔵・総務大臣（当時）と吉川洋・東京大学教授（当時）との間で起こった。

例えば，吉川教授は「理論的にも長期金利の方が成長率よりも高くなるのが正常な姿であり，また過去の事例を調べても，19 世紀以来，長期的には，先進国で長期金利の方が名目成長率よりも高くなるということが観察されている」旨の発言を行う一方，竹中大臣は「日本では戦後，金利の方が成長率より低かった」旨の主張をしていた。

経済成長率の方が利子率よりも大きい，$g>r$ のケースでは，(12.4) 式で説明したように，プライマリー収支（対 GDP）に赤字があっても，債務残高（対 GDP）は一定値に収束するため，プライマリー収支は赤字でも構わないという議論が成立する。

金利・成長率論争において，どちらの見解が正しいのであろうか。図 12-3 は，1980 年から 2007 年における日本の国債利回り（金利）と経済成長率の推移をプロットしたものであるが，この図をみてもわかるとおり，成長率が金利を上回るケースもあれば，下回るケースもある。つまり，成長率と金利は概ね似た動きをするが，その動きには「不確実性」があり，成長率が金利を下回るリスクが常に存在している。

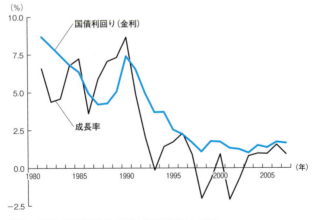

（出所）内閣府「国民経済計算（SNA）」及び IMF 統計から作成

図 12-3　金利と成長率の推移（名目）

表12-1 金利・成長率の比の平均と標準偏差

|  | 日本 | 米国 | フランス | ドイツ | 英国 | イタリア |
|---|---|---|---|---|---|---|
| サンプル期間（年） | 1966-2005 | 1954-2005 | 1951-2005 | 1956-2005 | 1949-2005 | 1952-2005 |
| ①平均 $(1+r)/(1+g)$ | 0.9845 | 0.9966 | 0.9870 | 1.0020 | 0.9949 | 0.9852 |
| ②標準偏差 $(1+r)/(1+g)$ | 0.0422 | 0.0267 | 0.0417 | 0.0359 | 0.0268 | 0.0465 |
| ①−② | 0.9423 | 0.9699 | 0.9453 | 0.9661 | 0.9681 | 0.9387 |
| ①+② | 1.0267 | 1.0233 | 1.0287 | 1.0379 | 1.0217 | 1.0317 |

(出所) IMFデータから作成。なお、金利（$r$）は10年物の国債利回りを表す。

また、一般に、$(1+r)$ を「グロス金利」、$(1+g)$ を「グロス成長率」というが、成長率が金利を下回るリスクは、先進主要国の「グロス金利÷グロス成長率」の平均と標準偏差を試算した表12-1でも確認できる。

ドイツを除き、日本や米国などでは、「グロス金利÷グロス成長率」の平均（①）が1を下回っており、これは「平均的に成長率が金利を上回る可能性が高い」ことを意味する。しかしながら「グロス金利÷グロス成長率」は年によりばらつくものであり、そのばらつきの目安は標準偏差（②）に示されたとおりである。「グロス金利÷グロス成長率」の値は概ね「①−②」から「①+②」の範囲に収斂すると考えられるが、それらの値は表12-1に示されたとおりで、全ての国で「グロス金利÷グロス成長率」の値が1を上回る可能性があり、「成長率が金利を下回るリスクが存在する」ことがわかる。OECD 28カ国の金利と成長率の差をヒストグラムにすると、成長率が金利を下回る割合は半分以上の57%となっている（図12-4）。

このように、成長率が金利を下回るリスクが存在すると、プライマリー収支が赤字でも、成長率が金利を上回れば、財政が破綻するとは限らないという議論は危うい「賭け Gamble」になってくる。将来ずっと成長率が金利を上回り続ければ問題ないが、仮に経済成長の「楽観的な見通し」で財政再建を先送りし、成長率が金利を下回る回数が多くなると、財政が破綻の危機に直面し、そのツケが将来世代や若い世代に押し付けられる可能性もあろう。

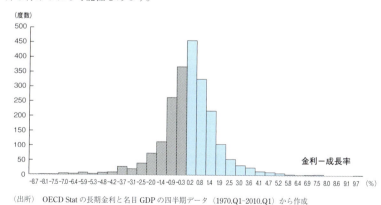

(出所) OECD Statの長期金利と名目GDPの四半期データ（1970.Q1-2010.Q1）から作成

図12-4 「金利と成長率の差」のヒストグラム（OECD 28カ国）

## 12.3 リカード゠バローの中立命題------------

### ■ リカードの等価定理

ところで，日本の債務残高は巨額なものとなっているが，公債の償還や利払いのためには財源が必要となる。その財源を将来の増税などで賄う場合，それは将来，我々や将来世代が負担する可能性が高いというのが常識的な見解であろう。

しかし，政府支出を一定にしたままで，政府の財源調達手段を租税から減税を伴う公債に変更しても，家計の行動には何ら実質的な影響を与えず，「政府の財源調達としては税も公債も等価である」と主張する理論も存在し，これをリカード（D. Ricardo）の等価定理という。

この定理は，公債の中立命題とも呼ばれるが，公債の負担に関する問題を分析するときの出発点となる重要な定理のため，簡単な2期間モデル（2期間で世界が完結するモデル）を用いて，リカードの等価定理を説明しよう。

まず，家計は第1期（現役期）と第2期（引退期）の2期間を生き，この2期間を通じて自らの効用を最大化する簡単なライフサイクル・モデルを想定し，家計の効用関数は以下のように表すことができるものとする。

$$U = u(C_1, \ C_2) \tag{12.7}$$

ここで，$C_1$ は第1期の消費量，$C_2$ は第2期の消費量を表す。また，家計は第1期に $Y_1$ だけの賃金を得て，政府に $T_1$ だけの税を納めた後，その残りを消費に回すか，第1期の消費 $C_1$ に回すかを選択する。第1期の貯蓄を $S$ とすると，以下が成立する。

$$C_1 + S = Y_1 - T_1 \tag{12.8}$$

第2期において，家計は $Y_2$ の賃金を得る一方，第1期の貯蓄を取り崩し，そこから政府に $T_2$ の税を納めた後，残りは全て消費に回す。いま，貯蓄の利子率を $r$ とすると，以下が成立する。

214　第12講　財政赤字と公債の負担

$$C_2 = Y_2 + (1+r)S - T_2 \tag{12.9}$$

以上の（12.8）式と（12.9）式を，貯蓄 $S$ を消去してまとめると，以下の式が得られる。

$$
\begin{aligned}
C_1 + \frac{C_2}{1+r} &= Y_1 - T_1 + \frac{Y_2 - T_2}{1+r} \\
&= Y_1 + \frac{Y_2}{1+r} - \left( T_1 + \frac{T_2}{1+r} \right)
\end{aligned} \tag{12.10}
$$

この（12.10）式は，家計の通時的な予算制約を表す式で，この予算制約式の下，家計は（12.7）式の効用関数を最大化するように，第 1 期と第 2 期の最適な消費の組み合わせ（$C_1$, $C_2$）を決定する。

この様子をグラフに表すため，いま，横軸に $C_1$，縦軸に $C_2$ をとると，図12-5 のとおり，（12.10）式の予算制約線は傾きがマイナス（$1+r$）で，座標（$Y_1 - T_1$, $Y_2 - T_2$）の F 点を通過する直線となる。また，（12.7）式の効用関数は原点に対して凸の右下がりの無差別曲線となる。第 1 期と第 2 期の最適な消費の組み合わせは，この予算制約線と無差別曲線の接点 E で示すことができる。

なお，E 点の座標を（$C_1^*$, $C_2^*$）で表すとき，図12-5 のように，第 1 期の最適な消費量 $C_1^*$ が課税後の賃金（$Y_1 - T_1$）を下回るならば，家計は第 1 期に貯蓄を行うことを意味する。他方，図とは異なり，$C_1^*$ が課税後の賃金（$Y_1 - T_1$）を上回るならば，家計は第 1 期に市場から借り入れを行うことを意味する。

ところで，政府の第 1 期と第 2 期の予算制約式はどうなっているか。まず，第 1 期と第 2 期の予算制約式は，（12.1）式からそれぞれ以下となる。

$$
\begin{aligned}
D_1 - D_0 &= rD_0 + G_1 - T_1 \\
D_2 - D_1 &= rD_1 + G_2 - T_2
\end{aligned}
$$

このとき，世界は 2 期間で完結するので，$D_2 = 0$ となり，この両式から $D_1$ を消去してまとめると，以下の式が得られる（同式の右辺が（$1+r$）$D_0$ より

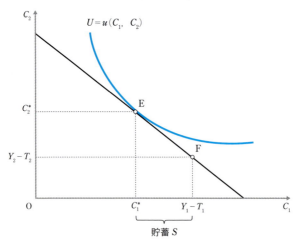

図 12-5　リカードの等価定理

も小さいと，各期のプライマリー収支で初期債務を返済できず，$D_2 > 0$ となってしまう。また，右辺が $(1+r)D_0$ よりも大きいと，政府は資産を抱えたまま経済が終了するが，これは，政府はもっと政府支出を拡大できたか，もっと税負担を少なくできたはずなのに，それを実行しないことを意味し，政府やその背後にいる国民の合理的な行動に矛盾する。このため，$D_2 = 0$ となる）。

$$(1+r)D_0 = T_1 - G_1 + \frac{T_2 - G_2}{1+r}$$

また，上式は，以下に変形できる。

$$(1+r)D_0 + G_1 + \frac{G_2}{1+r} = T_1 + \frac{T_2}{1+r} \tag{12.11}$$

この（12.11）式は，政府の通時的な予算制約を表す式であるが，これは「税収の割引価値の合計（$T_1 + T_2/(1+r)$）は，政府支出の割引価値の合計（$G_1 + G_2/(1+r)$）に初期時点の債務残高（$(1+r)D_0$）を加えたものに一致しなければならない」ことを意味する。

減税に伴う公債発行の増発が，（12.11）式に及ぼす影響をみるため，政府は第 1 期に $\varDelta T$ の減税を行うものとする。すると，第 1 期の減税分は公債発

行の増発で賄うが，その増発分の公債は第2期に償還されることになるため，第2期には$T_2$の税収のほか，増発した公債償還の財源として$(1+r)\varDelta T$の増税が必要になる。このとき，第1期の税収は$(T_1-\varDelta T)$，第2期の税収は$(T_2-(1+r)\varDelta T)$となり，（12.11）式は以下となる。

$$(1+r)D_0+G_1+\frac{G_2}{1+r}=T_1-\varDelta T+\frac{T_2-(1+r)\varDelta T}{1+r}$$

$$=T_1+\frac{T_2}{1+r}$$

これは（12.11）式と同じであり，当初の税収の割引価値の合計と何も変わらない。いま，（12.11）式を（12.10）式に代入すると以下を得ることができる。

$$C_1+\frac{C_2}{1+r}=Y_1+\frac{Y_2}{1+r}-\left((1+r)D_0+G_1+\frac{G_2}{1+r}\right) \tag{12.12}$$

この式の右辺は，家計の生涯にわたる可処分所得を表すが，$D_0$が与えられており，政府支出$G_1$と$G_2$が一定であるとき，この式の右辺は一定となる。これは，政府の通時的な予算制約式を考慮すると，第1期に減税を行い，その分を公債発行の増発で賄っても，第2期には減税分の増税があるため，家計の生涯にわたる税負担は変わらず，減税は家計の通時的な予算制約を変化させないことを意味する。よって，家計がこのことを正しく認識している限り，図12-5の予算制約線は変化しない。すなわち，最適な消費量$C_1{}^*$，$C_2{}^*$は不変に保たれ，家計は消費を何も変化させない。言い換えるならば，（12.8）式において，$Y_1$は所与で$C_1{}^*$，$C_2{}^*$は変化しないため，第1期の税負担$T_1$が変化しても，$S+T_1$が一定となるように$S$を調整するのである。すなわち，減税が消費を変化させないのは，公債の増発で今期に減税を行っても，必ず将来，公債償還のための増税で埋め合わされるということを家計が認識しているためで，そのとき，家計は将来の増税に備えて貯蓄をその分だけ増やし，減税があっても消費を拡大しない。

　以上のとおり，政府支出を一定にしたままで，政府の財源調達手段を租税から減税を伴う公債に変更しても，家計の行動には何ら実質的な影響を与えない。同様に，財源調達手段を公債から税に変更しても，家計の行動には何

も影響を与えないこともわかる。これは，「政府の財源調達としては税も公債も等価である」ということを意味し，これをリカードの等価定理といい，公債の中立命題と呼ぶことも多い。

なお，この命題ではいくつかの留意が必要である。まず一つは，中立命題では，政府支出の経路が一定のケースを想定しているということである。(12.12) 式で，政府支出の経路が変化し，$G_1$ や $G_2$ の値が増減すると，(12.12) 式の右辺も変わり，最適な消費量 $C_1^*$，$C_2^*$ も変化してしまい，中立命題は成立しない。もう一つは，中立命題が成立する場合，財政赤字の増加は民間投資をクラウド・アウトすることもないということである。というのは，中立命題が成立すると，最適な消費量 $C_1^*$，$C_2^*$ は変化しない。このため，減税による課税後の賃金 $(Y_1 - T_1)$ の増加はその全額が貯蓄に回るが，この貯蓄の増加は減税分に等しい。すなわち，減税を公債発行の増加で賄うと，それと同額の貯蓄が増えるが，これは減税前と同じ資金が民間投資に回ることを意味し，資本蓄積が将来の産出量水準に及ぼす長期的な影響を考慮しても，減税による財政赤字の増加は経済に対して何も影響を及ぼさない。

## ■ 中立命題の妥当性

ケインズ派のモデルでは消費関数は今期の可処分所得の増加関数であるため，減税は消費拡大効果をもつが，公債の中立命題が成立する場合，減税は消費拡大効果を持たない。特に，公債の中立命題が完全に成立する場合，財政政策における減税や増税も家計の行動に何ら実質的な効果を持たず，公債の負担や財政赤字などに関する問題は議論する必要がなくなる。このため，公債の中立命題が成立するか否かは大きな論点となるが，この中立命題はいくつかの前提に依存している。代表的なものは，以下のような前提である。

〈前提1〉　家計は政府の行動や不確実性を正しく認識している。
〈前提2〉　流動性制約が存在しない。
〈前提3〉　一括税が利用でき，課税の歪みが存在しない。
〈前提4〉　家計が同質的で異質性が存在しない。

順番に説明しよう。まず，第1の前提であるが，(12.12) 式でも説明した

218　第12講　財政赤字と公債の負担

とおり，公債の中立命題が成立するためには，政府が公債の増発で今期に減税を行っても，必ず将来，公債償還のための増税で減税分が埋め合わされると家計が正しく認識している必要がある。すなわち，家計は政府の通時的な予算制約式を正しく認識している必要があるが，そのように家計がしっかりと認識しているとは限らない。家計が政府の行動（今期の減税，将来の増税）を正しく認識しておらず，政府が公債増発で減税を行っても，誤った予測の下，いずれ増税が実行されるとは考えない可能性もある。その場合，家計は自らの生涯予算制約が増加すると誤って予測するため，家計は消費を拡大する可能性があり，公債の中立命題は成立しない。

　また，現実的には将来の所得や課税のタイミングに不確実性がある場合もある。現実の経済において不確実性が重要であることは明らかであるが，例えば，現在の減税は確実である一方，景気変動・震災や政権交代などもあるから，将来の増税は不確実である。そのとき，現在の減税（例：1円）と将来の不確実な増税（例：割引価値の1円）は無差別でなくなり，家計は将来の不確実な可処分所得の低下よりも現在の確実な可処分所得の増加を重視し，消費を拡大するかもしれない。

　次に，第2の前提は，資本市場の完全性に深く関係する。図12-5は，第1期の最適な消費量 $C_1^*$ が課税後の賃金 $(Y_1 - T_1)$ を下回り，家計は第1期に貯蓄を行うものとなっているが，$C_1^*$ が $(Y_1 - T_1)$ を上回る場合，家計は第1期に市場から借り入れを行うことになる。その際，公債の中立命題が成立するためには，現在の課税後賃金の一部を貯蓄として将来の消費に回す場合でも，将来の課税後賃金をあてにして借り入れを現在に行う場合でも，同じ利子率で貯蓄や借り入れができることを前提としている。これは資本市場の完全性を想定している状況を意味するが，現実には，家計が資金を借り入れようとする場合，貯蓄をするときの利子率よりも高い利子率に直面せざるを得ないことや，一般的に借り入れは貯蓄よりも難しいため，全く借り入れができないこともある。

　このような資金繰り制約が存在する状況を流動性制約といい，流動性制約が存在すると，家計は最適化行動がとれず，公債の中立命題は成立しない。すなわち，流動性制約が存在しないと，政府の財源調達手段として公債と税

12.3　リカード=バローの中立命題　　219

は等価で，減税や増税は家計の行動に何も実質的な影響を与えないが，流動性制約が存在すると，減税は家計の資金繰りを改善させる効果をもち，消費を拡大してしまう。もっとも，現実の経済では流動性制約に直面する家計は存在するため，公債の中立命題が完全に成立する可能性は低いが，そのような家計の割合がどの程度なのかという問題は，公債の中立命題の妥当性に無視できない影響を及ぼす。

また，第3の前提は，公債の中立命題が成立するためには課税方法も重要であることを意味する。第6講で説明したように，一括税（所得効果だけを持ち，経済活動を歪めない租税）が利用できない場合，租税の種類や税負担の経路の変更は家計の最適化行動など経済に影響を及ぼし，課税は資源配分に歪みを発生させてしまう。例えば，労働所得に対する限界税率が上昇すれば労働意欲の減衰で労働供給が減少し，家計の所得の経路を変えてしまうかもしれない。すなわち，一括税が利用できれば，家計は課税される税負担の大きさ（割引価値）のみに関心をもち，公債の中立命題が成立する。しかし，一括税が利用できず，課税がミクロ的な撹乱効果をもつ場合，家計は税負担の大きさ（割引価値）のみでなく，家計の最適化行動は限界税率の変化にも影響を受け，課税は資源配分に歪みを発生させるため，公債の中立命題は成立しなくなってしまう。

最後の第4の前提は重要であり，公債の中立命題の説明では，全ての家計は同質的で異質性はないという前提を暗黙に置いていた。このため，(12.12) 式が成立し，公債増発による減税や増税のタイミングは，家計の通時的な予算制約を変更せず，公債の中立命題が成立した。しかし，実際の経済では所得・資産の格差や世帯構成など家計の状況が異なるため，全ての家計が同質的で異質性がないという前提は現実的ではない。また，流動性制約に直面する家計もあれば，直面しない家計も存在するはずである。そもそも，所得や資産の格差を前提として政府が再分配政策を行う場合，現在の減税を将来の増税で埋め合わせるとしても，減税超過で消費が拡大する家計が存在する一方，増税超過で消費が減少する家計も存在するはずである。両者の効果がマクロ的に相殺されれば，公債の中立命題は成立するが，それが相殺できるとは限らない。このようなケースでは，公債の中立命題は成立しない。

## ■ 世代交代とバローの中立命題

ところで，家計が同質的で異質性がないという前提との関係では，世代交代や世代間のつながりが公債の中立命題に及ぼす影響も重要である。そもそも，（12.10）式などを利用したリカードの等価定理の説明では，公債の償還は，公債を発行時に生きていた世代の生存中に行われるものと暗黙のうちに仮定していたからである。しかし，公債の償還がその世代が生きているうちに行われるとは限らない。公債の償還はかなり長期にわたって行われるのが通常で，その負担が将来世代に転嫁される可能性がある。したがって，公債発行で現在の減税を行い，将来に増税するという政策は，償還の途中で世代交代がある場合，世代間の所得再分配政策の性質をもち，公債の中立命題が成立しない可能性がある。

また，世代交代がある場合，公債発行による減税は，将来の産出量水準に影響を及ぼす可能性もある。というのは，各世代が利己的に自分のことだけを考えて消費計画を立て，減税の恩恵だけを受ける世代が消費を拡大すると，それによって一国全体の資本蓄積が減少し，将来の産出量水準は以前よりも低下する。これは，公債発行が資本蓄積を減少させるという経路を通じて将来時点に負担を転嫁することを意味し，このような可能性を指摘したのがモディリアーニ（F. Modigliani）の議論である。

しかしながら，例えば公債の償還が子世代の負担で賄われるとしても，親世代が利他的で，子世代に遺産や生前贈与などを増やし，公債の負担を相殺することができれば，人々の消費行動に何も影響を及ぼさない可能性がある。すなわち，世代交代があっても，利他的な遺産行動を考慮すると，公債発行による世代間所得再分配政策は無効となり，公債の中立命題が成立する。このような主張をするのが，バローの中立命題である。

このバローの中立命題を説明するため，親世代と子世代のみが存在する簡単な2世代モデルを考えよう。リカードの等価定理では，第1期と第2期という2期間のライフサイクル・モデルを用いて説明したが，今回は第1期・第2期の区別はせず，親世代が自らの生涯消費 $c_1$ から得る効用を $u_1(c_1)$，子世代が自らの生涯消費 $c_2$ から得る効用を $u_2(c_2)$ とする。

このとき，$0 < \beta < 1$ という定数 $\beta$ を用いて，親世代の効用 $V$ は以下のよ

12.3　リカード゠バローの中立命題　221

うに表現できるものとする。

$$V = u_1(c_1) + \beta u_2(c_2) \tag{12.13}$$

　この式の $\beta$ は，親世代の子世代に対する利他性（どの程度かわいいと思っているか）を示す変数で，$\beta$ の値は大きいほど利他性が高いことを表す。また，親世代が子世代に残す遺産を $e$，親世代（子世代）の生涯消費を $c_1(c_2)$，生涯賃金を $y_1(y_2)$，生涯税負担を $\tau_1(\tau_2)$ として，親世代と子世代の生涯予算制約は以下のとおりとする。

$$\textbf{親世代}：c_1 = y_1 - e - \tau_1 \tag{12.14}$$
$$\textbf{子世代}：c_2 = y_2 + (1+r)e - \tau_2 \tag{12.15}$$

　なお，(12.14) 式・(12.15) 式と (12.10) 式との比較では，親世代や子世代において，(12.10) 式の左辺全体が各々 $c_1$，$c_2$ に相当する。また，(12.10) 式の右辺のうち，課税前の生涯賃金（$Y_1 + Y_2/(1+r)$）が各々 $y_1$，$y_2$ に相当し，生涯の税負担（$T_1 + T_2/(1+r)$）が $\tau_1$，$\tau_2$ に相当する。(12.15) 式で，遺産 $e$ が $(1+r)$ 倍となっているのは，子世代が遺産を受け取るまで 1 期間の差があるためである。

　さて，親世代は，(12.14) 式・(12.15) 式という予算制約の下，(12.13) 式の効用を最大化する。(12.14) 式・(12.15) 式から遺産 $e$ を消去してまとめると以下を得る。

$$\begin{aligned} c_1 + \frac{c_2}{1+r} &= y_1 - \tau_1 + \frac{y_2 - \tau_2}{1+r} \\ &= y_1 + \frac{y_2}{1+r} - \left( \tau_1 + \frac{\tau_2}{1+r} \right) \end{aligned} \tag{12.16}$$

　この式は，リカードの等価定理を説明したときの利用した (12.10) 式と同じ形をしている。また，(12.11) 式の議論と同様，政府の通時的な予算制約が成立するならば，(12.16) 式の右辺において，税収の割引価値の合計（$\tau_1 + \tau_2/(1+r)$）は，政府支出の割引価値の合計に初期時点の債務残高を加えたものに一致しなければならない。このため，(12.12) 式と同様，初期時点の債務が与えられており，政府支出の経路が一定の場合，(12.16) 式の右

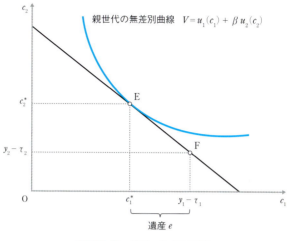

図 12-6　バローの中立命題

辺全体は $\tau_1$, $\tau_2$ の値には依存しない。このとき，(12.13) 式の効用を最大にする親世代と子世代の生涯消費の組み合わせ $(c_1, c_2)$ は図 12-6 のように決まる。

　最適な生涯消費の組み合わせ $(c_1^*, c_2^*)$ は，親世代や子世代が直面する税負担 $\tau_1$, $\tau_2$ に依存しないため，税負担の経路が変化すれば，それに対応して子世代に残す遺産の量 $e$ が決まる。言い換えるならば，$c_1^*$, $c_2^*$ は変化しないため，(12.14) 式において，親世代の税負担 $\tau_1$ が変化しても，$e + \tau_1$ が一定となるように $e$ が決まるのである。すなわち，公債発行で親世代の税負担を減税し，公債の償還のための課税を子世代に転嫁しても，その課税による負担増を相殺するように，親世代は子世代に遺産を同額だけ増加させる。遺産や生前贈与などは，民間部門の自発的な世代間所得移転を意味するが，政府が公債発行で世代間所得再分配政策を行っても，利他的な遺産行動を考慮すると，その政策的な効果は無効となり，公債の中立命題が成立する。これを バローの中立命題 というが，リカードもその著作「公債制度論」で同様の指摘をしていることがわかり，遺産に伴う リカード=バローの中立命題 と呼ぶこともある。

なお，バローの中立命題が成立するためには，「中立命題の妥当性」で説明したような前提のほか，遺産で公債の負担が相殺される必要があるが，このうち利他的な遺産行動に関する前提は現実的なものであろうか。

そもそも，遺産の決定に関する理論としては，「偶発的な遺産」と「意図的な遺産」の2つの考え方がある。寿命には不確実性が伴い，人々は自分の生存期間や死亡時期を完全に予測することはできない。偶発的な遺産とは，親が老後資金として貯蓄していたものが，偶然の事故や病気などの死亡で子どもにわたる遺産をいう。

他方，意図的な遺産とは，偶発的な遺産とは異なり，親が何らかの意図や動機をもち，遺産を形成するケースをいい，代表的なものとしては，戦略的遺産動機，利他的遺産動機，消費的な遺産行動の3つが有名である。

まず，戦略的遺産動機とは，一種の家族内取引の見返りであり，親が老後の介護などの面倒や世話をみてもらう対価として子どもに残す遺産をいう。次に，利他的遺産動機とは，(12.13) 式のように，親世代が子世代の効用を高める動機で，親が子どもの経済状態を配慮しながら利他的に残す遺産をいい，残す遺産は子世代に対する利他性を示す変数 $\beta$ の大きさに依存する。なお，全ての人々に一定の利他性があっても，全ての人々が均質的でない以上，利他性を示す変数 $\beta$ の大きさが家族で異なり，利他的遺贈動機が作用しない人々も多くいるかもしれない。また，消費的な遺産行動とは，子世代の効用を高めるという利他的な動機で残す遺産とは異なり，「遺産を子どもに残す」という消費的な行動自体から喜びを得て，親世代の効用が高まるケースをいう。

バローの中立命題が成立するためには，このような遺産の動機のうち，利他的遺産動機が必要になり，それ以外の場合において，中立命題は一般的に成立しない。

最後に，バローの中立命題は，将来生まれる人々を全て現在の人と関連付けることで成立しているが，この関係で興味深い理論的な批判があり，それは次のようなものである。まず，バローの中立命題が成立する場合，A氏とその子孫の間での所得移転や，B氏とその子孫との間での所得移転は，経済に何も影響を及ぼさないが，ヒトの繁殖は性的なもので人々が共通の子孫を

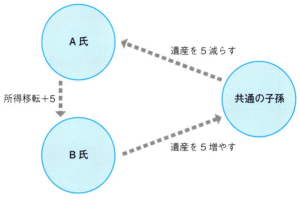

図 12-7　現世代と子孫の間での所得移転

もつ可能性がある。そのとき，世界の人々全ては家族関係の網目を通じてつながり，A氏とB氏が共通の子孫をもつから，A氏とB氏との間での所得移転についても，経済に何も影響を及ぼさず，所得再分配そのものが完全に無効となってしまう，という理論的な批判である（図 12-7）。

## 12.4　世代間の公平性と独立財政機関

■ 世代会計

　最後に，コトリコフ（L. J. Kotlikoff）らが打ち立てた，世代会計（Generational Accounting）という概念を紹介する。そもそも，年金・医療・介護といった社会保障の給付水準や社会保険料の負担を含め，政府が提供する公共サービスや国民に求める負担は，世代によって大きく異なる。このため，財政政策を評価にあたって財政収支や政府債務などの指標のみを把握するのではなく，世代ごとに評価する発想が出てくる。このような発想に基づき，各世代が，その生涯を通じて，政府に支払う負担（例：税・社会保険料の負担）と，政府から受け取る受益（例：年金・医療・介護等の社会保障給付）を推計し，財政

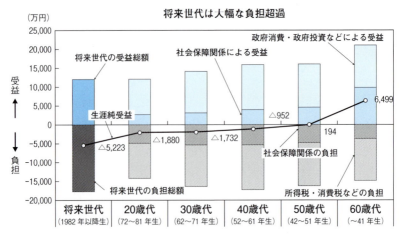

図12-8　世代会計（世代ごとの受益と負担の構造）

のあり方を評価する仕組みを「世代会計（Generational Accounting）」という。

図12-8は，内閣府「経済財政白書」（2003年度版）での世代会計で，概ね次のような方法で推計している。

まず，政府が提供する公共サービスのうち，その受益が世代ごとに帰着し，受益水準が世代ごとに大きく異なる社会保障給付などについては，年齢階級別のデータ（例：家計調査や全国消費実態調査）等に基づき，各世代の人々に按分する。防衛や警察・消防，道路などの政府消費や政府投資のように，世代ごとに受益の水準が大きく異ならず，国民全体に等しく受益が及ぶものについては，各世代の人々に均等按分する。

また，税や社会保険料などの負担についても，年齢階級別のデータ（例：家計調査）等に基づき，各世代の人々に按分する。さらに，将来における各世代の受益と負担構造については，現時点の現在世代が享受している年齢別

の受益と負担構造が将来も不変で維持されるものとする。このような前提の下で，各世代の生涯にわたる受益と負担を割引現在価値として求め，世代ごとの生涯純受益（＝生涯受益−生涯負担）等を定量的に推計している。

図12-8 では，60 歳以上の世代は生涯で 6,499 万円の受益超過，50 歳代の世代は 194 万円の受益超過である一方，40 歳代以下の全ての世代は生涯で負担超過となっている。30 歳代の世代は 1,732 万円の負担超過，20 歳代の世代は 1,880 万円の負担超過，将来世代は 5,223 万円の負担超過となっており，生涯での負担超過は若い世代ほど大きい。特に，60 歳以上の世代と将来世代を比較すると，生涯純受益の格差は 1 億円以上もあることが明らかになる。すなわち，世代会計は，社会保障制度や税制・公債発行などの個別政策のほか，財政政策の全体がどの世代に有利でどの世代に不利な効果を有するかを含め，世代間の公平性を定量的に評価する上で有用な情報を提供する。

では，このような世代間格差が発生する主な原因は何か。そもそも，こうした著しい格差は世代間の公平という観点で問題が多いが，それは，社会保障制度（年金・医療・介護）が賦課方式となっていることや，高齢化の進展で社会保障給付費が急増する中，その安定財源が十分に確保できず，財政赤字で負担を将来に先送りしている財政の現状が大きく関係している。

なお，世代会計は，制度改革での効率的な改善を除き，あらゆる世代の負担を改善する政策は理論的にあり得ず，世代間の負担に関するゼロサム的な性質を有することも明らかにする。というのは，（12.11）式から予測できると思われるが，政府の通時的予算制約式において，各期の政府支出や税収を各世代に割り振ると，以下の関係が成立する。

> 現在世代の生涯純負担の総額
> ＋将来世代の生涯純負担の総額＝政府純債務

この式の右辺（政府純債務）は不変なので，世代間格差を是正するため，将来世代の負担を軽減するならば，現在世代が追加的な負担を増やす必要があることを示唆するが，それは世代間の生涯純負担に関するゼロサム的な性質をもち，現在世代と将来世代との間や現在世代間といった世代間の利害対

立を顕在化してしまうことを意味する。

　また，世代会計に対する批判や限界を指摘する意見もある。例えば，バローの中立命題が成立する場合，世代間の公平性を評価する世代会計の考え方は意味をもたなくなってしまう。なぜなら，全ての家計が合理的で子孫の効用を考慮する利他的であるならば，現在世代よりも将来世代の負担増が予測できる場合，現在世代が将来世代に遺産や生前贈与などを増やし，負担増を相殺してしまうためである。

　しかしながら，バローの中立命題が完全に成立していると想定することは極端である。そもそも，全ての家計が同質的で異質性がないという前提は現実的ではなく，子どもをもたない家計も存在し，我々が子孫の効用を十分に考慮して行動しているとは限らないため，将来世代の負担増を相殺するだけの遺産や生前贈与などを子孫に残さないかもしれない。このため，やはり，世代会計の考え方は一定程度の説得力をもつ指標となる。

## ■ 独立財政機関

　なお，世代間格差の要因の一つである財政赤字が政治的に発生するメカニズムとしては，①政治的景気循環（Political Business Cycle），②政治家の戦略的動機，③共有資源問題（Common Pool Problem）等が指摘されている。このうち，財政赤字が発生する原因として最も有力な説は，「共有資源問題」である。一般的に「共有資源問題」とは，共有の資源は私有の資源と比較して過剰に利用されやすい現象をいう。その最悪のケースとして発生する「共有地の悲劇」は，多数者が利用する共有資源の乱獲によって資源そのものの枯渇を招いてしまう現象としてきわめて有名である。

　世代会計で明らかになるように，財政は基本的にゼロサム的な性質をもち，政府支出の拡大は最終的に誰か（将来世代も含む）の負担になる。だが，各々の家計や世代の受益と負担は必ずしも明確にリンクしているわけでなく，負担についての感覚は希薄になりやすい。このため，政府支出を拡大させる政治的要求が高まり，財政赤字が拡大する現象が頻繁に発生する。この行き着く果てが「財政破綻」であり，それは財政版「共有地の悲劇」にほかならない。

また,「政治的景気循環」とは,政治家が選挙前に有権者の票を「買う」ため,財政赤字の拡大による財政支出増や減税を行い,経済が政治に攪乱される現象をいう。「政治家の戦略的動機」とは,政権交代リスクに直面している政党が,政権交代後におけるライバル政党の財政的自由度を縛るため,財政赤字を拡大させる誘因をいう。

　いずれにせよ,政治は,財政赤字を拡大させる強い圧力をもっている。本来,財務省をはじめとする財政当局が本当に強い権限をもっていたら,現在のような状況まで財政は悪化しなかった可能性を指摘する研究もある（von Hagen, 1992）。

　このため,このような政治的圧力を制御する目的として,1990年代の欧米を中心に,「財政政策ルール」の設定が流行している（財政政策の脱政治化）。この試みは,カナダやオーストラリアの財政再建をはじめ,いくつかの国々で成功をおさめてきた。しかし,財政政策の運営は,先般の欧州財政危機で明らかになったように,経済変動の見通しとも密接に絡んでおり,単純な財政政策ルールで拘束することはなかなか難しいのが現状である。逆に,あまり弾力的かつ緩いルールを設定すると,財政赤字に対する政治的圧力を制御する目的を達成できないというジレンマも存在する。

　このため,2000年代以降では,このような問題を克服するため,欧州を中心に,高い専門性と分析力をもつ「独立財政機関」（IFI：Independent Fiscal Institutions）を設置するべきとの議論が盛り上がってきている。これら機関には一定の政治的独立性を付与し,①予算の前提となる経済見通し作成,②中長期の財政推計,③財政政策に関わる政策評価などを担わすことが想定される。

　独立財政機関としては,オランダの経済政策分析局（1945年設立）や米国の議会予算局（CBO：Congressional Budget Office, 1974年設立）が長い歴史をもち有名だが,最近は,英国の財政責任庁（OBR：Office for Budget Responsibility, 2010年設立）,スウェーデンの財政政策会議（2007年）,カナダの議会予算官（2008年）,アイルランドの財政諮問会議（2011年）などが設立され,このような役割を担っている。日本も加盟するOECD（経済協力開発機構）諸国のうち独立財政機関を設置した国の数は2014年で20を超え,過去10

12.4　世代間の公平性と独立財政機関　　229

年間で3倍になっている。

このため，最近，OECDは，「独立財政機関の指針に対する委員会勧告」を公表しているが，現在のところ日本において独立財政機関は存在しておらず，日本での設置を期待する声もある。なお，世代会計の概念を構築したコトリコフも，世代間の公平性に関する評価を行うため，世代会計庁のような独立機関の設置を提唱している。


## ■ Active Learning

《重要事項のチェック》・・・・・・・・・・・・・・・・・・・・・・・・・・・・・・・・・・・・・・・・・・・・・・・・・・・・・・・・・・・・・

□ドーマー命題　□リカードの等価定理　□公債の中立命題　□流動性制約　□一括税　□バローの中立命題　□リカード=バローの中立命題　□偶発的な遺産　□意図的な遺産　□戦略的遺産動機　□利他的遺産動機　□消費的な遺産動機　□世代会計　□独立財政機関


《調べてみよう》・・・・・・・・・・・・・・・・・・・・・・・・・・・・・・・・・・・・・・・・・・・・・・・・・・・・・・・・・・・・・・・・・

[1]　日本を含む先進国における直近の債務残高（対GDP）を調べてみよう。

[2]　内閣府「家計の生活と行動に関する調査」（2009年）等を読み，流動性制約に陥っている家計の割合を調べてみよう。

[3]　日本銀行金融研究所「世代会計の国際比較」等を読み，日本と他国との世代間不均衡の違いを調べてみよう。


《Exercises》・・・・・・・・・・・・・・・・・・・・・・・・・・・・・・・・・・・・・・・・・・・・・・・・・・・・・・・・・・・・・・・・・・・

[1]　財政赤字（対GDP）が5%で，経済成長率が1%のとき，最終的に到達する債務残高は対GDP比で何%になるか，計算しなさい。

[2]　公債の中立命題とは何か。また，それが成立するための代表的な前提を説明しなさい。

[3]　世代会計の概念を説明し，バローの中立命題との違いを説明しなさい。


### 文 献 紹 介

● ローレンス・J・コトリコフ/スコット・バーンズ（中川治子訳）（2005）『破産

する未来――少子高齢化と米国経済』日本経済新聞社

- 小黒一正（2009）「ギャンブルとしての財政赤字に関する一考察――"不確実性"のある成長率と長期金利の関係を中心に」日本経済研究，No.60，pp.19-35.
- 島澤　諭（2013）『世代会計入門――世代間較差の問題から見る日本経済論』日本評論社
- 田中秀明（2011）『財政規律と予算制度改革――なぜ日本は財政再建に失敗しているか』日本評論社
- カーメン・M・ラインハート/ケネス・S・ロゴフ（村井章子訳）（2011）『国家は破綻する――金融危機の800年』日経BP社
- Ball, L., Elmendorf, D.W. and N.G. Mankiw（1998），"The Deficit Gamble," *Journal of Money, Credit, and Banking*, Vol.30, No.4, pp.699-720.
- Elmendorf, D.W. and N.G. Mankiw（1998），"Government Debt," *NBER working paper*, No.6470.
- von Hagen J.（1992），"Budgeting Procedure and Fiscal Performance in the European Communities," *EC Economic Papers*, No.96.

# 第13講
# 再分配政策

■わが国の社会保障制度は，（1）公的扶助（生活保護制度のような生活困窮者に対する所得保障），（2）社会福祉（障害者，高齢者，児童，母子などに対する支援），（3）社会保険（医療，年金等の公的保険），（4）公衆衛生，の4つの部門からなるが，公的介入の経済理論的根拠は様々である。年金・医療保険等は情報の非対称性に伴う保険市場の失敗であり，公衆衛生等は公共財・外部性に関わる。この講で扱う再分配政策は，上記の分類では主に公的扶助に対応する。ただし，再分配政策は公的扶助（生活保護制度）に限定されるものではない。税制や補助金を用いた再分配政策，就労支援，教育・職業訓練等（人的資本投資と呼ばれる）に対する支援も再分配政策の一つと考えられる。また，地域や産業を対象に行われる再分配政策もある。この講では，このような広い意味での再分配政策を扱う。

## 13.1　再分配政策の根拠--------------------------

### ■市場における所得分配

　市場で実現する所得分配は公平ではないとよく主張される。しかし，（理想的な）市場では，貢献に応じた報酬という意味での公平性が実現する点に注意が必要である。もちろん，公平性については様々な考え方がある。例えば，必要に応じた分配が公平だという主張もあるし，機会の平等か結果の平等かという古くからの議論もある。ここでは，公平性に関する哲学的議論には踏み込まないが，貢献原則に基づいたとしても再分配政策の根拠が失われるわけではない。

　まず，貢献に応じた分配といっても，個々人の能力の違いによって所得格

差が発生する。特に，障害をもって生まれてきた人，病気・ケガのために十分な貢献ができない人もいる。こうした人たちの救済を否定する人はいないだろう。第2に，今の点と多少関連するが，個々人の所得は初期保有資産に比例する。初期保有資産が公平に分配されているとは限らないので，貢献原則に立ったとしても，やはり何らかの再分配政策が必要となる。

なお，現実の市場では，貢献に応じた報酬が実現しない場合がある。第1に，市場に何らかの参入障壁が存在すると，そこでの報酬は独占的利潤を含んだものになり，真の意味での貢献とは異なる[1]。この原因で生じる所得格差は，再分配政策よりも参入障壁の撤廃で対処すべきであろう。第2に，その分野の活動に外部性があると，真の貢献とは異なる報酬が支払われる。例えば，正の外部性のある活動に従事している人（例えば基礎科学の研究など）の報酬は，真の貢献よりも低い。逆に，負の外部性をもたらす活動に従事する人の報酬は真の貢献よりも過大である[2]。

## ■ 所得格差

所得格差が存在したからといって，それが問題にならないケースも存在する。まず，産業構造の変化に伴って発生する一時的な賃金格差がある。この場合，賃金格差の存在が，衰退産業から新しい産業への労働者の移動を促し，新しい産業で必要とされる技能を習得させるインセンティヴを労働者に与える。第2に，厳しい労働環境や，リスクの違いを相殺して実質的な所得を均等化させるような格差がある。これを補償格差（もしくは均等化格差）と呼ぶ。通常よりも事故のリスクの高い職業はそうでない職業に比べ賃金が高くなければ，そもそもその職業に従事しようとする人がいなくなってしまうだろう。第3に，所得の格差は，過去において費用をかけて行った人的資本投資（教

---

[1] 参入障壁の原因の一つに職業免許制度がある。医師や弁護士の報酬が高い原因の一つに，国家試験や大学入学時の定員による新規参入者数の制限がある。もちろん，これらの職業には高度の専門性が必要である。免許制度は，供給されるサービスに一定の品質があることを保証し，患者や顧客と供給側の間の情報の非対称性に伴う問題（逆選択）を緩和するという側面はある。

[2] 外部性が存在しても，自由な参入が許されていれば，それぞれの職業の金銭的な報酬は均等化する。したがって，真の問題は，公平性の問題というより，正の外部性をもたらす活動への人材投入が過小になり，負の外部性をもたらす活動へのそれが過大になるという資源配分の問題である。

13.1　再分配政策の根拠　　233

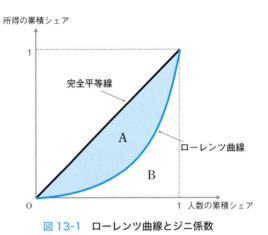

図 13-1　ローレンツ曲線とジニ係数

育投資や職業訓練）の結果かもしれない。そうであれば，現在の高い所得だけをみて格差を問題にすべきではないし，再分配政策は人的資本投資に与える影響を考慮して設計されるべきだろう（極端な再分配政策は，人的資本投資を著しく減少させるかもしれない）。

　所得格差を把握する際によく使われる指標にジニ係数がある。ジニ係数は，ローレンツ曲線との関係で説明するのがわかりやすい。まず，所得の低い順に個人を並べ，横軸に人数の累積相対度数をとり，縦軸に所得の累積額のシェア（総所得に対する比率）をとって，それらの点を結ぶとローレンツ曲線が得られる。定義から，ローレンツ曲線は点 (0, 0) と点 (1, 1) を必ず通る（人数の累積相対度数が 0 なら所得の累積額も 0 であるし，人数の累積相対度数が 1 なら所得の累積額のシェアも 1 になる）。また，一般的には所得格差があるため，ローレンツ曲線は下に凸の曲線になる。なお，もし，全ての個人の所得が同一なら，ローレンツ曲線は傾き 1 の直線になるが，これが完全平等線である。ジニ係数は完全平等線とローレンツ曲線で囲まれる部分の面積（図 13-1 の A の部分）に対する完全平等線の下の三角形の面積（図 13-1 の A と B の合計）に対する比率で定義される。

　所得分布が完全平等なら A の面積は 0 になり，ジニ係数も 0 である。1 人

の人間が所得を独占している社会では，ローレンツ曲線は点（1，1）の手前まで横軸に張り付くので1になる（1に非常に近い）。一般に，ジニ係数は0から1の間の値をとり，所得分布が不平等になるほどジニ係数は大きくなる。近年，比較的平等な社会だと考えられてきたわが国においてジニ係数の値が上昇を示しており，このことが社会的関心を呼んでいる。

現実の社会の所得格差を把握する際，いくつかの留意点がある。まず，所得が個々人の生活水準を表す指標として適切かという問題がある。所得が低くても十分な資産の蓄積がある人がいるかもしれないし，その逆の人もいるだろう。さらに，一般に所得は変動する。ある時点で実現した所得は恒常所得（長期間の平均的な所得）と変動所得（長期間の平均値は0）に分解できるが，その人の生活水準をよりよく表しているのは実現した所得より恒常所得の方であろう。

第2に，人口構成の変化は見かけ上の所得格差を変化させる。特に，高齢者人口の増加は経済全体でみた所得格差の拡大をもたらすようにみえることに注意が必要である（同一世代内での生涯所得の格差や，一時点での高齢者と現役労働者の所得格差が変わらなくても，経済全体の所得格差が拡大するようにみえてしまう）。

再分配政策の実施にあたっては，見せかけの格差に惑わされず，格差の原因を把握した上で問題に応じて対処することが必要である。近年の日本の格差問題では，貧困高齢者の問題もあるが，同時に若年層における非正規労働者の増加も見過ごせない（中高年の雇用調整が困難なため，そのしわ寄せが新卒者の採用の減少という形で現れたと言われている）。一般に，労働者は実際の労働の経験を通じて技能を蓄積していくが，非正規労働者は重要な仕事を任されないため，こうした経路はあまり期待できない。この問題への対処は単なる所得移転政策では不十分で，彼らに対する就業支援や教育訓練（人的資本投資）が必要であろう。また，子どもの貧困の問題も関心を集めている。この問題に対しては，所得再分配に加えて，奨学金や教育ローン市場の整備（ここには資金市場の失敗の問題がある）が一つの対処方法である。

13.1　再分配政策の根拠　　235

## 13.2　様々な再分配政策-----------------------

### ■ 所得移転と特定補助金

　再分配政策には，現金が給付される制度（現金給付）と現物サービスが給付される制度（現物給付）がある。例えば，生活保護制度では，生活扶助は現金給付だが，医療扶助や介護扶助は現物給付である。消費者主権の立場からは，現金給付の方が望ましい（消費者は，それぞれの事情に応じて何に支出するかの選択の自由をもつ）。ただし，受給者が必ずしも合理的に行動しない場合や，不正受給を防止する観点からは，現物給付の方が優れているという議論もある[3]。

　次に，現金給付の場合，所得そのものの移転（所得移転）だけでなく，住居や食料など特定の財・サービスに限定した補助金（特定補助金）を用いる方法も考えられる。さらに，特定補助金は，定額補助金と定率補助金に区別できる。

　一般的にいえば，所得がその人の生活水準を判断する唯一の指標であれば，所得そのものをターゲットにして再分配すべきである[4]。図 13-2 は，所得移転と特定補助金の効果の違いを示したものである。議論を単純化するため，$x$ 財と $y$ 財の 2 財からなる世界を考え，所得の全額は消費されると仮定する。図の線分 AB が再分配前の予算線，線分 A′B′ が所得移転後の予算線を表す。

　財 $x$ に対する特定補助金が定額補助金である場合，補助金導入後の予算線は折れ線 BDA′ になる。定額補助金は，（財 $x$ の購入に限定して）一定額を支給する補助金である。図の線分 BD がその補助金の大きさ（$x$ 財の購入量で測った）を表す。定額補助金の場合，財 $x$ の補助金支給額を財 $y$ の購入には流用できない。すなわち，線分 DB′ の部分を選択できないという点が，所得移転の場合との違いである。

　財 $x$ の購入費用の一定率を補助するような定率補助金は，財 $x$ の価格を低

---

3　國枝繁樹「公的扶助の経済理論 I ──公的扶助と労働供給」（阿部彩・國枝繁樹・鈴木亘・林正義『生活保護の経済分析』所収，東京大学出版会，2008 年）を参照のこと。

4　不正受給を防止する観点からは，一般補助金よりも特定補助金が望ましいという議論も成立する（脚注 3 の文献参照）。

236　第 13 講　再分配政策

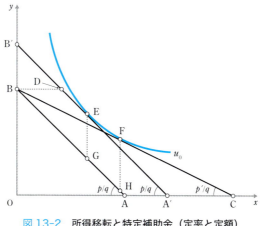

図 13-2 所得移転と特定補助金（定率と定額）

下させる効果がある．比較のため，所得移転や定額補助金と等しい効用を実現するような定率補助金を考える．定率補助金導入後の予算線は線分 BC になり，消費者は F 点を選択する．

図からわかるように，特定の財に対する定額補助金は，それが大きなものでなければ（線分 B′D の部分が欠けていることが問題にならなければ），所得移転政策と同等である．一方，定率補助金では，所得効果に加え，消費者の直面する財 $x$ の価格が低下する効果（代替効果）も発生する．実は，再分配の目的のためには，定率補助金は所得移転や定額補助金より望ましくない．同等の効用を実現するための費用は定率補助金の方が高いからである．図 13-2 を用いてこのことを説明しよう．

まず，所得移転と定額補助金の場合，消費者の選択点は E 点である．この際，もしこの所得移転（定額補助金）が無ければ，（E 点と同じだけ $x$ 財を消費した場合）G 点の高さの $y$ 財しか消費できない．逆にいえば，線分 EG の長さは，所得移転（定額補助金）のおかげで消費できるようになった $y$ 財の数量である．これは，線分 EG の長さが所得移転（定額補助金）の大きさを表していることを意味する（ただし，財 $y$ の数量で評価した所得移転の大きさを表している）．

同様の議論を定率補助金についても行うと，線分 FH の長さが（財 $y$ の数量で測った）定率補助金の大きさであることがわかる。さらに，図からわかるように EG の長さは FH の長さより短い。したがって，等しい効用を実現するような所得移転（定額補助金）と定率の特定補助金を比較すると，前者の方が少ない財政負担で実施できることがわかる。つまり，所得再分配が目的であるなら，定率補助金は非効率な方法である。

## ■ 集団に対する補助

農家や中小零細企業に対する支援など，特定の産業を対象にした所得移転政策が行われる場合がある。それは，関税や輸入制限，生産物に対する補助金，税制上の優遇措置，低利融資など様々な形で行われる。政府による低利の住宅ローンの提供や，教育機関に対する補助金も，それらの財・サービスの購入者への所得移転の側面をもつ。地方財政では，税収の少ない地域でも一定の公共サービスを実現できるように，都道府県や市町村を対象にした財政移転（地方交付税）が行われているが，これも地域を対象とした所得移転政策と考えることができる。また，財政移転を伴うものではないが，厳しすぎる職業免許制度は参入障壁として機能し，結果的に，既存の生産者に対する所得移転と等しい効果を有する。

さて，所得移転政策の本来のターゲットは個人であって，集団ではない。その集団のメンバーが平均的には貧しくても，集団の中には裕福な個人が混ざっているかもしれない。その集団への移転の財源は，その集団に属さない貧しい人の税負担で賄われているかもしれない。

生産物に対する補助金で特定産業に対する所得移転を行うと，その産業に属する生産者の中で比較的裕福な人（生産量の多い生産者）により多くの利益を与えることにもなりかねない。また，特定産業を対象にした再分配政策は，長期的には非効率な生産者をそのグループにとどまらせるだけの効果をもつ。

そのほかにも次のような問題を指摘することができる。教育機関，特に大学への補助金は，一般納税者の負担で将来の高所得者へ所得移転を行っていることに等しい。住宅ローンの低利融資では，住宅を購入できない低所得者

はその恩恵にあずかれないことに注意が必要である[5]。

# 13.3 生活保護制度と負の所得税

## ■ 生活保護制度

　生活保護制度は，労働者の所得が国の定めた最低生活費（保護基準）に達しない場合，これと実際の所得の差額を支給し，最低限の生活水準を保証する制度である[6]。保護基準は居住地の生計費の違いを反映するように，世帯を単位にして定められている。また，受給にあたっては資力調査（ミーンズテスト）と呼ばれる資産や収入の調査が行われる。

　現行の生活保護制度の問題点としてよく指摘されるのは，労働供給阻害効果である。この点を説明するために，労働供給決定の基本的なモデルを考える。ここでは，労働所得が唯一の所得であり，所得の全額を消費に充てる状況を考える。

　図 13-3 に，労働者の労働供給時間がどう決定されるかが表されている。グラフの横軸はレジャー（余暇時間）$l$，縦軸が消費財 $C$ の購入量を表し，線分 AB が予算線を表す。労働時間を $h$，利用可能な時間を $T$ とすると，$l+h=T$ が成り立つ。したがって，$l$ 軸の切片（A 点）は $l=T$（利用可能な時間の全てをレジャーに費やした場合）を表し，労働時間 $h$ は A 点から原点方向の距離で表される。そして，労働者は予算制約の下で効用 $U(C, l)$ を最大にするように $C$ と $l$ を選択する（$l$ の選択は同時に $h$ の選択でもある）というのが，労働供給の決定モデルであった[7]。効用最大化点は，予算線と無差別曲線の接点で与えられる。生活保護制度のない場合，効用を最大化する点は E 点であり，この点に対応する労働供給時間が選択される。

---

[5]　この議論は，住宅ローンや教育に対する補助金政策を否定するものではない。この分野に市場の失敗（外部性，情報上の失敗）がある場合には，補助金の投入は正当化される。

[6]　生活保護制度では，生活上必要となる費用に応じて，生活扶助，教育扶助，住宅扶助，医療扶助，介護扶助，出産扶助，生業扶助，葬祭扶助の 8 つの給付が支給される。

[7]　消費財の価格を $p$，賃金率を $w$ とすると予算制約式は $pC+wl=wT$ となる（$pC=wh$ に $h=T-l$ を代入して求められる）。この式から予算線の傾きは $w/p$ に等しいことが導かれる。

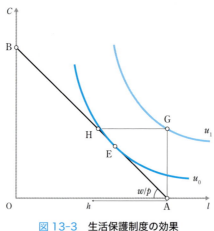

図 13-3 生活保護制度の効果

図 13-3 において，線分 AG の長さは生活保護制度が定める最低所得の水準である。生活保護制度が導入されると，AG で表される金額と労働者が実際に稼いだ所得の差額に等しい給付が労働者に支給される。したがって，労働者が全く働かない場合（$l = T$ の場合），AG の給付が支給される。ここから，労働者が労働を開始して 1 万円余分に稼いだとすると，生活保護給付は 1 万円減らされ，結局，合計所得は以前と変わらなくなる。したがって，一定時間までの労働では，労働者自身の稼いだ賃金と給付の合計は一定となり，予算線は G 点の高さで水平になる。なお，H 点は労働者の稼いだ賃金がちょうど AG に等しくなる点である。つまり，労働者が H 点まで働くと，この点で給付は打ち切られる。したがって，生活保護制度の存在は，予算線を折れ線 AGHB に変化させることがわかる。

この制度は，AG の所得移転を行い，同時に H 点までの区間の労働に対して限界税率 100% の労働所得税を課すことに等しい。図では，生活保護制度が存在すると，労働者は G 点を選択し，全く働かなくなる[8]。

---

[8] わが国の生活保護制度では，親族による扶養が可能かどうかや働く能力があるかどうかを審査した上で給付が支給されるので，ここでの説明と多少異なる。しかし，現行の生活保護制度が受給者の追加的な労働所得に対し限界税率 100% の課税を行うという点は重要である。

なお，この図では，生活保護制度の存在によって労働者の効用は増加している。それではなぜ，このような労働供給阻害効果が問題とされるのだろうか。それは，生活保護制度の与える長期的な効果に関係している。一般に，低賃金の未熟練労働者は，実際に就業することで仕事の習慣を身につけ，技能を向上させていく。しかし，生活保護制度のもつ強い労働供給抑制効果はこうしたルートを遮断してしまう。つまり，現行の生活保護制度のもつ強い労働供給削減効果は，労働者の自立を妨げ，長期的に貧困の罠から抜け出せない状況を作っている可能性がある。

### ■ 負の所得税

フリードマン（M. Friedman）は，以上のような制度に変わる再分配政策として負の所得税を提案した。労働所得を $W$，最低保証所得の大きさを $B_0$ とした場合，給付 $B$ を $B = B_0 - tW$ のように決めるのが負の所得税である。ただし，$t$ は $0 < t < 1$ を満たす定数である。例えば，$t = 0.2$ とすると，労働所得が 1 万円増加した場合，給付の減額は 2,000 円にとどまり，労働所得と給付の合計は増加する（生活保護制度の場合，給付は 1 万円減少し，労働所得と給付の合計は変化しない）。実際，給付 $B$ と労働所得 $W$ の合計を $Y$ で表すと，$Y = B + W = B_0 + (1 - t)W$ となり，$W$ の増加は $Y$ を増加させることがわかる。

図 13-4 において，線分 AG が最低保証所得 $B_0$ の水準を表す。A 点から原点方向に労働供給時間を増やし，$W$ を増加させると労働所得 $W$ と給付 $B$ の合計額は増加していく。労働所得が H 点に到達すると，給付は打ち切られ，そこからさらに労働所得が増加すると今度は所得税に移行する。これが負の所得税である。この制度の特徴は，(1) 給付の削減を緩やかにすることで労働意欲削減効果を緩和する，(2) 生活保護給付と所得税を連動させることで限界税率を一定に保つことができる，という点にある。

負の所得税の問題点として，(1) 制度実施のために巨額の財源が必要になるのではないか，(2) 不正受給のインセンティヴが存在するのではないか，という 2 点がよく指摘される。

まず，第 1 の点だが，負の所得税のオリジナルな提案では，公営住宅の供給，食料切符などの特定の財の購入に対する援助を全て負の所得税に一本化

13.3　生活保護制度と負の所得税　　241

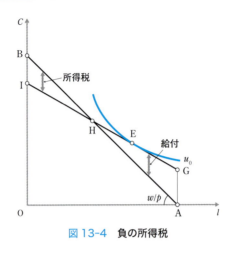

図 13-4　負の所得税

することが提案されている。もし，このようなことが可能なら，**13.2 節**で説明したように，理論的には，一定の再分配効果を実現するための財源としては，負の所得税に一本化した方が安上がりになる。

第 2 の点に関しては，政府が受給者の資格に関して情報を入手できるかどうかが関連する。従来の政策論では，この問題に大きな注意は払われてこなかった。もし，政府が個々人の所得や資産を完全に把握しているのであれば不正受給の問題はもちろん生じない。しかし，実際には，政府は個々人の所得や資産を不完全にしか把握できない。一方で，個々人が労働可能かどうかの観察はもっと容易であるかもしれない。年齢や病気・障害のため，あるいは家族の事情によって労働が困難かどうかは比較的容易に観察できる。したがって，労働が可能な人については，実際に労働をすることを条件にして給付を支給することで，不正受給の問題はかなり小さくなる可能性がある。

### ■ 給付付き税額控除

近年，給付付き税額控除という制度が注目を集めている。これは，課税最低限未満の層に，税額控除分を給付として支給する制度である（通常の所得税では，課税最低限に満たない場合，税負担が発生しないだけである）。図 13-4

を用いれば，H 点以下の所得の人に給付を支給する制度で負の所得税と非常
によく似たアイデアである。ただし，負の所得税が全ての人に最低所得を保
証するのに対し，この制度では実際に労働をすることが給付の要件になる。

　英国や米国で採用されている給付付き税額控除では，負の所得税との重要
な違いがもう一つある。負の所得税では給付の減額率が一定であったが，こ
の制度では，一定の所得階層以下については労働所得に対する補助金を支給
し，この階層の労働供給を増加させることを意図している（ただし，所得が
ある一定水準を超えると給付は削減される）。低賃金労働者については，賃金に
対する補助金で積極的に就業を促すことが，長期的にこれらの人の技能を向
上させ，自立させることにつながるという判断が背後にある。

### ■ 累 進 税

　低所得者に対する所得移転と累進税を組み合わせるとより大きな再分配を
実現することができる。ただし，一般に高い限界税率は，労働供給意欲を損
ねたり，租税回避行動を引き起こす。再分配政策は，こうしたデメリットと
比較して評価されるべきである。

## 13.4　人的資本投資に対する公的支援----------

　教育や職業訓練によって労働者の技能・能力は増加し，労働者の獲得する
賃金は上昇する。この労働者の技能・能力を人的資本と呼び，教育・訓練を
人的資本投資と呼ぶ。この分野で市場が理想的に機能するなら，個々の労働
者の自由な選択に任せることが望ましく，政府がこの分野に関与する根拠は
ないかもしれない。逆にいえば，人的資本投資における政府関与の根拠は，
この分野における市場の失敗である。特に，（1）人的資本投資の収益の不確
実性，（2）資金市場における逆選択，の 2 点が重要である。

　まず，人的資本投資には時間がかかり，その成果は多くの場合不確実であ
る。また，一般的には若い時に職業に直結した人的資本投資が行われるが，
職業選択をやり直そうと考えたときには既に一定の年齢を超えてしまってい

ることも多い。つまり，投資のやり直しが困難だという事情が存在する。さらに，人的資本投資の場合，投資先が労働者本人に限られるためリスク分散も難しい。資金調達の面でも，企業の行う通常の物的資本に対する投資なら，株式発行で資金を調達できるが（リスクを分担してもよいと思う投資家から資金を調達できるが），人的資本投資の資金を株式発行によって調達することもできない。これらの事情のため，人的資本投資では，リスキーな投資が不足し，社会全体としては望ましくない資源配分が実現する可能性が高い。

　第2に，人的資本投資にはコストがかかるが，資金市場で情報の非対称性のため逆選択が発生すると，潜在的な能力はありながら資金を調達できない個人が発生する。資金市場での逆選択のメカニズムは**第5講**で触れたが，もう一度説明しておこう。

　まず，資金市場には優良な借手と不良な借手が存在する。優良な借手は資金を返済する意思のある借手であり，人的資本投資の収益率が借入利子率以上である場合に資金を借り入れる。一方，不良な借手は資金を返済する意思のない借手である。そして，貸手（金融機関）は個々の借手が優良な借手か不良な借手かを区別できないとする。ただし，資金市場でデフォルトに至る平均的な確率は観察できるとする。このとき，貸手は平均的なデフォルト確率を上乗せして貸出利子率を決定する。ところが，優良な借手の中にはその利子率では返済が困難な者がいて，資金市場から撤退する。一方，不良な借手は資金市場にとどまる。この結果，当初よりデフォルト確率が上昇し，それを反映して金融機関からの貸出利子率は上昇する。それがまた優良な借手の退出，デフォルト確率の上昇，貸出利子率の上昇という悪循環を発生させる。これが資金市場での逆選択のメカニズムであった。

　教育ローン市場の失敗が深刻な場合，最も大きな影響を受けるのは貧困家庭に生まれた人たちである。十分な能力はありながら資金調達が困難なため進学できないという事態は，公平でないばかりか，非効率的な資源配分をもたらす。資金市場における逆選択の一つの対処方法は，民間の金融機関の直面するリスクを政府が肩代わりすることである。あるいは，教育ローン等に対して補助金を支給する方法も同等である。ただし，過大な補助金の投入は，教育・訓練を受ける人だけに対する所得移転政策になることにも注意が必要

である（将来の高所得者への移転を一般の人の税負担で賄うのは公平性の面で問題がある）。なお，この節の最初で，人的資本投資は，成果の不確実性のため，リスキーな投資が不足する可能性を指摘した。一つの解決方法は，返済を出来高払いにすることである。つまり，人的資本投資終了後，実現した所得に比例するように返済額を決めておくのである。これは，人的資本投資の資金を株式発行によって調達するようなもので，投資を行う労働者本人の直面するリスクを，資金を提供する国民によって分担してもらうような方式とも考えられる。

## ■ Active Learning

### 《重要事項のチェック》・・・・・・・・・・・・・・・・・・・・・・・・・・・・・・・・・・・・・・・・・・・・・・・・・・・・

□ジニ係数　□ローレンツ曲線　□補償格差（均等化格差）　□特定補助金（定額と定率）　□生活保護制度　□負の所得税　□給付付き税額控除　□人的資本投資

### 《調べてみよう》・・・・・・・・・・・・・・・・・・・・・・・・・・・・・・・・・・・・・・・・・・・・・・・・・・・・・・・・・・・

[1]　わが国のジニ係数の推移を調べてみよう。また，外国とも比較してみよう。

[2]　わが国の雇用保険制度の概要を調べてみよう（失業保険の給付（求職者給付），教育訓練給付，雇用継続給付や，雇用安定事業，能力開発事業を行っている）。

[3]　北欧では積極的労働市場政策と呼ばれる雇用政策が採用されている。どのような政策だろうか。

### 《Exercises》・・・・・・・・・・・・・・・・・・・・・・・・・・・・・・・・・・・・・・・・・・・・・・・・・・・・・・・・・・・・・

[1]　市場における所得分配は基本的には貢献原則で決まるが，貢献原則に基づかない場合もある。どのような場合か。

[2]　所得再分配のためには，特定の財に対する定率補助金よりも所得そのものの再分配が望ましい。なぜか。

[3]　教育ローンの市場では，情報の非対称性により市場の失敗が起こる可能性がある。このメカニズムを説明せよ。また，この市場の失敗に対し，政府は

Active Learning　245

どう対処すべきだろうか。

## 文献紹介

● 小塩隆士（2013）『社会保障の経済学［第4版］』日本評論社
● 阿部　彩・國枝繁樹・鈴木　亘・林　正義（2008）『生活保護の経済分析』東京
　大学出版会
● 厚生労働省『厚生労働白書』各年度版
● 麻生良文（2012）『ミクロ経済学入門』ミネルヴァ書房

# 第14講
# 公的年金と医療

■生活保護制度が所得の再分配を目的にしているのに対し，公的な年金・医療・介護保険の経済学的根拠は市場の失敗にある。つまり，自由な市場では，情報の非対称性に伴う逆選択が発生し，十分な保険が供給されない可能性があるからだ。以下では，まず，保険の機能を説明し，続いて保険市場の失敗を説明する。また，公的年金・医療保険制度の概要と，現在の仕組みが経済に与える影響を説明する。

## 14.1 保険の機能----------------------------------

　個々人は，病気や事故のリスクに直面している。しかし，同一のリスクに直面している人が十分多く集まれば，集団全体としては，病気や事故に遭遇する人の割合は一定値に収束していき，集団全体としての不確実性はなくなる（これは，確率論において，大数の法則として知られる命題である）。この性質を利用しているのが保険である。

　ただし，集団全体としての不確実性がなくなるためには，個々人のリスクが独立でなければならない。例えば，感染力の強い伝染病に集団内の誰かがかかれば，近隣の人に感染する可能性は非常に高いので，集団全体としての不確実性がなくなるわけではない。

### ■医療保険

　医療保険を例に，保険の機能を説明する。まず，個々の加入者は確率 $p$ で病気になり，確率 $1-p$ で健康であるとする。そして，健康時の所得は $w$ だ

が，病気になると $h$ 相当の所得が失われるとする[1]。保険の存在しない世界では，個々人は（健康の価値等を反映した）所得変動のリスクにさらされている。一方，保険が存在すれば，あらかじめ保険料を支払っておけば病気になった場合に給付を受け取れる。単純化のため，ここでは完全な保険，つまり，病気の際の給付は $h$ で，所得変動を完全に相殺するものを想定する。

さて，不確実性下の意思決定についての標準的理論は期待効用（expected utility）の最大化である。起こり得る状態の効用を考え，それにその状態の生じる確率をウェイトとして加重平均したものが期待効用である。ここでは，各状態における所得が効用を決めると想定する。保険が存在しない場合の期待効用 EU は次の式で与えられる。

$$EU = p \cdot u(w-h) + (1-p) \cdot u(w)$$

図 14-1 において，この期待効用の大きさは，線分 AB を $p : 1-p$ に内分する C 点の高さで表される。なお，この図では，効用関数 $u(y)$ の傾きは正だが，その傾きは逓減する（限界効用は正で逓減する）ように描かれている。これは，危険回避的な選好を想定しているからである[2]。

さて，図の D 点の所得の大きさを $w^*$ で表そう。図からわかるように，保険が存在しない場合の期待効用と，$w^*$ が確率 1 で実現する場合の期待効用 $u(w^*)$ は等しい。この $w^*$ を確実性等価所得と呼ぶ。

次に，保険が存在する場合を考える。保険料を $t$ とすると，健康時のネットの所得は $w-t$ である。一方，病気時には $w-t-h$ の所得が実現するが，$h$ の保険給付により，合計所得は健康時と同じ $w-t$ になる。なお，保険料 $t$ と給付 $h$ には一定の関係がある。ここでは，保険数理的にフェアな保険，すなわち，保険料支払いと給付の期待値が一致するような保険を考える[3]。この

---

1　$h$ には治療のための医療費だけでなく，病気によって失われた健康の価値，仕事を休んだ場合に失われた所得などが含まれる。

2　期待効用仮説についてはミクロ経済学の教科書を参照せよ（例えば，麻生良文『ミクロ経済学入門』ミネルヴァ書房，2012 年）。

3　病気にかかる確率の等しい十分に多数の保険加入者が存在し，かつ各加入者の疾病確率が独立であれば，病気にかかる人数の集団全体に対する割合にほぼ不確実性がなくなる。これに加えて，保険会社の事務的経費は無視しうるほど小さく，保険市場は競争的である場合（保険会社に超過利潤は生じない）に，このようなことが成り立つ。

248　第 14 講　公的年金と医療

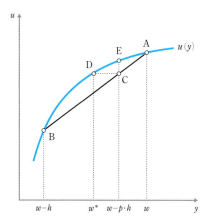

図 14-1　期待効用，確実性等価，リスクプレミアム

場合，$t = p \cdot h$ が成り立つので，保険が存在する場合の期待効用は $u(w - p \cdot h)$ であり，図 14-1 の E 点の高さに等しい。図から明らかなように，保険の存在する場合の方が期待効用は高い。これが保険の利益を表す。

保険の利益を，確実性等価所得の比較で測ることもできる。保険が存在すれば，確率 1 で $w - p \cdot h$ の所得が実現する。一方，保険のない場合の確実性等価所得は $w^*$ であった。したがって，$w - p \cdot h$ と $w^*$ の差額（これをリスク・プレミアムと呼ぶ）が，保険の利益の所得換算額である。

保険は，加入者全体でリスクをシェアする仕組みである。事後的には事故に遭遇しなかった加入者から事故に遭遇した加入者へ所得移転が行われる。そして，このことが事前の安心感を加入者にもたらす。

■ 年 金 保 険

年金保険は，本来，寿命の不確実性（死亡時期の不確実）に備える保険である。あらかじめ保険料を支払っておくと，（一定の年齢に達した後で）生存している限り給付を受けられる保険が年金保険である。年金保険の存在しない世界では，人々は老後の生活を通常の貯蓄で支えることになる。死亡時期は不確実なので，想定以上に長生きして窮乏するリスクに備え，資産をゆっ

くりと取り崩すはずである。そして，ほとんどの場合，死亡時には資産の使い残しが発生する。しかし，年金保険があれば，保険加入者全員で死亡時期の不確実性のリスクをシェアすることができる。事後的には早死した人から長生きした人への資産の移転が行われ，保険加入者全体で資産を使い尽くすので，年金保険の収益率は通常の資産の収益率よりも（生存している）受給者にとっては高くなる[4]。このことが保険加入者に利益をもたらす。

### ■ 現実の公的保険

現実の公的保険制度は，必ずしも，以上のような保険原理に基づいて設計されているわけではない。例えば，給付の財源の一部が租税によって賄われていたり，保険制度に保険機能以外の所得再分配機能が組み込まれている場合がある。また，保険制度が分立している場合に，制度間の事後的な財政調整が行われることが多いが[5]，こうした措置は，保険としての機能を弱め，意図しない再分配を引き起こす。さらに，年金，医療，介護保険は高齢期に給付が集中する性質をもつが，生涯での保険料負担と給付の期待値を一致させるという視点が希薄であると，高齢化が進んでから保険料の引上げや給付の削減で対処しがちになり，将来世代へ負担を押し付ける。

## 14.2　保険市場の失敗----------------------------

保険に何らかの政府関与が必要となるのは，保険市場に市場の失敗が発生するからである。重要なのは，保険加入者と保険会社の間の（事故確率に関する）情報の非対称性の問題である。情報の非対称性に伴う逆選択が深刻な場合，保険が社会的に望まれるのにも関わらず，市場では十分な供給ができないという事態が生じる。

---

4　図14-1による保険の利益の説明は，年金保険の場合にそのまま当てはめるのはやや難しい。年金保険の有無による生涯の消費経路への影響を考慮する必要になるからである。やや技術的になるが，寿命の不確実性を前提に生涯の期待効用最大化を考え，年金保険がある場合とない場合の確実性等価（生涯）所得を比較すると，図14-1と同じ議論が適用できる。

5　例えば，医療保険では組合健保と国保の間で財政調整が行われている。

250　第14講　公的年金と医療

まず，保険市場における逆選択のメカニズムを説明しよう。単純化のため，加入者ごとの事故確率が異なっており，加入者自身は自分の事故確率を知っているが，保険会社は，加入者全体の平均的な事故確率しかわからないとしよう。この場合，保険会社は加入者全体の事故確率に基づいて保険料と給付を設計するだろう。しかし，そうすると，加入者の中で最も事故確率の低い者は，保険会社の設定した保険料が高すぎると感じ，場合によっては，保険から脱退した方が得だと考えるかもしれない。もし，彼らが保険から脱退すれば，加入者全体の事故確率は当初よりも上昇し，保険会社の保険料の引上げにつながる。保険料の引上げは，次に事故確率の低い加入者の脱退をもたらし，それがまた保険料の引上げにつながる。このような悪循環が発生すると，保険には，事故確率の高い者しか残らなくなってしまうかもしれない。これが逆選択であった。この場合，保険の加入を人々の自由な選択に委ねるのではなく，強制加入させることが事態を改善させる[6]。

　情報の非対称性に関連して，もう一つ重要なのはモラル・ハザードである。これは，保険の存在が，保険加入者の注意活動を低下させ，結果として，事故確率を上昇させてしまうことを指す。もちろん，保険会社が加入者の行動変化を観察できれば，何の問題も生じない。注意活動を怠り，事故確率の上昇した加入者については，新しい事故確率に応じて保険料を引き上げればよい。しかし，もし個々の加入者の行動の変化を観察できなければ，注意活動に変化のない加入者にも負担が転嫁されてしまう。年金保険や医療・介護保険については，注意活動の変化に応じて保険料を引き上げるという方法は，もちろん，現実的ではない。この場合の一つの対処方法は，完全な保険を提供しないことである。医療保険の場合であれば，病気で医療費がかかった場合に，一部を自己負担させればよい。どの程度の自己負担が適切かは難しい問題であるが，医療費の自己負担割合のあり方は，この観点から考えるべき問題である。

---

6　強制加入が唯一の対処方法ではない。政府が保険会社（または保険加入者）に補助金を支給して，保険加入者の直面する保険料を十分に低下させることでも逆選択の発生を防ぐことができる。ただし，強制加入は財源が不要だが，補助金による方法には追加的な財政負担が発生する。

## 14.3　公的年金制度の仕組み[7]

　日本の公的年金制度は，サラリーマンを対象とする厚生年金，自営業者等の加入する国民年金の2つの制度からなる[8]。

　厚生年金の前身は第2次大戦中に創設されたが，戦後の激しいインフレーションによって事実上崩壊し，1954年に従来の積立方式から賦課方式へと修正を図るなどの大幅な制度改正が行われた。これが現在の厚生年金年制度の基礎である。一方，その当時，自営業者や農家などは公的年金制度の対象外であったが，1961年に国民年金が発足し，「国民皆年金」が実現した。1985年には基礎年金制度が導入され，分立していた制度は，形式的には，全て共通の基礎年金の上に成り立つ仕組みに改められた。

　表14-1は，わが国の年金制度の体系をまとめたものである。20歳以上の国民は公的年金制度への加入が義務付けられており，給付は原則として65歳からである。なお，第3号被保険者（通常は，サラリーマンの妻が専業主婦の場合）は，別途保険料を納めることなく基礎年金制度に加入しているとみなされる。厚生年金制度が個人ではなく，世帯を単位に設計された経緯のためだが，これが，専業主婦優遇ではないかとよく問題にされる。

　今後，一層の人口高齢化が進む中，年金財政をどうやって維持していくかは日本の年金制度の抱える最大の課題かもしれない。年金財政の維持のため，これまでにも，保険料の引上げや給付の抑制措置がたびたびとられてきた。2004年度には，給付の抑制策として「マクロ経済スライド」という方式が導入されている[9]。給付の抑制のため，支給開始年齢の引上げもたびたび検討課題にのぼっている。また，増大する社会保障給付の財源として消費税に期

---

[7]　わが国の公的年金給付は，老齢年金，障害年金，遺族年金の3つの種類があるが，この節では老齢年金を扱う。なお，障害年金は病気やケガで一定程度の障害を負った場合に支給される。また，遺族年金は，公的年金の加入者や受給者が死亡した場合に，遺族に支給される年金である。

[8]　厚生年金は，元来，民間企業のサラリーマンが対象で，公務員等は各種の共済組合に加入していた。しかし，2015年度の改正で，厚生年金と共済年金は一元化された。

[9]　従来，給付は新規裁定時に現役労働者の賃金，裁定後は物価に応じて改訂されてきたが，労働者人口の減少率と平均余命の伸びに応じて給付の改訂率を低下させる措置のことである。

表 14-1　公的年金制度の概要

|  | 保　険　料 | 給　付 | 対　象 |  |
|---|---|---|---|---|
| 第 1 号被保険者 | 定額 | 基礎年金 | 自営業者等 | 国民年金 |
| 第 2 号被保険者 | 報酬比例 | 基礎年金＋厚生年金[*] | 会社員，公務員 | 厚生年金 |
| 第 3 号被保険者 |  | 基礎年金 | 第 2 号被保険者の被扶養配偶者 | 国民年金 |

[*]　報酬比例部分

待を寄せる意見も強い[10]。

# 14.4　公的年金の経済効果

　ここでは，公的年金制度の財政方式の違いがマクロ経済に与える影響，及び現実の公的年金保険料の労働所得税としての機能を取り上げる。

### ■ 財政方式と世代間所得移転

　公的年金の財政方式として，積立方式と賦課方式の 2 つが考えられる。積立方式では，労働者の払った保険料は積み立てられ，その積立金を取り崩すことで彼らの給付が賄われる。一方，賦課方式では，労働者の支払った保険料は積み立てられず，その時点の高齢者の給付に充てられる。賦課方式の年金制度は世代間所得移転を引き起こすが，そのことが資本蓄積の阻害，その後の時点の産出量の低下をもたらすと考えられる。

　賦課方式の公的年金制度の引き起こす世代間所得移転がどのようなものかは，各世代の生涯が 2 期間からなる世代重複モデルを用いるとわかりやすい。まず，時点 $t$ に生まれた世代を世代 $t$ と呼ぶことにする。世代 $t$ は時点 $t$ （若

---

10　税に給付の財源を求めることは，給付と負担の関係を希薄にし，公的年金の保険としての機能を一層弱めることにつながるだろう。

14.4　公的年金の経済効果　　253

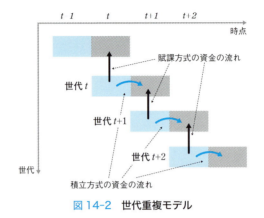

図14-2 世代重複モデル

年期),時点 $t+1$(高齢期)の2期間生存する。そして,各時点において若年者と高齢者の2世代が共存している。この様子が図14-2 に示されている。

年金制度が積立方式で運営されていれば,各世代が若年期に支払った保険料は積み立てられ,その元利合計は自分たちの高齢期の給付に充てられる。図14-2 に示したように,資金の移転は世代内で閉じており,世代間所得移転は発生しない。

次に,賦課方式の年金制度を考える。賦課方式の年金制度が時点 $t$ に導入されたとすると,世代 $t$ の支払った保険料はその時点の高齢者(世代 $t-1$)の給付に充てられる。以後の各時点でも,若年者から高齢者への移転が発生する。

賦課方式の下での所得移転は,各時点でみれば若年者から高齢者への移転である。しかし,各世代の生涯での負担に着目するとより重要な性質が明らかになる。いま,世代 $t$ 一人当たりの生涯での純移転[11](給付マイナス保険料負担)を $\Delta W_t$ で表すことにする。まず,賦課方式導入時(時点 $t$)の高齢者(世代 $t-1$)は負担なしに給付を受け取る。つまり,$\Delta W_{t-1}>0$ が成り立つ。

---

[11] 各世代の若年時における割引価値で評価した金額である。一般に異なる時点の所得や消費を比較する場合,割引価値になおして比較する必要がある。利子率を $r$ とすると,1年後の1万円の割引価値は $1/(1+r)$ 万円となる。

一方，その後の世代は，若年期に負担をして高齢期に給付を受け取るが，実は負担超過である（$\Delta W_{t+i} < 0$（$i = 0, 1, 2, \cdots$）となる）。さらに，次のような関係が成り立つ（導出は講末の **Appendix** を参照せよ）。

$$\Delta W_{t-1} L_{t-1} (1+r) + \sum_{i=0}^{\infty} \frac{\Delta W_{t+i} L_{t+i}}{(1+r)^i} = 0$$

ここで，$L_t$ は世代 $t$ の人口，$r$ は利子率を表す。この式は，制度導入時の高齢者への移転が，その後の全ての世代の負担超過によって賄われることを意味する。

賦課方式の世代間移転の構造と公的年金純債務には関係がある。公的年金純債務とは，給付債務（政府が受給権者に支払いを約束している給付額）から資産（積立金）を引いたものである。積立方式の年金であれば給付債務に見合う積立金があるので純債務はないが，賦課方式には純債務が存在する。**Appendix** で示すように，各時点の公的年金純債務はその後の世代の負担超過によって賄われなければならないという関係が成立する。つまり，$\Delta W_{t+i}$ $< 0$（$i = 0, 1, 2, \cdots$）は年金純債務に対するその後の世代の負担なのである。

公的年金純債務は，理論的には通常の政府債務と同等である。したがって，公債の発行が資本蓄積を阻害し，その後の産出量の低下を招くという議論が公的年金純債務についても成立する。ただし，公的年金純債務は，賦課方式の年金制度が維持される限り，永久に解消されることはない。したがって，資本ストックの減少とそれに伴う産出量の減少は制度が続く限り永続すると考えられる。

## ■ 租税としての機能

保険料負担が給付の期待値を超えている場合，その超過分は租税と同じ機能を有する。厚生年金のように，保険料が所得に比例して徴収される場合には，保険料（の一部）は労働所得税と同じ機能を有し，労働供給や雇用を阻害する[12]。ただし，保険料のうち，給付の期待値と一致する部分は通常の貯蓄（年金保険の購入）と同等なので，何らの歪みももたらさないと考えられる。

---

12　厚生年金のように，給付が定額部分と報酬比例部分の2階建てで設計されていると，年金制度は生涯所得の再分配機能を持ち，この経路からも労働供給に影響を与えるかもしれない。

また，現実の公的年金制度では，年齢が受給の要件を満たしていても，所得が一定以上の高齢者については，給付の削減や停止措置が設けられている場合がある。厚生年金の在職老齢年金制度はそのような制度である。これは，高齢者の労働供給に対する課税に等しいので，高齢者の労働供給を抑制する効果がある。

## ■ 年金制度改革

　人口の高齢化に対応して，これまでにも保険料の引上げや様々な給付の削減措置が検討されてきた。この問題を考える上で，公的年金純債務はその後の世代の負担超過に等しくなければならないという関係が重要である。つまり，年金制度改革は基本的にはゼロサム的性質を有する。得をする世代がいればその分損をする世代がいて，両者の利益の合計はゼロである[13]。

　年金制度の抜本改革が必要だという議論に関連して，積立方式への移行が必要だという議論がある。積立方式であれば，人口高齢化の影響を受けないとか，積立方式の年金収益率の方が高いからというのがその論拠である。しかし，既に説明したように，賦課方式の年金収益率が低いのは，賦課方式の年金制度発足時の高齢者への移転の財源を負担しているからである（同じことだが，年金純債務の負担をしているからである）。新たに積立方式の年金制度を作っても，既に存在している年金純債務が消えてなくなるわけではない。なお，積立方式への真の意味での移行とは，ある時点までに年金純債務をゼロにすることである。この改革は長期的には利益をもたらすが（資本蓄積の回復，保険料の賃金税相当分がなくなることによる資源配分の効率化など），そのためには，移行期世代に過重な負担を求める必要がある（制度改革のゼロサム的性質より）。問題は，移行期世代の負担と移行完了後の世代の利益をどうバランスさせるかなのである。

---

13　制度改革が，資源配分の効率性を改善したり，資本蓄積の阻害効果を除去するものであれば，それはプラスサムの性質を有することになる。

256　第14講　公的年金と医療

## 14.5 医療保険制度

### ■ 医療保険制度の概要

日本の公的医療保険制度は，職域を基にした被用者保険，居住地を基にした地域保険，さらに75歳以上の高齢者を対象とした後期高齢者医療制度からなる。全ての国民はいずれかの医療保険への加入が義務付けられている。

被用者保険は，大企業の労働者が対象の組合健保（組合管掌健康保険），中小企業の労働者が対象の協会けんぽ（協会管掌健康保険），公務員が対象の共済組合からなる。また，自営業者や退職者，非正規雇用の労働者は地域保健である国民健康保険（国保）がカバーする。このため，国保の加入者の平均年齢は高く，病気のリスクの高い者が多く存在することになる[14]。また，国保加入者には所得の低い者が多いという事情もあり，保険料収入は十分に上がらない。このような制度間での財政力格差に対応するため，財政調整が行われている。

2008年には，75歳以上の高齢者を別立てにし，後期高齢者医療制度が発足した。なお，65歳から74歳までの前期高齢者についてはそのほとんどが国保に加入しているが，高齢者の偏在に伴う財政的格差を是正するための財政調整が前期高齢者財政調整制度である。

各制度の財政は保険料，公費（税金），制度間の財政調整によって賄われている。特に，後期高齢者医療制度では，保険料による収入は1割で，公費が5割，他の制度からの拠出金が4割を占めている。

保険加入者が病気になった場合，医療費の全額が保険から支払われるわけではない。医療費の一部は自己負担しなければならない。自己負担割合は，原則として3割である[15]。また，医療費の自己負担額が一定の基準値を超えた場合に，その金額を支給する高額療養費制度が存在する。なお，医療機関の診療行為は，その内容に応じて点数が付与されている。この点数に基づい

---

14　国保の財政運営の主体は，従来，市町村であったが，財政基盤の強化のため，2018年度から都道府県に移されることになっている。

15　ただし，小学校入学前の子供は2割，後期高齢者は1割とされている。

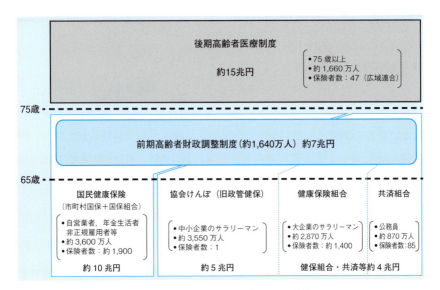

(注) 1. 加入者数・保険者数，金額は，平成28年度予算ベースの数値。
2. 上記のほか，経過措置として退職者医療（対象者約90万人）がある。
3. 前期高齢者数（約1,640万人）の内訳は，国保約1,310万人，協会けんぽ約220万人，保険組合約90万人，共済組合約10万人。

(出所) 厚生労働省「厚生労働白書」（平成28年度版）

図14-3　日本の医療保険制度

て医療機関は診療報酬を請求し，審査支払機関の審査を経て，保険者に請求され，医療機関に診療報酬が支払われる[16]。

■ 医療サービスの特殊性

現行の医療制度を評価するためには，まず，医療サービスが通常の財・サービスとどこが異なるのか踏まえておく必要がある。医療サービスの特殊性として，(1) 不確実性，(2) 専門性，(3) 公平性への配慮が必要，(4) 高齢期に需要が集中，などがあげられるだろう。

---

16　この診療報酬制度は出来高払い制度と呼ばれる。これに対し，実際の診療行為ではなく，病気の種類によって診療報酬を決める包括払い方式も考えられ，どちらが医療費の抑制につながるかよく議論になる。

まず，医療サービスの需要がいつ発生するかは通常，不確実である。このため，医療保険の必要性が生まれる。ところが，情報の非対称性による逆選択のため，民間の医療保険市場はうまく機能しない。そこで，強制加入の保険が必要だとされる。

　第2は，医療サービスの専門性である。医療サービスの供給側（医師）は高度の専門知識を有しているが，需要側（患者）はそうではない。供給側がこの優位性を利用して，自分たちの利益のために過剰な医療サービスを行うかもしれない。これを医師誘発需要仮説と呼ぶ。

　第3に，医療サービスの提供には公平性への配慮が必要だという点である。自由な市場による資源配分は，消費者の支払意思（willingness to pay）の高い順に財・サービスの使用を許すという性質をもつ。しかし，医療サービスの場合，こうした割当は適切とはいえない。消費者の支払意思には，消費の緊急度も反映されているが，所得の多寡も反映されているからである。高い価格を支払ってもよいと考える患者から医療サービスを割り当てれば，助かるのは高所得者ばかりになりかねない。

　第4に，医療サービスの需要が高齢期に集中することがあげられる。わが国の場合，一人当たり医療費は30台前半を1とすると，50台前半で2，60台後半では4，70台後半では6を超える（厚生労働省「国民医療費」平成26年度）。病気・ケガの完全な治癒が難しい場合や慢性化する可能性を考えると，保険の設計は，単年度ではなく，リスクが実現する前の段階（人生の初期の段階）で考えることが重要であろう。

## ■ 医療制度改革の視点

　医療サービスの特殊性に関連して，医師誘発需要仮説を紹介した。医療機関の無駄使いを抑制するためには，「管理競争」が有効かもしれない。保険会社の競争を通じて医療機関の無駄遣いを監視させるのである。「管理競争」では逆選択の防止のため，医療保険への強制加入を前提にするが，国民は契約する保険会社を選択できる。国民は（給付が一定なら）保険料の低い保険会社を選択するだろうから，保険会社が医療機関の行動に関心をもつのである。ただし，保険会社間の公平な競争が可能になるように，保険加入者

のリスクの違いを調整するような財政調整の仕組みが必要になる。オランダでは，このような医療保険制度が導入されている。

## Appendix　賦課方式の年金制度の所得移転----

　人口成長率 $n$，賃金増加率 $g$，利子率 $r$ は一定だと仮定する。また，世代 $t$ の人口を $L_t$，時点 $t$ の労働者一人当たりの賃金を $w_t$，時点 $t$ における高齢者一人当たり年金給付を $b_t$（$w_t$ の一定割合だとする），賦課方式の年金保険料率を $\tau$ で表す（給付水準を外生として保険料率が内生的に決まる状況を考える）。賦課方式の下では，各時点における保険料支払いの総額と給付の総額が一致するから $\tau w_t L_t = b_t L_{t-1}$ が成立する。$L_{t+1} = L_t(1+n)$，$w_{t+1} = w_t(1+g)$，$b_{t+1} = b_t(1+g)$ の関係を用いると，$b_{t+1} = \tau w_{t+1}(L_{t+1}/L_t) = \tau w_t(1+g)(1+n)$ が導かれる。これから，賦課方式の年金収益率が $n+g(\simeq(1+n)(1+g)-1)$ に等しいことがわかる（積立方式であれば年金収益率は利子率 $r$ に等しくなる）。

　次に世代 $t$ の一人当たり純移転（＝給付の割引価値マイナス保険料負担）を $\Delta W_t$ で表す（ただし，各世代の若年時の割引価値）。まず，制度発足時の高齢者（世代 $t-1$）については $\Delta W_{t-1} = b_t/(1+r) > 0$ が成り立つ。その後の世代については，通常，$r > n+g$ が成立するため[17]，次の式からわかるように，純移転はマイナスになる（$i = 1, 2, \cdots$）。

$$\Delta W_{t+i} = b_{t+i+1}/(1+r) - \tau w_{t+i} = \tau w_{t+i}\left(\frac{(1+n)(1+g)}{1+r} - 1\right) < 0$$

　さらに，等比数列の和（無限等比級数の和）の公式を用いると，次の式が導かれる。

$$\Delta W_{t-1} L_{t-1}(1+r) + \sum_{i=0}^{\infty} \frac{\Delta W_{t+i} L_{t+i}}{(1+r)^i} = 0$$

　これは，賦課方式の年金制度の引き起こす所得移転がゼロサム的性質をもっていることを示している。なお，賦課方式導入後の各時点において，政

---

17　資本が黄金律を超えて過剰に蓄積されていない場合，この条件が成り立つ。詳しい説明は麻生良文『マクロ経済学入門』（ミネルヴァ書房，2009 年）の 13 章を参照せよ。

260　第 14 講　公的年金と医療

府は $b_s L_{s-1}$ の給付債務を負っているが $(s=t, t+1, \cdots)$，それに対応する資産（積立金）を保有していない。これが公的年金純債務であり，同様の計算で

$$b_s L_{s-1} + \sum_{i=0}^{\infty} \frac{\Delta W_{s+i} L_{s+i}}{(1+r)^i} = 0$$

という関係が得られる。この式は，ある時点の公的年金純債務はその後世代の負担超過によって賄われなければならないことを示している。


## ■ Active Learning

《重要事項のチェック》・・・・・・・・・・・・・・・・・・・・・・・・・・・・・・・・・・・・・・・・・・・・・・・・・・・

□期待効用　□確実性等価　□リスクプレミアム　□保険市場の失敗　□逆選択　□モラル・ハザード　□公的年金の財政方式（積立方式と賦課方式）　□世代間所得移転　□公的年金純債務


《調べてみよう》・・・・・・・・・・・・・・・・・・・・・・・・・・・・・・・・・・・・・・・・・・・・・・・・・・・・・・・・・・

[1]　将来の日本の高齢化の状況を調べてみよう。また，その値を欧米や中国・韓国と比較してみよう（国立社会保障・人口問題研究所「日本の将来推計人口」，「人口統計資料集」等を参照せよ）。

[2]　年齢別の一人当たり医療費を調べてみよう（厚生労働省「国民医療費」等を参照せよ）。この数値が一定だとした場合，日本の将来推計人口から，国民一人当たり医療費はどのくらい増えるだろうか。

[3]　介護保険制度の仕組みについて調べてみよう。

[4]　近年の年金制度改革の概要を調べてみよう（マクロ経済スライドの導入等）。

[5]　2008 年には，後期高齢者医療制度が導入された。この制度の目的及び仕組みを調べてみよう。


《Exercises》・・・・・・・・・・・・・・・・・・・・・・・・・・・・・・・・・・・・・・・・・・・・・・・・・・・・・・・・・・・・

[1]　民間の保険市場で保険加入者と保険会社の間に加入者の事故確率に関する情報の非対称性があると，保険市場はうまく機能しない。このメカニズムを説明せよ。また，この場合，政府はどのように対処すればよいのだろうか。

[2]　公的年金制度の財政方式として，積立方式と賦課方式の違いを述べなさい。

[3]　賦課方式の年金制度はどのような所得移転を引き起こすだろうか。人口成長率，賃金増加率，利子率は一定だとして説明せよ。

[4]　賦課方式の年金制度は資本蓄積を阻害する効果があるとされる。そのメカニズムを説明せよ。

## 文献紹介

● 小塩隆士（2013）『社会保障の経済学［第4版］』日本評論社
● 河口洋行（2015）『医療の経済学［第3版］』日本評論社
● 厚生労働省『厚生労働白書』各年度版

# 第15講
# 地方財政

■この講では，まずわが国の地方財政の仕組み・特徴を概観する。次に，国と地方の役割分担，地方税のあり方，補助金のあり方について理論的な議論を行う。

## 15.1 わが国の地方財政の特徴------------------

わが国の地方財政の一つの大きな特徴は，地方政府支出の大きさに比べ，地方税収が少ないことである。国と地方の財政規模は，支出面ではおよそ4：6で地方の方が大きいが，国税収入と地方税収入の比率は6：4と逆転している。地方の財源不足分は，地方交付税（財政力の格差を是正するための国からの移転），国庫支出金（使途制限のある補助金），地方譲与税（国税として徴収した税を一定の基準に基づき地方に譲与するもの）等の国からの移転に依存している。表15-1にあるように地方政府の歳入のうち，地方税は4割にも満たず，地方交付税と国庫支出金の合計は歳入のほぼ3割に達している。なお，地方税，地方交付税，地方特例交付金，地方譲与税の合計は使途の制限がないことから一般財源と呼ばれる[1]。

地方税の内訳については表15-2にまとめられているように，都道府県では，住民税（個人分，法人分），事業税，地方消費税[2]が大きなウェイトを占め，

---

1  市町村においては，これらに都道府県からの各種交付金を加えたものが一般財源である。
2  消費税の一定割合は地方消費税として地方に配分される。消費税の税収は所得（付加価値）の発生した地域に生じるが，その負担は最終消費者が負うと考えられる。このため，そのままでは税収の発生する地域と負担の発生する地域が異なってしまう。地方消費税では，最終消費地での消費額（消費統計などにより推計される）に応じて各都道府県に配分する仕組みを採用することで，この問題を解決している。

表 15-1　地方政府の歳入の構成

(単位：100 万円)

| | 都道府県 | 構成比 | 市町村 | 構成比 |
|---|---|---|---|---|
| 地方税 | 20,142,594 | (38.7%) | 18,955,969 | (32.3%) |
| 地方譲与税 | 2,257,839 | (4.3%) | 421,408 | (0.7%) |
| 地方特例交付金 | 47,547 | (0.1%) | 71,321 | (0.1%) |
| 地方交付税 | 8,845,703 | (17.0%) | 8,544,937 | (14.5%) |
| その他の一般財源 | 1,167 | (0.0%) | 3,045,882 | (5.2%) |
| 国庫支出金 | 6,264,392 | (12.0%) | 8,956,821 | (15.3%) |
| 地方債 | 5,528,081 | (10.6%) | 5,187,137 | (8.8%) |
| 都道府県支出金 | | | 3,945,193 | (6.7%) |
| その他 | 8,962,561 | (17.2%) | 9,600,015 | (16.3%) |
| 歳入合計 | 52,049,884 | (100.0%) | 58,728,682 | (100.0%) |

（出所）　総務省「地方財政白書」（平成 29 年度版），平成 27 年度決算

表 15-2　地方税の内訳（平成 27 年度）

(単位：100 万円)

| 道府県 | | 構成比 | 市町村 | | 構成比 |
|---|---|---|---|---|---|
| 道府県民税 | 6,110,535 | 33.9% | 市町村民税 | 9,547,965 | 45.3% |
| （うち個人分） | (5,171,686) | (28.7%) | （うち個人分） | (7,223,698) | (34.3%) |
| （うち法人分） | (843,467) | (4.7%) | （うち法人分） | (2,324,267) | (11.0%) |
| 事業税 | 3,703,388 | 20.5% | 固定資産税 | 8,754,987 | 41.5% |
| 地方消費税 | 4,974,195 | 27.6% | 市町村たばこ税 | 936,121 | 4.4% |
| 不動産取得税 | 376,758 | 2.1% | 都市計画税 | 1,244,437 | 5.9% |
| 道府県たばこ税 | 153,023 | 0.8% | その他 | 592,813 | 2.8% |
| 自走車取得税 | 137,298 | 0.8% | | | |
| 軽油引取税 | 924,518 | 5.1% | | | |
| 自動車税 | 1,542,803 | 8.6% | | | |
| その他 | 99,721 | 0.6% | | | |
| 合　計 | 18,022,240 | 100.0% | 合　計 | 21,076,323 | 100.0% |

（出所）　総務省「地方財政白書」（平成 29 年度版）。道府県については，東京都の徴収した
市町村税額相当分が控除されている。

市町村では，住民税と固定資産税が税収の大半を占める。なお，わが国の地方税は，国際的にみると法人課税に依存する割合が高いという特徴がある。後の節で説明するが，法人税は他地域の住民への負担の転嫁や，資本の地域間移動の容易性等から，地方税としてはふさわしくない性質を備えている。

次に，地方政府がどのような活動を担っているのかをみておこう。図15-1 は政府支出を目的別に分け，それぞれについて国と地方の支出割合をまとめたものである。これからわかるように，地方政府は教育，警察，消防，ごみ処理など，住民に身近な行政サービスを提供している。また，都市計画，道路の建設等の社会資本整備においても重要な役割を担っている。一方，年金や防衛費については歳出の 100% を国が占める。

ただし，地方の支出割合が大きいことと地方に政策の自由度があることとは別のことである。例えば，義務教育関係の支出では地方（市町村）のウェイトが高いが，学校の設備，教育内容，教職員数や給与水準については全国一律の基準があり，地方の裁量に任せられる部分は多くない。

# 15.2　国と地方の役割分担----------------------

政府活動の根拠は，経済理論的には，市場の失敗への対処と所得の再分配であった。それでは，そのような活動は，中央政府（国）と地方政府（都道府県・市町村）のどちらに任せるべきなのだろうか。この問題は，(1) 地方政府で対処できないことは何か（中央政府が必要なのはなぜか），(2) 地方政府に任せることの利点は何か，という観点から考えることができる。

## ■ 地方政府で対処できないこと

公共財の供給は政府の重要な役割である。公共財は，その便益の及ぶ地理的範囲に応じて，全国的公共財（national public goods）と地方公共財（local public goods）に区別できる。その便益が広く全国に及ぶ場合が前者であり，便益の及ぶ範囲がある一定の地域にとどまる場合が後者である。

全国的公共財の供給を地方政府に任せることは不合理である。各地方政府

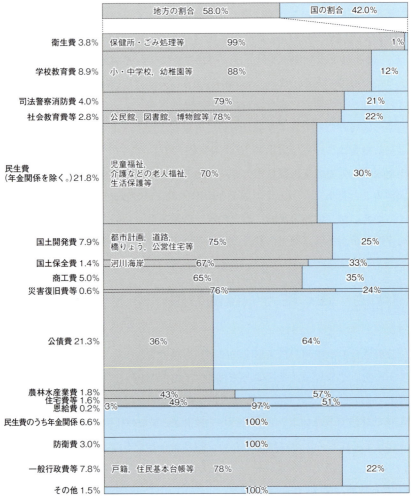

(出所) 総務省「地方財政白書」(平成29年度版),第2図「国・地方を通じた純計歳出規模(目的別)」(平成27年度決算額)

図 15-1　国と地方の目的別歳出

にとっては，他の地方政府の負担で全国的公共財が供給され，その便益だけを享受することができれば，それが一番望ましい。しかし，全ての地方政府がそのような行動をとれば，全国的公共財は著しい過小供給に陥る。したがって，全国的公共財の供給は中央政府が対処しなければならない。

国防，外交などは全国的公共財である。一方，消防や生活道路などは典型的な地方公共財である。なお，生活道路の利用者はその地域の住民であるが，幹線道路になると便益の及ぶ地理的範囲は複数の地域にまたがる。同様のことは河川の管理でも生じる。警察活動の多くも地方公共財であるが，全国にまたがるような犯罪の取り締まりは全国的公共財であろう。

第2に，地域を超えた外部性への対処を地方政府に任せることはできない。地方政府は，基本的にはその地域内の住民の利益のために行動し，他地域住民に与える影響については十分な配慮は払わないと考えられる。したがって，地方政府のみでは，他地域へ正の外部性を与える活動は過小になり，他地域へ負の外部性をもたらすような活動は過大になる。

地方政府による社会資本整備や環境対策の効果が他地域へ漏れるものなら，当該地域の地方政府だけにその仕事を任せるのは望ましくない。問題の解決のためには，当該地域を含むより広い範囲をカバーする政府に任せるか，補助金による誘導が必要である。

第3に，住民の居住地選択や企業の立地選択が必ずしも効率的な資源配分につながらない可能性がある（すなわち，居住地や立地の選択に市場の失敗が存在する）。この資源配分の是正に適切に対処できるのは地方政府ではなく，中央政府である[3]。

第4に，所得の再分配を地方政府に任せることは適切でない。この理由は簡単である。仮に，各地域で独自の所得再分配政策を行うとしてみよう。ある地域で寛大な所得再分配政策を行えば，その地域には低所得者が集まり，

---

3　この議論はティブー（C. Tiebout）による「足による投票」の議論に遡る。ティブーは，十分な数の地方政府が存在し，住民の移動費用等が無視できれば，住民は各地方政府の提供するサービスと税負担を比較して好みの地域に移動し，その結果，効率的な資源配分が実現するのではないかという推測を行った（ティブー仮説）。その後の研究で，地方公共財供給の規模の経済性（住民数の増加は公共財の一人当たりの負担を低下させる）が十分に大きい場合には，住民が一地域に集中し，効率的な資源配分が必ずしも実現しない場合があることが明らかにされた。

逆に高負担を嫌う高所得者は他地域へ流出する。一方で，高所得者の流入した地域では税収が豊かになるので，各地方政府は，低い税率で高所得者を自地域へ流入させ，逆に負担になる受給者を域外に流出させるインセンティヴをもつ。結局，地方政府間の競争の結果，十分な所得再分配政策は行われなくなる。つまり，所得の再分配政策は中央政府が行わなければならない[4]。

## ■ 地方分権の利点

それでは，ある種の政府活動を地方政府に任せるべき積極的な根拠はどこにあるのだろうか。まず，一般に，地域住民の選好，その地域の特殊事情については，中央政府より地方政府の方がよく知っているはずである。住民の選好の違いや特殊事情を反映させた地域独自の施策が必要なら，その情報に通じている地方政府がサービスの提供にあたった方が望ましい（オーツの分権化定理として知られる命題である）。

第2に，地方分権を推し進めることによって，地方政府間の競争が行われ，政府活動の効率化につながると考えられる。住民は移動できるから，同じサービスを他地域よりも低い負担で提供できる地域，住民のニーズにあったサービスを提供できる地域に移動するだろう。この「足による投票」が政府活動の効率化を促すのである。また，各地域独自の政策は政策の実験にもつながる。良い政策は他の地域でも採用され，悪い政策は放棄されるだろう。こうしたことは，中央政府による一律の政策の下では期待できないだろう。

ただし，「足による投票」が機能するためには，地方政府サービスの受益に対応した負担に地域住民が直面することが必要である。住民が負担を伴わずにサービスの恩恵だけに直面すれば，バラ撒きを約束する政治家に票が集まり，財政規律が失われてしまうからである。したがって，地方政府の財源を補助金や（地方交付税のような）財政調整に過度に依存するのは好ましくない。また，税負担が他地域の住民に転嫁されるような税を地方税とすることも好ましくない。

---

4　生活保護の受給資格の認定等は，住民に近い地方政府が対応せざるをえないが，全国共通の基準で再分配政策を行うという点が重要である。

## 15.3 地方税

### ■租税原則

地方税としてどのような税が望ましいのだろうか。国税の場合，望ましい税制は，公平性と効率性（中立性）を満たしていなければならないとされる。地方税についてもこの原則は重要である。これに加え，地方税が国税とどのように異なるかを考慮する必要がある[5]。次の点が重要であろう。

> （1）　地方政府サービスの受益者は基本的にはその地域の住民である
>
> （2）　住民や生産要素（資本や労働）の地域間移動は容易である
>
> （3）　ある地方政府の行動は，他地域に影響を与え，他地域の政府の行動の変化をもたらす可能性がある

まず，上の（1）は公平性の内容に関わる。公平性については，応能原則（能力に応じた負担），応益原則（利益に応じた負担）の2つの原則が存在した。国の提供するサービスについては，受益者，受益の大きさが不明確なものが少なくない。このため，国税は応能原則に基づいて設計される。一方，地方政府の提供するサービスの受益者は，基本的にはその地域の住民である（受益者の特定が容易である）。したがって，地方政府の財源は，その便益の及ぶ地域の住民に負担してもらうのが適切だという応益原則が重要になる。

次に（2）の点だが，国境を超えた移動に比べ，国内の地域間移動は容易であることが重要である。企業や労働者は税負担の低い地域に容易に移動できるから，特定の地域での資本や労働供給の弾力性はきわめて高いと考えられる。つまり，移動の容易な生産要素に対する課税は，資源配分を大きく攪乱する。したがって，資源配分の効率性の観点からは，移動可能性の低い主体に税負担を求めるべきだということになる。また，物品税の帰着の議論を

---

[5]　地方税の満たすべき性質として，よくあげられるのは次のような性質である。(1) 安定性（地方政府の活動には安定的な税収が必要），(2) 伸長性（財政需要の伸びに十分に対応できること），(3) 応益性，(4) 負担分任性（全ての住民が負担を分かち合うべきだ），(5) 税源の普遍性（税源の地域的偏在がないこと），(6) 自主性（地方政府の課税自主権を尊重すること）(7) 固定性（課税ベースの移動可能性が低いものが望ましい）などである。

適用すると，需要側と供給側で価格弾力性の高い側は相手側に多くの負担を転嫁させ，自ら負う税負担の割合は小さい。つまり，応益性の観点からも移動可能性の高い主体に課税するのは地方税としては望ましくない。

## ■ 租税外部性

先にあげた（3）に関して，ここでは，租税輸出，租税競争，重複課税の問題を取り上げる。

租税輸出とは，ある地域の課税が他地域の住民に転嫁されることをいう。例えば，ある地方政府がその地域内の企業の利益に法人税を課したとする。この場合，株主が別の地域に住んでいれば，法人税の負担は他地域に転嫁される。法人税は従業員の給与の低下という形で（別の地域から通勤する）従業員に転嫁される可能性もある。また，この企業の生産している製品の価格上昇という形で，（全国に散らばっている）消費者の負担になる可能性もある。租税輸出は地方税の応益性の原則に反するだけでなく，地方政府サービスの受益と負担の対応関係を希薄にする。地域住民の負担感が減少すると，地方政府の財政規律が緩んで，過大な政府支出が政治的に選択されることにつながるだろう。

租税競争とは，移動可能な課税ベースをめぐる地方政府間の競争を指す。例えば，地域Aで法人税率の切り下げを行うと，他地域（地域B）からこの地域に企業が流入し，地域Bの犠牲の下で地域Aの税収が増加する。この場合，地域Bも税率の切り下げ競争に参戦すれば，流出した企業を取り戻すだけでなく，さらに多くの企業を地域Aから奪い取ることもできる。このような競争が際限なく続けば，最終的には法人税の税率は0になり，いずれの地域でも税収が上がらなくなる。

重複課税は異なる政府間で課税ベースが重複することを指す。ここで問題にするのは国税と地方税の重複である。例えば，所得税の課税ベースが重複しており，税率の決定権が国と地方の双方にある場合を考える。国税の税率が一定だとして，地方が独自に地方税率を引き上げ，地方税の増収が実現したとする。このとき，労働供給・雇用の減少があれば国税収入は減少する。つまり，地方は税率切り上げによるマイナスの効果を国に押し付けたのであ

る。もちろん，国の側にも地方と同様の行動をするインセンティヴがある。したがって，国と地方が協調行動をとらなければ，税率は過大な水準に設定されてしまうだろう。

## ■ 課税地原則

地方税として，付加価値税や法人税を採用した場合，どの地域が課税権をもつかという問題がある。これには源泉地原則（origin principle）と居住地原則（residence principle）（付加価値税の場合には仕向地原則（destination principle））の2つの考え方がある。源泉地原則とは所得（付加価値）の発生した地域に課税権があるとする考え方である。一方，居住地原則は居住地域（付加価値税の場合は最終消費者の居住する地域）が課税権をもつとする考え方である。

付加価値税の場合，生産の各段階で発生した付加価値が課税ベースになるが，その税負担は最終消費者に転嫁されると考えられる。源泉地主義の下では（付加価値の発生する）事業所のある地域に税収が生じるが，その負担は最終消費者だと考えられるから，租税輸出が生じる。したがって付加価値税は仕向地主義（居住地主義）に基づくべきである。ただし，このためには域外への移出に対して税を還付し，域内への移入に対し課税する必要がある。しかし，この措置は現実的ではない（税関が必要である）。したがって，通常，付加価値税は国税に割り当てるか，あるいは，わが国の地方消費税のように国税として徴収した税を最終消費地の消費の大きさに応じて配分する仕組みを導入することが必要になる。

また，法人税は，資本所得を個人段階で完全に捕捉することが難しいため，個人所得税の補完として存在意義があるというのが通常の理解である。そして，本来の所得課税の考え方からすると，発生段階での課税（法人税）と個人の受取段階での課税は統合されなければならない。したがって，法人税も居住地原則が望ましい。しかし，付加価値税と同様の理由で，地方法人税で居住地原則を適用しようとすれば，国境調整のような仕組が必要になり，現実的ではない。そのため，多くの国では法人税は国税に割り当てられている。

15.3 地 方 税　271

## ■ 理想的な地方税

　以上の議論をまとめておこう。まず，地方税は（地方政府サービスの受益者に負担を求めるべきだという）応益原則に基づいて設計されるべきである。したがって，他地域の住民に負担を転嫁するような税は地方税として望ましくない。第2に，地域間の移動が容易な課税ベースに重い課税をすべきではない。一つは効率性が大きく損なわれるからであり，もう一つは移動が容易な主体は相対的に移動が困難な主体に税を転嫁できるからである。第3に，ある地域の地方政府の行動は他地域に影響を与え，他地域の地方政府の（望ましくない）反応をもたらすことがあることを考慮すべきである（租税競争，重複課税）。以上のような観点から，国税と地方税の区分けをし，また，地方税であっても，課税ベースや税率決定権を地方に認めるべきか否かを税目ごとに検討すべきだろう。

　地方財政の標準的な理論では，固定資産税は地方税の基幹税として望ましい性質を有しているとされる。固定資産税は固定資産の価格（建物部分と土地部分）が課税ベースであるが，理論的に望ましいとされるのは土地部分の課税である。

　土地は移動できないので（垂直な供給曲線をもつので），課税による資源配分上の損失は存在しない。一方，建物部分は，新たに建設することで増やすことができ，また維持補修を怠ることで減耗するので，少なくとも長期的には増減できる。この意味で，建物部分は通常の資本と同様の性質（移動性）をもつと考えられる。

　土地に対する課税は，公平性（応益性）の観点からも望ましい。土地の価格にはその地域の快適さや公共サービスの価値が反映されるからである。ある地域の地方政府が今までよりも質の良い公共サービスを提供すればその地域の魅力が増し，その地域に住むために人々が最大限支払ってもいいと思う地代が上昇し，土地価格の上昇をもたらす。しかし，このままでは，公共サービスの価値の増加は土地所有者に帰属してしまう。土地に対する課税を行えば，公共サービスの改善分に応じた負担を求めることができる。

　なお，公共サービスの改善が将来行われるとしても（例えば，地域の再開発が5年後に完了する例を考えればよい），それがわかった時点で土地価格は

272　第15講　地方財政

上昇する（詳しい説明は省くが，土地価格は現在から将来の地代の割引価値の合計に等しくなるように決まるからである）。これを**資本化**という。同様に，地方政府が財政赤字を出し，将来の増税で返済することが予定されていると，将来の増税の割引価値分だけ地価が低下すると考えられる。この場合，増税は将来時点であっても，現時点での地価の低下という形で現在の土地所有者に負担が発生する[6]。

## 15.4 補助金

### ■ 補助金の効果

補助金の効果を考えるには，補助金が地方政府の直面する予算制約をどう変えるかが重要である。その上で，その予算制約の下での地方政府の行動を考えればよい。ここでは，地方政府は，その地域の代表的な住民の効用を最大にするように行動すると仮定しよう[7]。

さて，この問題は，**第13講**「再分配政策」での移転政策と特定補助金の比較と全く同じように考えることができる。ここでも，(1) 一般補助金と特定補助金，(2) 定額補助金と定率補助金，の区別が重要である。

一般補助金とは，使途の制限のない補助金である。これに対し，特定の支出に使途を制限する補助金を特定補助金と呼ぶ。また，地方政府の支出に応じて定率の補助金を支給するものは定率補助金，地方政府支出とは独立の一定額の補助金は定額補助金と呼ばれる。

図 15-2 で，財 $x$ を政府支出，財 $y$ を私的財だと考えよう。補助金導入前

---

6 地方債発行による財源調達でよく問題とされるのは，政府サービスを享受しながら増税が行われる前に他地域へ移動すれば，政府サービスが「食い逃げ」されるのではないかという問題である。しかし，地方債務が完全に地価に資本化されれば，増税時点は将来であっても負担は現在発生する。

7 政策の違いが1次元の変数に集約され，2つの政党が小選挙区で争っているなどの条件が成立する場合，地方政府は「中位投票者」の効用を最大にするように行動にする（中位投票者定理）。中位投票者とは，有権者を政策の軸にそって並べた場合にちょうど中位（50%）に位置する有権者のことである。各政党は有権者からの支持を集めるような政策競争を行うと，各政党の掲げる政策は中位投票者の望む政策に収斂していくからである。

15.4 補助金　　273

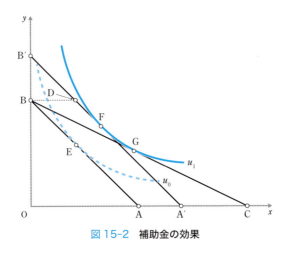

図 15-2　補助金の効果

の予算線は線分 AB である。定額の一般補助金は予算線を平行にシフトさせ（線分 A'B'），地方政府の選択点は E 点から F 点に移る[8]。一方，定率の一般補助金は地方政府の直面する政府支出の価格を低下させ，予算線は BC になり，G 点が選択される。予算線 AB と A'B' の水平距離が一般補助金の額（政府支出の数量で測った補助金額）を表すが，定額の一般補助金で E 点から F 点に移動するとき，政府支出の増加は補助金額より少ないことに注意しよう。補助金の一部は，理論的には，減税され，私的財の購入に向かうはずである[9]。

　次に，財 $x$ と財 $y$ を異なる政府支出だと考えよう。まずは，一般補助金と特定の政府支出 $x$ に対する定額補助金を比較する。一般補助金は財 $x$ と財 $y$ の相対価格を変えないので，予算線を A'B' に平行移動させる。定額補助金の場合も同様だが，定額補助金を財 $y$ への支出に流用できない制約がある場合は，予算線は折れ線 A'DB になる。どちらの場合でも地方政府は F 点を選択する。つまり，一般補助金と定額の特定補助金の効果は同等である。

---

8　なお，定額の一般補助金分は私的財に流用できない（減税に充ててはいけない）という制約がある場合には予算線は折れ線 A'DB になるが，BD があまり大きくなければ F 点が選択されることに変わりはない。

9　理論的にはそうだが，多くの実証研究では，定額の一般補助金分は減税に回らない（政府支出に貼りつく）という結果が得られている。これをフライペーパー効果と呼ぶ。

財 $x$ に対する定率補助金の場合，予算線は CB に変化し，地方政府は G 点を選択する。定額の特定補助金が所得効果だけだったのに対し，定率補助金は代替効果によって財 $x$ の支出をより増加させる効果があることがわかる。

所得再分配政策の場合には，定率の特定補助金を用いることは，再分配以外の効果（代替効果）が生じてしまうため，好ましくなかった。地方政府に対する補助金ではむしろ代替効果が重要である。地方政府の行う活動の中には，自然環境の整備や，交通インフラの整備など，他地域に正の外部性をもたらすような活動が含まれている。このような活動を地方政府の決定だけに任せておくと，他地域への配慮がなされず，社会的にみて過小な支出にとどまってしまう。したがって，他地域へ正の外部性を与える効果をもつ支出については，定率の補助金を用いて増加させることが望ましい（定額補助金や一般補助金では $y$ 財も増やしてしまう）。

## ■ 地方交付税

地方交付税は，税収の少ない地域であっても行政サービスの水準が維持できるように，財政力の格差を是正することを意図した財政調整制度である[10]。地方交付税は，国庫支出金とは異なり，使途が制限されない一般補助金という性格をもつ。原資は，2017 年時点で，所得税，消費税，法人税，酒税の一定割合と地方法人税の全額である。各地方政府の受け取る地方交付税額（普通交付税）は次のように計算される[11]。

各地方政府の地方交付税 = 基準財政需要 − 基準財政収入

基準財政需要とは，各地方政府で標準的な行政サービスを行う際に要する財政需要の大きさである[12]。また，基準財政収入とは標準的な税収見込額に基準税率（75%）を乗じたものに地方譲与税等を合計して求められる。基準税

---

10 地方交付税は，普通交付税と特別交付税からなる。特別交付税は，地震や台風等の自然災害のために，普通交付税で対応できない，個別・緊急の財政需要に充てられる。

11 ただし，右辺がマイナスになる場合には地方交付税はゼロになるだけである。

12 各行政項目別に，「測定単位」（人口・面積等）の数値を基に，必要な補正（寒冷地補正等）を加え，これに測定単位ごとに定められた「単位費用」を乗じた額を算出し，これらを合算することで基準財政需要が求められる。

率が100％でないのは，地方政府に税源涵養努力や徴税努力を促すためだと言われている。なお，こうして算定された地方交付税の総額とその原資は一般には一致しない。不足分については国と地方で折半し，地方負担分については地方債（臨時財政対策債）の発行によって賄うというのが現時点での仕組みである。

　地方交付税については，財政調整機能を評価する見方がある一方，ナショナル・ミニマムを超えた再分配を行っているのではないか，財政規律の緩みにつながるのではないか，交付税の算定方式が複雑すぎ，そのため，実際には恣意的な移転が行われているのではないかなどの批判がある。

　しかし，経済理論的には次の点に注意すべきである。第1に，「豊か」な地域から「貧しい」地域への移転であっても，最終的には個人に帰着する。「豊か」な地域に貧しい人もいれば，「貧しい」地域に豊かな人もいるだろう。第2に，現行の財政調整度がある特定の地域を優遇しているとすれば，その地域に住民が流入する。住民の移動費用が無視できれば，最終的には限界的な住民にとってその地域と他地域が無差別になるはずである。そうであれば，この問題は，公平性の問題というより，住民の居住地選択の効率性の問題である。第3に，基準財政需要の算定方式が複雑すぎて，これが制度を不透明にしているのではないかという批判がある。しかし，簡素な方式であればいいというものでもない。簡素な方式を採用した場合，今度は，なぜその方式が望ましいのかという，交付税の根拠そのものが問題にされるだろう。


## ■ Active Learning

《重要事項のチェック》・・・・・・・・・・・・・・・・・・・・・・・・・・・・・・・・・・・・・・・・・・・・・・・・・・・・・・

　□全国的公共財　□地方公共財　□地域を超えた外部性　□足による投票
　□オーツの分権化定理　□応益原則　□租税外部性　□租税輸出　□租税競争
　□重複課税　□居住地原則（仕向地原則）　□源泉地原則　□地方交付税
　□補助金

《調べてみよう》‥‥‥‥‥‥‥‥‥‥‥‥‥‥‥‥‥‥‥‥‥‥‥‥‥‥‥‥‥‥

[1]　国税と地方税の収入の推移を調べてみよう。

[2]　税目別に人口一人当たりの地方税収を調べてみよう。税収格差の大きい税目は何か（「地方財政白書」等を参照せよ）。

《Exercises》‥‥‥‥‥‥‥‥‥‥‥‥‥‥‥‥‥‥‥‥‥‥‥‥‥‥‥‥‥‥‥‥

[1]　全国的公共財と地方公共財の具体例をあげよ。

[2]　所得再分配はなぜ中央政府が行うべきなのだろうか。

[3]　地方税は応益原則に基づいて設計されるべきなのはなぜだろうか。

[4]　移動性の高い税源に地方税を課すことは望ましくない。なぜか。

[5]　地方法人税の税率決定の権限が各地方政府にあったとする。どのような問題が生じるか。

[6]　固定資産税（土地部分）は地方税として好ましい性質をもっていると言われる。なぜか。

[7]　他地域へ正の外部性をもつような施策（例えば，社会資本整備や河川の管理，自然環境の保全）を地方政府に任せるとどのような問題が発生するか。この問題を解決するにはどのような方法が考えられるか。

## 文献紹介

- 佐藤主光（2009）『地方財政論入門』新世社
- 持田信樹（2013）『地方財政論』東京大学出版会
- 総務省『地方財政白書』各年度版
- 総務省『目で見る日本の地方財政　地方財政の状況（地方財政白書ビジュアル版）』各年版

# 索　引

## あ　行

赤字国債　19
足による投票　267, 268

遺産　222
　　意図的な──　224
　　偶発的な──　224
　　消費的な──　224
　　戦略的──動機　224
　　利他的──動機　224
医師誘発需要　259
一括税　99, 218, 220
一般会計予算　16, 39
一般歳出　20
一般政府　15
移転価格操作　184
医療保険　247, 257
インピュテーション方式　128
インボイス　157

益金　135

応益原則　91, 269
応能原則　91
大きな政府　1
オーツの分権化定理　268
オストロゴルスキーの逆説　67

## か　行

会計年度　35
会計年度独立の原則　36
会計別財務書類　30
外国税額控除　176

概算要求　43
概算要求基準　42
外部性　9, 71, 233, 267, 275
下院優先の原則　34
価格弾力性　147
閣議決定　44
確実性等価　248
課税地原則　271
課税平準化　200, 203
過年度支出　36
過年度収入　36
貨幣回収準備資金　49
簡易課税制度　161
間接税　89
間接民主主義　67
完全雇用　196
管理競争　259

基準財政収入　275
基準財政需要　275
基礎控除　108
基礎的財政収支　25, 208
　　──対象経費　16
基礎年金　252
期待効用　248
逆進税　94
逆選択　10, 76, 244, 251
逆弾力性ルール　153
キャッシュフロー法人税　170
給付付き税額控除　111, 242
共有資源問題　228
居住地主義（──原則）　176, 271
均衡国民所得　190
均衡予算乗数　194

均等化格差　233
金融所得課税の一体化　129
金利・成長率論争　211, 212
勤労税額控除（EITC）　112

国のバランスシート　30
クラブ財　52
繰越明許費　38

軽減税率　160
経済安定化機能（景気安定化）　1, 188
経済成長率　209
経済的な減価償却率　143
継続費　36, 38
ケインズ主義　1
決算　48
　——制度　34
決算調整資金　49
　——制度　49
限界収入　80
限界税率　122
限界費用　5
　——価格規制　83
限界便益　4
現金給付　236
減税の乗数効果　192
建設国債　18
源泉地主義（——原則）　176, 271
限定合理性　200
現物給付　236

公開性の原則　36
後期高齢者医療制度　257
公共財　8, 51, 265
　——の自発的供給　55
　全国的——　265
　地方——　265
公債　18
　——の中立命題　214, 218
　——の負担　206
公債残高　208
恒常所得　235

厚生年金　252
構造的財政収支　27
公的企業　15
公的年金　252
　——純債務　255
　——の財政方式　253
公的部門　15
合理的期待　199
　——形成仮説　199
コースの定理　74
国外所得免除方式　178
国債　18
国債費　16
国税収納金整理資金　49
国民健康保険　257
国民年金　252
コスト・ベネフィット・アナリシス　63
国庫債務負担行為　36, 38
国庫支出金　263
固定資産税　272
古典派の二分法　198
古典派モデル　195
古典（クラシカル）方式　127
コトリコフ（L. J. Kotlikoff）　225
コモンプール財　52

## さ　行

歳出　16, 35
歳出予算の繰越し　36
歳出予算の執行　47
在職老齢年金制度　256
財政収支　21
財政政策の脱政治化　229
財政政策ルール　229
財政の持続可能性　206, 209
財政民主主義　34
最適課税　122
歳入　16, 35
歳入歳出予算　38
債務償還費　20
サムエルソン（Samuelson）の条件　53,
　55

暫定予算　46
参入障壁　233

資源配分機能（資源配分の是正）　1, 188
死重損失　72, 99
支出税　168
市場の失敗　2, 63
事前議決の原則　36
自然独占　10, 79, 82
自然利子率　198
実効税率　93
私的限界費用　71
私的限界便益　72
私的財　9
自動安定化装置　195
ジニ係数　234
資本化　273
資本コスト　139
資本市場の完全性　219
資本減耗率　143
資本所有中立性（CON）　180
資本輸出中立性（CEN）　177
資本輸入中立性（CIN）　177
仕向地原則　271
シャウプ勧告　87
社会的限界費用　71
社会的限界便益　72
社会的余剰　6
社会保障基金　14
従価税　95
衆議院の予算先議権　44
重商主義　1
重複課税　270
従量税　95
受益者負担　62
循環的財政収支　27
生涯受益　227
生涯純受益　227
生涯負担　227
乗数　193
乗数理論　191
省庁別財務書類　30

省庁別連結財務書類　30
消費者余剰　3
情報上の失敗　10, 76
情報の非対称性　10, 63, 76, 250
所得移転　236
所得効果　115
所得控除　108
所得再分配機能　1, 188
所得・支出モデル　189, 191
所得の再分配　267
所得分配　232
資力調査　239
人的資本投資　233, 243
人頭税　99

垂直的公平性　91
水平的公平性　91

税額控除　111
生活保護制度　239
生産者余剰　3, 5
政治家の戦略的動機　228, 229
政治的景気循環　228, 229
正常利潤　170
セイの法則　188
政府関係機関予算　39, 40
政府債務　22
政府支出の乗数効果　192
政府純債務　23
政府消費　24
政府総債務　23
政府投資　24
政府の失敗　2, 64
政府のバランスシート　30
政府の予算制約式　208
税務上の減価償却率　143
世代会計　225
世代会計庁　230
世代間所得移転　253
世代交代　221
世代重複モデル　253
前期高齢者財政調整制度　257

索　引　　281

全世界所得課税方式　176

総計予算主義（完全性）の原則　36
総合課税　106
総需要管理政策　189
租税回避　184
租税外部性　270
租税競争　175, 270
租税の帰着　95
租税の3原則　91
租税法律主義　34
租税輸出　270
損益通算　107
損金　135

## た　行

代替効果　115
多数決原理　64
ただ乗りの問題　59
単年度主義の原則　36

小さな政府　1
地方交付税　263, 275
地方債　18, 273
地方税　263, 272
地方政府　14
中位投票者　66
　——定理　64, 273
中央政府　14
超過負担　99, 201
超過利潤　170
直接税　89
直接民主主義　66
賃金の下方硬直性　196

積立方式　253, 256

ティブー（C.Tiebout）　267
テリトリアル方式　176

統一性の原則　36
当初予算　45

ドーマー（E. Domar）　210
　——の命題　210
独占　79
特別会計　39
　——予算　39
特別調達資金　49
独立財政機関（IFI）　228, 229
特例国債　18
取引費用　75

## な　行

ナッシュ（J. Nash）　55

二元的所得税　181
ニュー・パブリック・マネジメント　30

年金保険　249

## は　行

配偶者控除　108
配偶者特別控除　108
排出権取引　74
排除不可能性　9, 51
バロー（R. Barro）　200
　——の中立命題　221, 223

非競合性　8, 51
ピグー税　73
非線形の労働所得税　120
費用逓減産業　82
費用便益分析　63
表面税率　92
ビルトイン・スタビライザー　195
比例税　94

付加価値税　271
不確実性　243, 247, 258
賦課方式　253
福祉国家主義　1
負の所得税　112, 241
プライスキャップ規制　84
フライペーパー効果　274

プライマリー収支　25, 208
ブラケット・クリープ　113
フラット・タックス　168
フリードマン（M. Friedman）　12, 241
フリーライダー　59
分離課税　126

平均税率　122
平均費用価格規制　84
変動所得　235

包括的所得税　100
法人擬制説　134
法人実在説　134
法人税　271
保険数理的にフェア　248
保険の機能　247
補償格差　233
補助金　273
　一般——　273
　定額——　236, 273
　定率——　236, 273
　特定——　236, 273
補正予算　47
本予算　45

## ま　行

マーリーズ報告　167

ミード報告　167
ミーンズテスト　239
民間投資のクラウド・アウト　195

明瞭性の原則　36
免許入札制　84
免税点　161

モディリアーニ（F. Modigliani）　221
モラル・ハザード　251

## や　行

ヤードスティック競争　84

有効需要政策　189

予算　35
　——の形式　37
　——の原則　35
予算案の自然成立　45
予算制度　34
予算総則　37
予算提案権　42
予算編成権　42
予算編成の基本方針　43
予算編成のプロセス　42
予備費　47

## ら　行

ライフサイクル・モデル　214
ラムゼイ・ルール　153

リカード（D. Ricardo）の等価定理
　214, 218
リカード＝バローの中立命題　223
利子率　209
リスク・プレミアム　249
利払い費　20
流動性制約　218, 219
領土内課税方式　176
リンダール（Lindahl）均衡　57

累進税　93, 243

レント・シーキング　84

ローレンツ曲線　234
ロックイン（閉じ込め）効果　130

## 数字・欧字

103万円の壁　108
45°線分析　191

ACE　172
ASE　174
BEPS（税源浸食と利益移転）プロジェ

クト　185
bounded rationality　200
CEN（Capital Export Neutrality）　177
CIN（Capital Import Neutrality）　177
Common Pool Problem　228
CON（Capital Ownership Neutrality）　180
EITC（Earned Income Tax Credit）　112
excess burden　201
Generational Accounting　225

IFI（Independent Fiscal Institutions）　229
*IS* 曲線　197
*LM* 曲線　198
multiplier　193
Ostrogorski paradox　67
Political Business Cycle　228
Rational expectation　199
tax smoothing　200
VAT の鎖（VAT Chain）　158

## 著者紹介

**麻生　良文**（あそう　よしぶみ）【第 1・5・13・14・15 講執筆】

慶應義塾大学法学部教授。1959 年生まれ。

1984 年慶応義塾大学法学部政治学科卒業，1989 年一橋大学大学院経済学研究科博士課程単位取得済み退学。新潟大学経済学部，日本大学経済学部，一橋大学経済研究所，財務省財務総合政策研究所等を経て，現在，慶應義塾大学法学部教授。経済学修士（一橋大学）。主な著作に，『マクロ経済学入門』（ミネルヴァ書房，2009 年），『ミクロ経済学入門』（ミネルヴァ書房，2012 年），「公的年金の経済効果」『フィナンシャル・レビュー』（第 115 号，2013 年）など。

**小黒　一正**（おぐろ　かずまさ）【第 2・3・4・11・12 講執筆】

法政大学経済学部教授。1974 年生まれ。

1997 年京都大学理学部卒業，2010 年一橋大学大学院経済学研究科博士課程修了。1997 年 大蔵省（現財務省）入省後，大臣官房文書課法令審査官補，関税局監視課総括補佐，財務省財務総合政策研究所主任研究官，一橋大学経済研究所准教授などを経て，2015 年 4 月から現職。財務省財務総合政策研究所上席客員研究員，鹿島平和研究所理事，キャノングローバル戦略研究所主任研究員。博士（経済学）（一橋大学）。

主な著者や論文に，『財政危機の深層——増税・年金・赤字国債を問う』（単著／NHK 出版新書，2014 年），“Child Benefit and Fiscal Burden in the Endogenous Fertility Setting”（with Ishida and Takahata，*Economic Modelling*，Vol.44，pp.252-265，2015）など。

**鈴木　将覚**（すずき　まさあき）【第 6・7・8・9・10 講執筆】

専修大学経済学部教授。1971 年生まれ。

1995 年一橋大学経済学部卒業。京都大学経済研究所先端政策分析研究センター准教授等を経て，2016 年 4 月から現職。京都大学博士（経済学）。

主な著作に『グローバル経済下の法人税改革』（京都大学学術出版会，2014 年，第 24 回租税資料館賞），“Corporate Effective Tax Rates in Asian Countries”（*Japan and the World Economy*，Vol.29，pp.1-17，2014）など。

ライブラリ 経済学15講［BASIC 編］ 4

# 財政学15講

| 2018 年 1 月 25 日ⓒ | 初 版 発 行 |
| 2023 年 3 月 10 日 | 初版第 4 刷発行 |

| 著　者　麻 生 良 文 | 発行者　森 平 敏 孝 |
| 小 黒 一 正 | 印刷者　篠 倉 奈 緒 美 |
| 鈴 木 将 覚 | 製本者　小 西 惠 介 |

【発行】　　　　　株式会社　新世社

〒151-0051　東京都渋谷区千駄ヶ谷 1 丁目 3 番 25 号
編集 ☎(03)5474-8818(代)　　サイエンスビル

【発売】　　　　　株式会社　サイエンス社

〒151-0051　東京都渋谷区千駄ヶ谷 1 丁目 3 番 25 号
営業 ☎(03)5474-8500(代)　　振替 00170-7-2387
FAX ☎(03)5474-8900

印刷　ディグ　　　　　製本　ブックアート
《検印省略》

本書の内容を無断で複写複製することは，著作者および出版者
の権利を侵害することがありますので，その場合にはあらかじ
め小社あて許諾をお求め下さい。

ISBN 978-4-88384-269-8

PRINTED IN JAPAN

サイエンス社・新世社のホームページのご案内
http://www.saiensu.co.jp
ご意見・ご要望は
shin@saiensu.co.jp　まで。